燕山外史

叁

清·陳球 著
薛季憲 書

廣陵書社
中國·揚州

顧雲粗雨暴。此婦針從磁引，水受乳融。早蓄邪謀，預圖私積。傾筐倒篋，探刮靡遺；啓甕窺盆，搜羅殆盡。狼貪何厭，驟成席捲之形；鷹飽即揚，

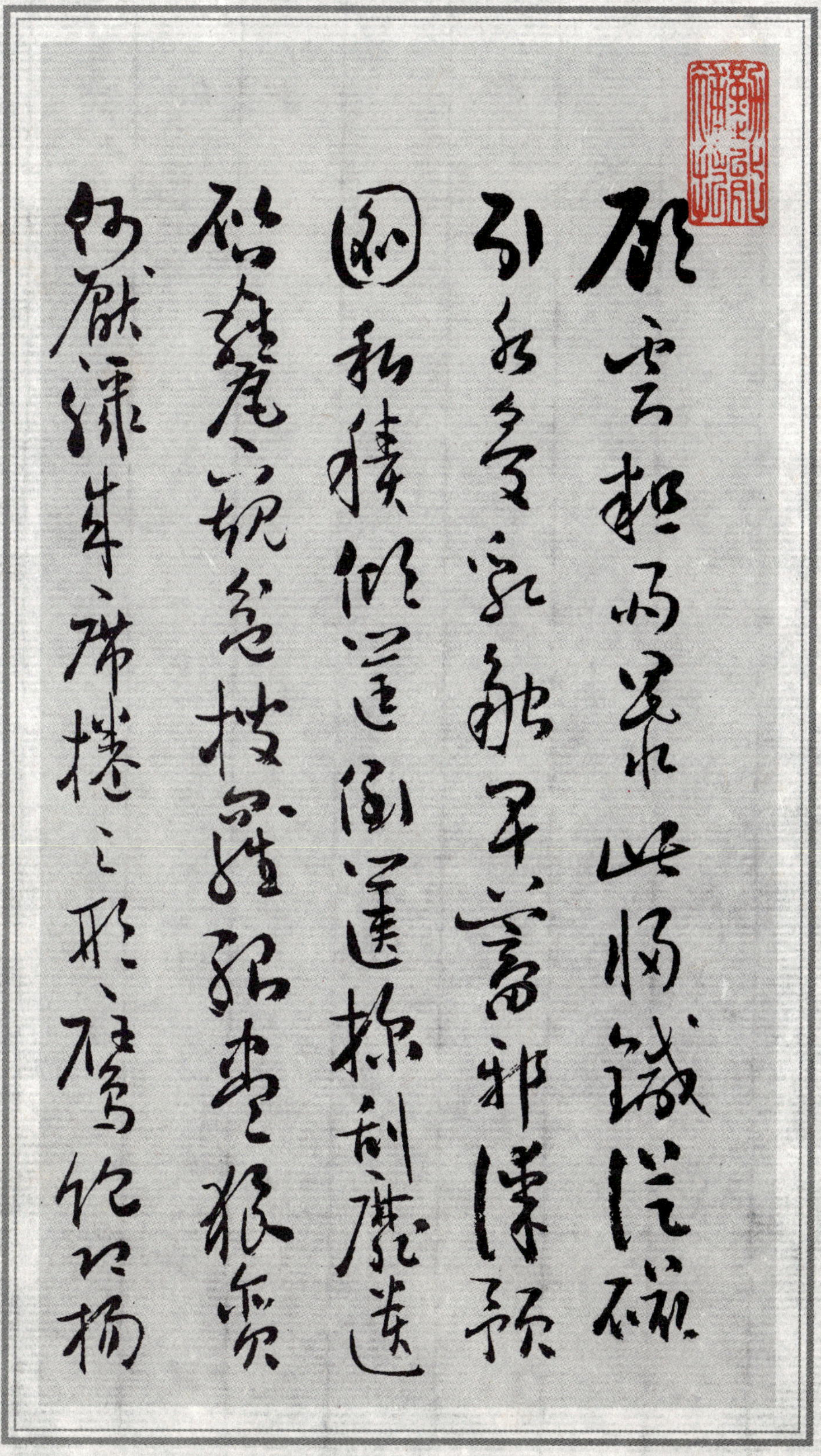

竟遂貽還之計。從此，妾爲鄰婦，郎是路人。靡恤逝梁，何嫌唾井。采蘼蕪於山下，殊無異室之悲；攀桃李於溪前，另有同衾之樂。此日既辭白屋，誓不

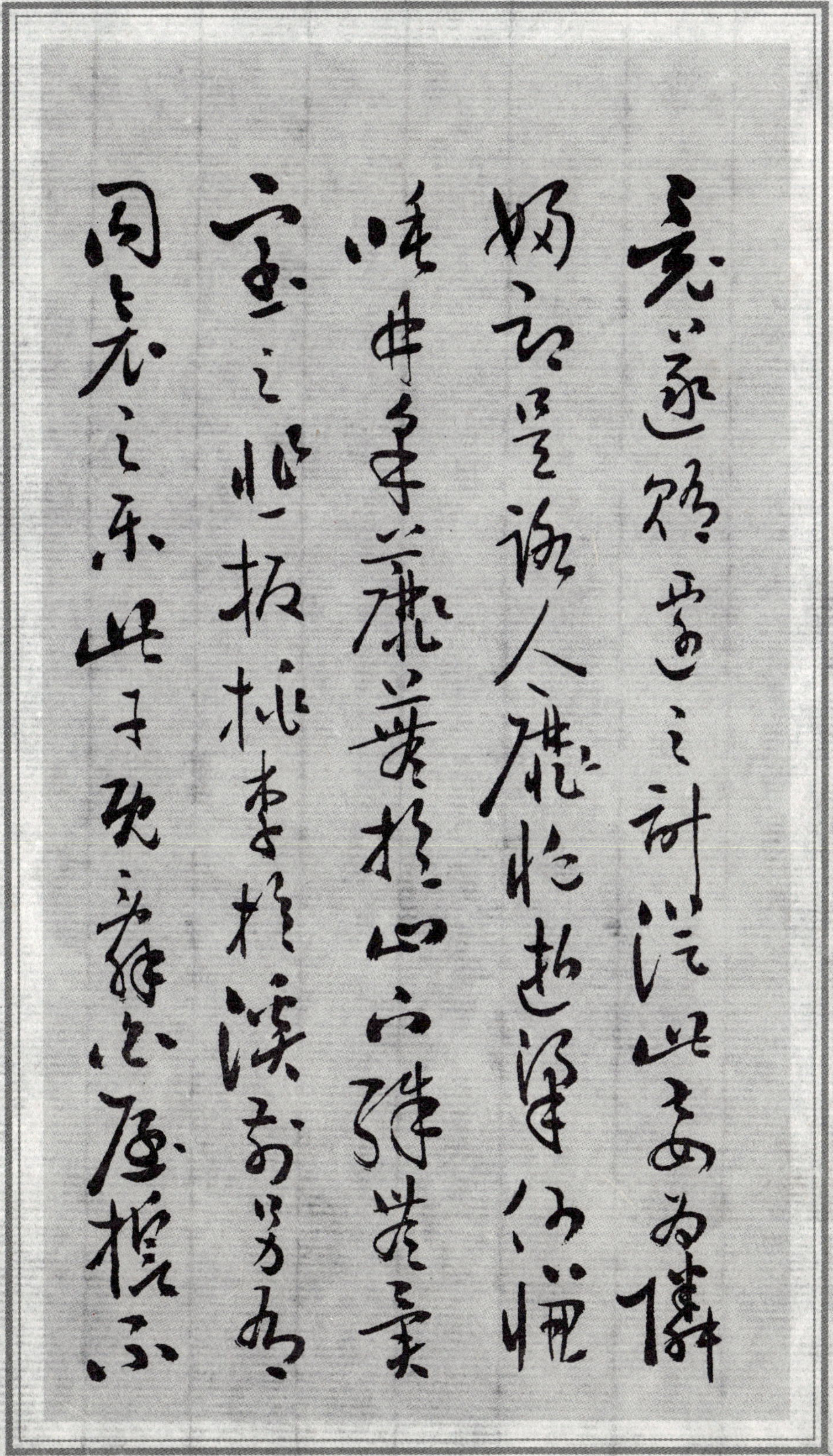

重來；他年即到黃泉，願無相見。嗚呼，人間聒耳之談，孰知如是；天下傷心之事，莫過於斯。

卷六

是知失貞每在名門，喪節半歸豪族。少則養嬌習懶，長而恃

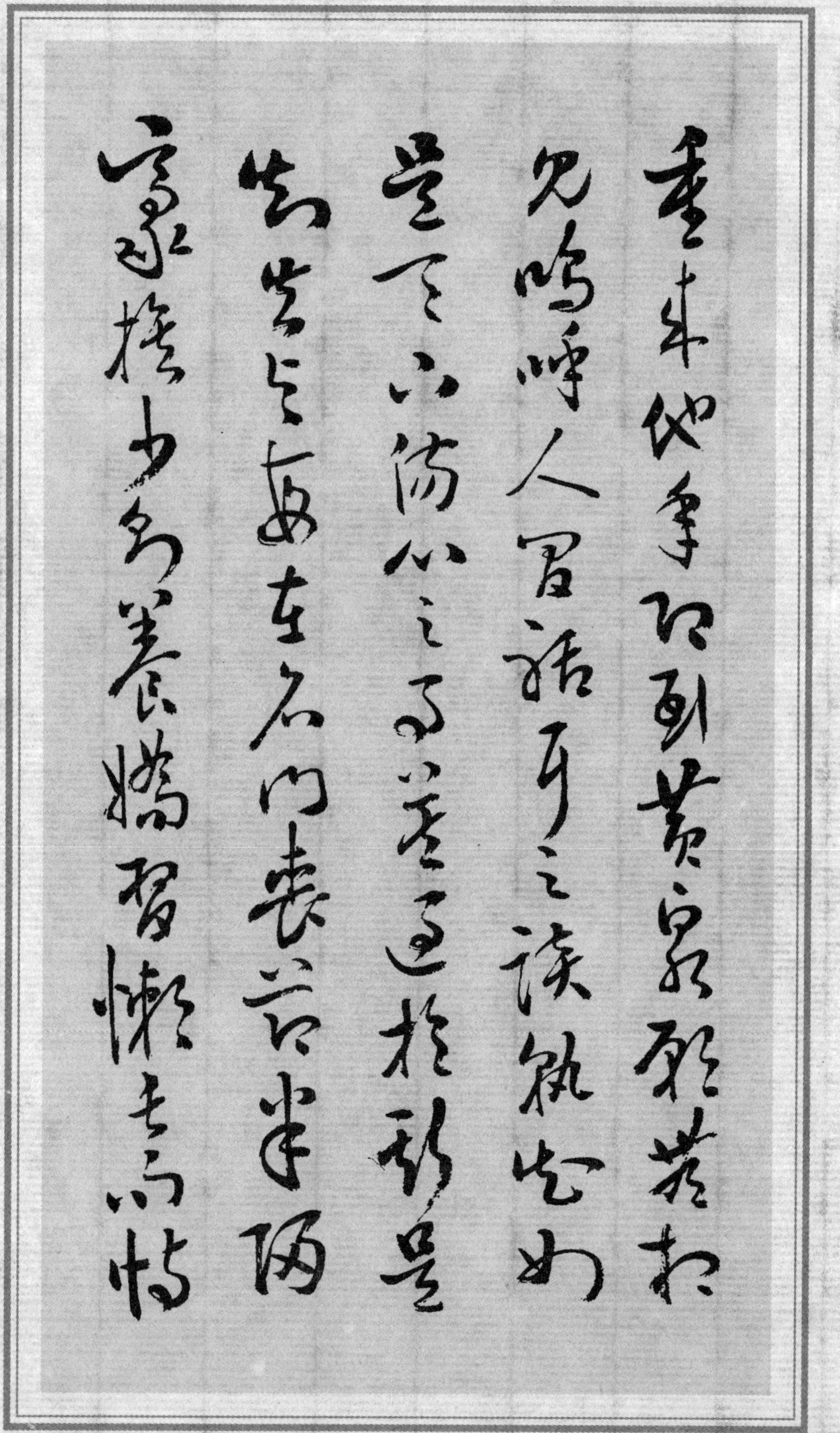

色矜才。專工咏柳吟桃，而獨未嫻蘋藻；素善裁鴛刺鳳，而偏欠解雎麟。外馳防閑，内疏檢束，美孟姜於淇上，豈避嫌〔疑〕；留子國於邱中，寧知廉耻。

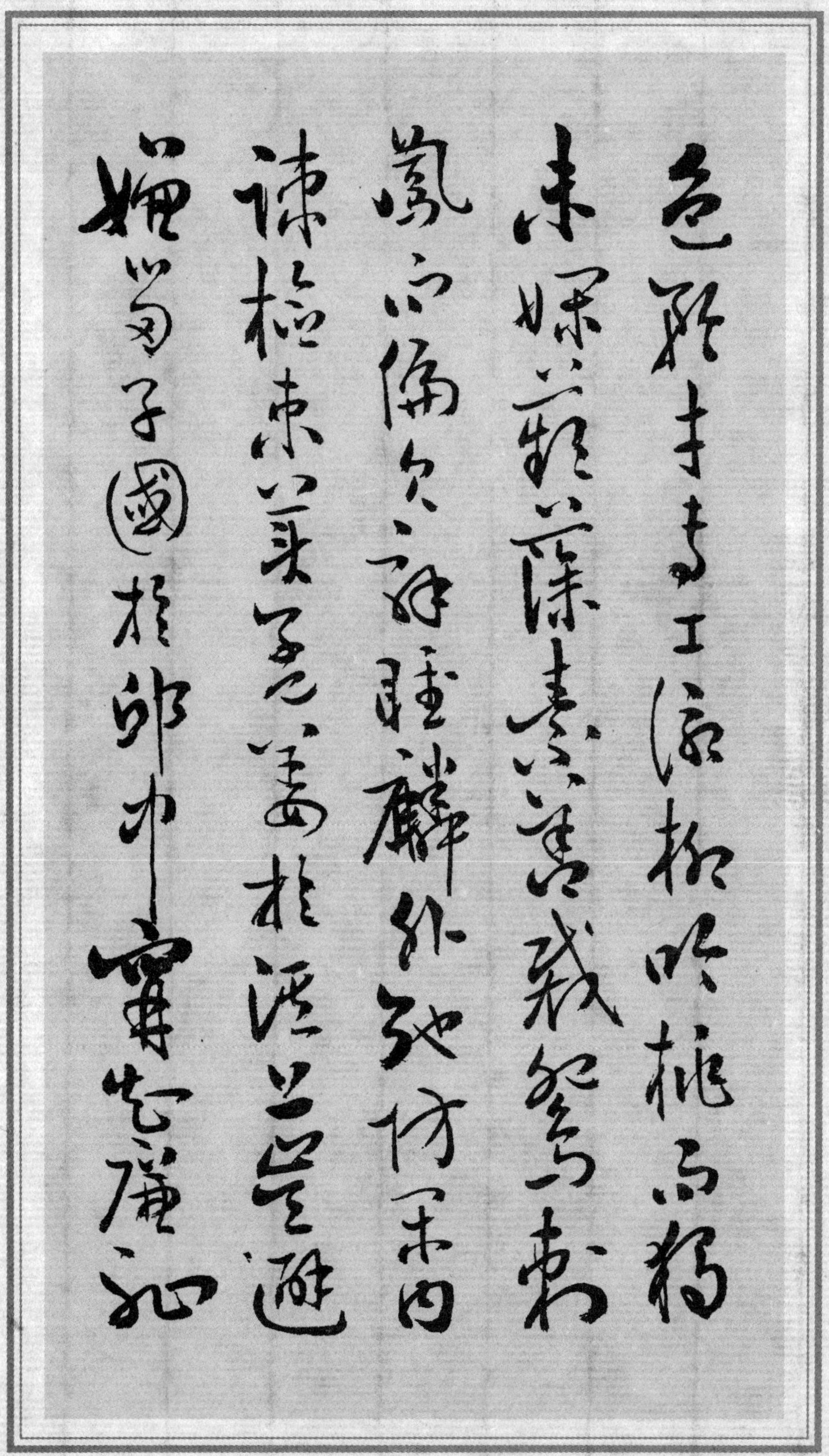

甚而新臺遺臭，敝笱蒙羞。赤鳳何來，爲姊來而陰含妒意；婆龍可洗，同兒洗而喧起笑聲。辱較（載）經文，污垂史册。在有國家者，何妨之莫及妨哉；豈一朝一夕

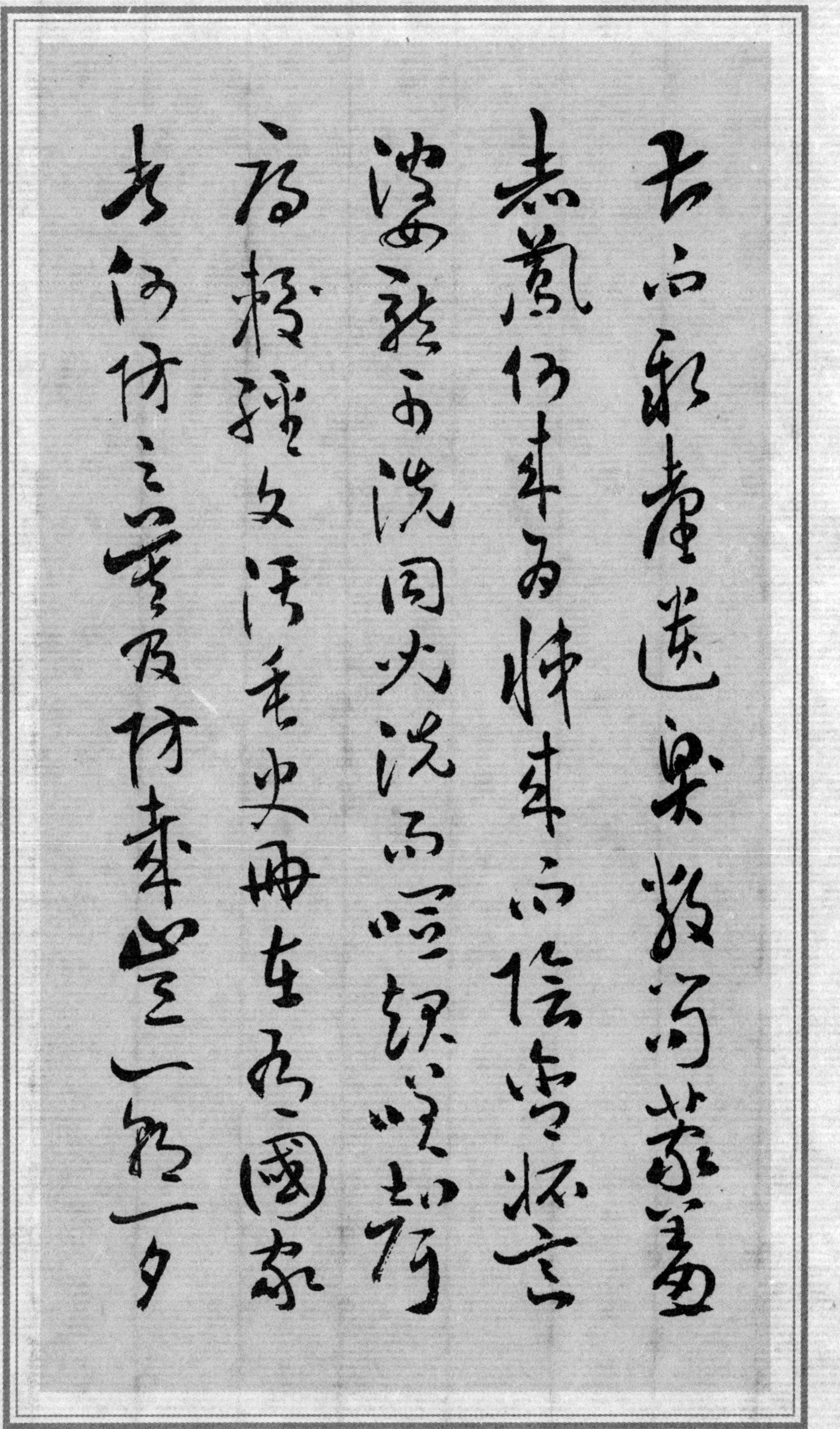

耶，由辨之不早辨也。今如竇生之婦，托生宦族，選配名流。脱令稍習女箴，何致大傷婦範。而乃踰閑蕩檢，罔恤人言；含垢納污，徒供世笑。忍絶三從大

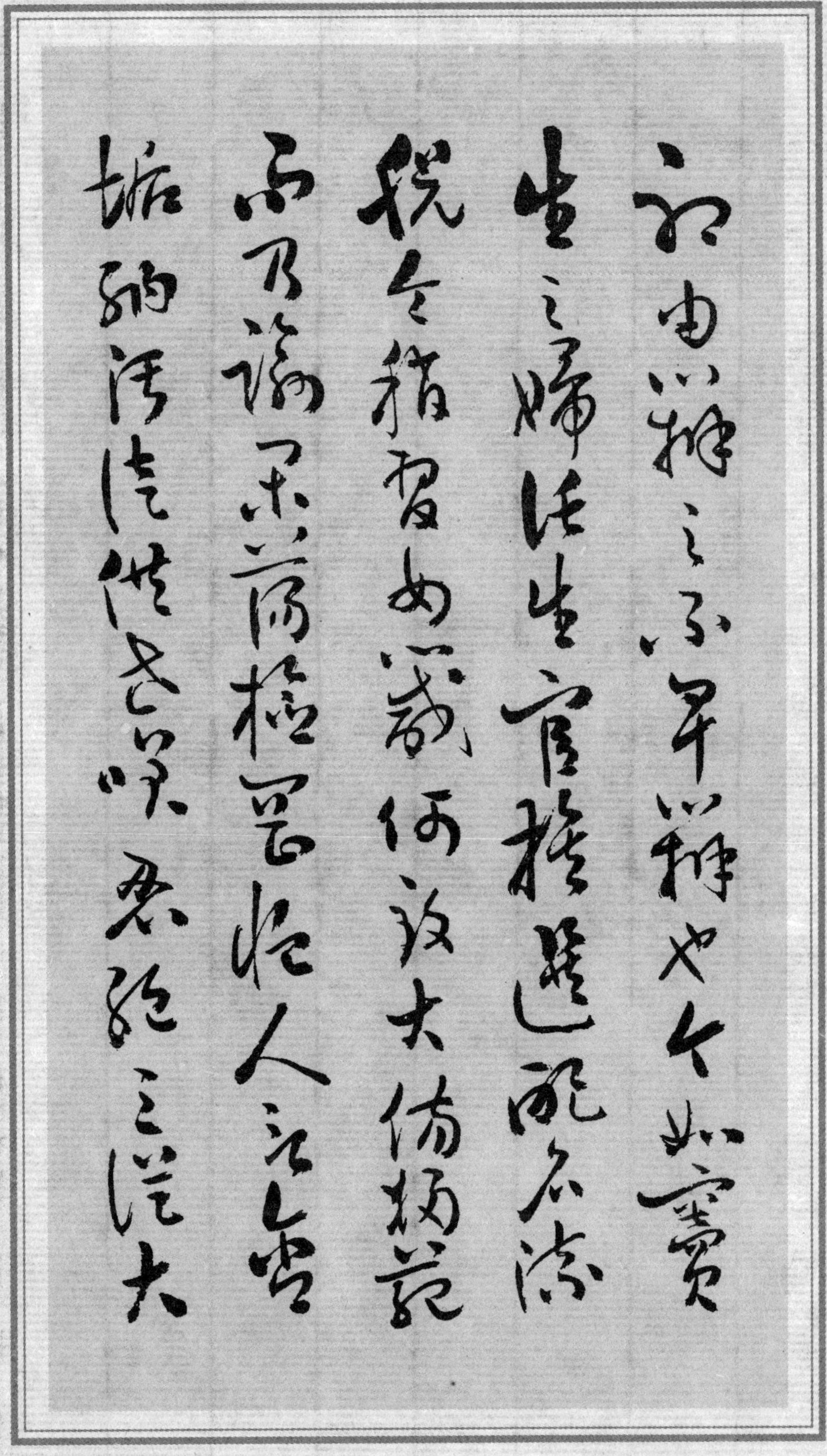

義，甘居七出明條。豈非沃土之多淫，而世家之鮮禮耶。嗟乎，子卿尚在，妻已去帷；元澤猶存，婦先辭室。去者任其已去，存者何以自存。韓愈屬文，

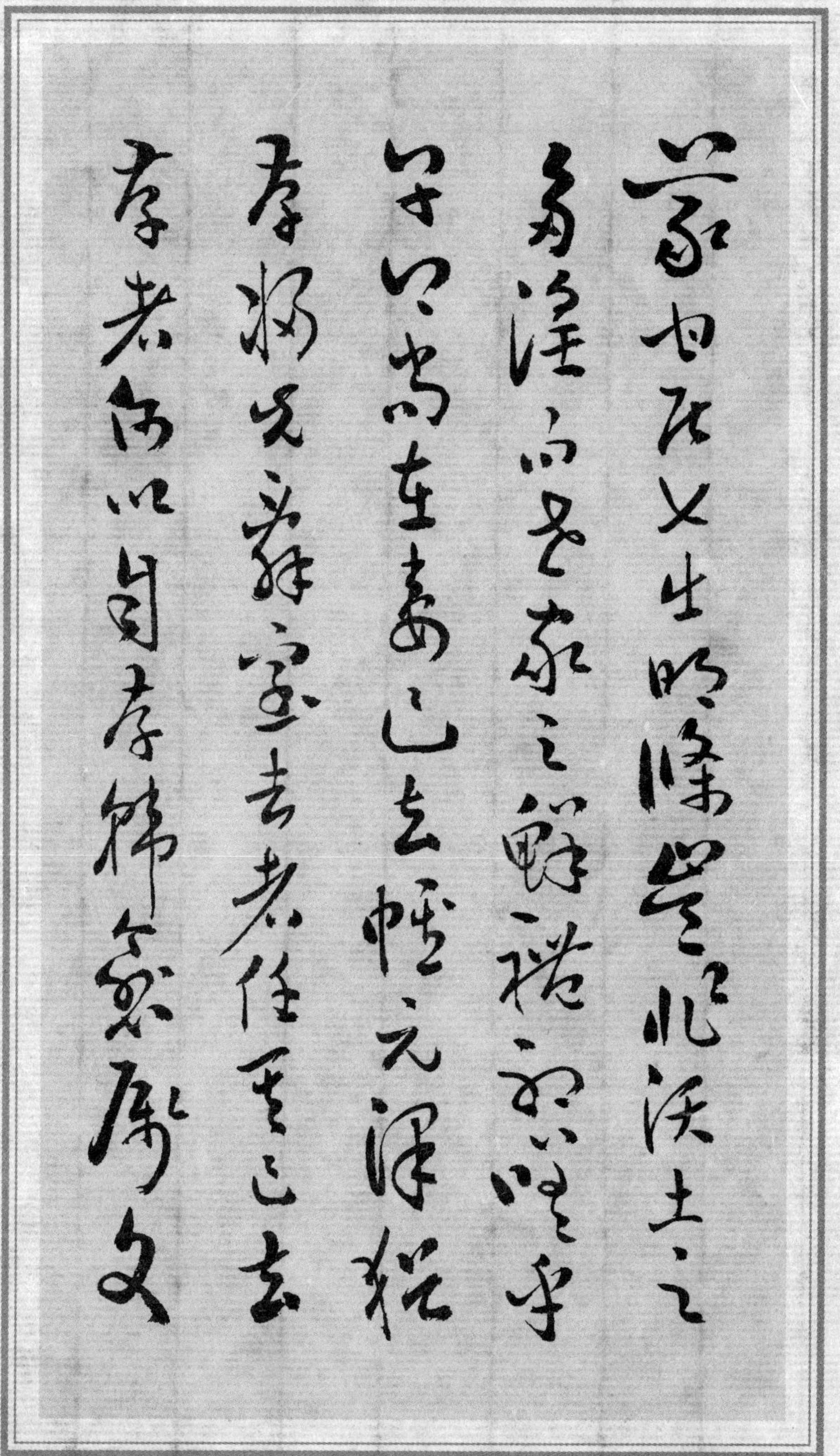

窮難送鬼；陶潛乞食，饑易驅人。挹北斗之漿，瓶還屢罄；索東門之米，帖乃空書。客無能也，家家成逐客之書；交不忠兮，處處作絕交之論。爾時，

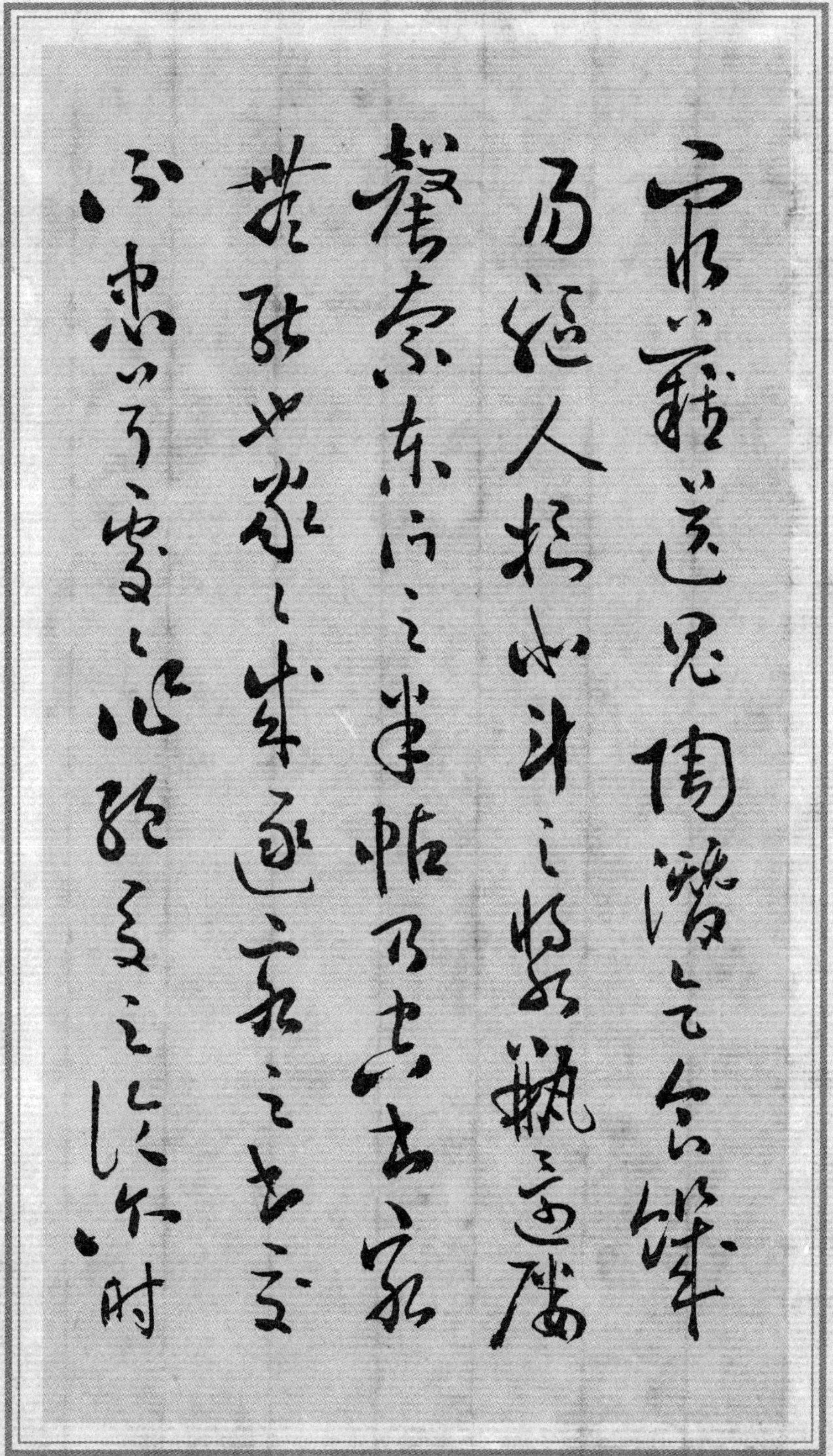

歲將云暮，臘未稱殘。破紙窗中，風穿似弩；敗葦簾外，雪大如鵝。三尺凝寒，屋上之饑烏奚適；千林積素，枝間之凍雀難飛。豈無他人，孰

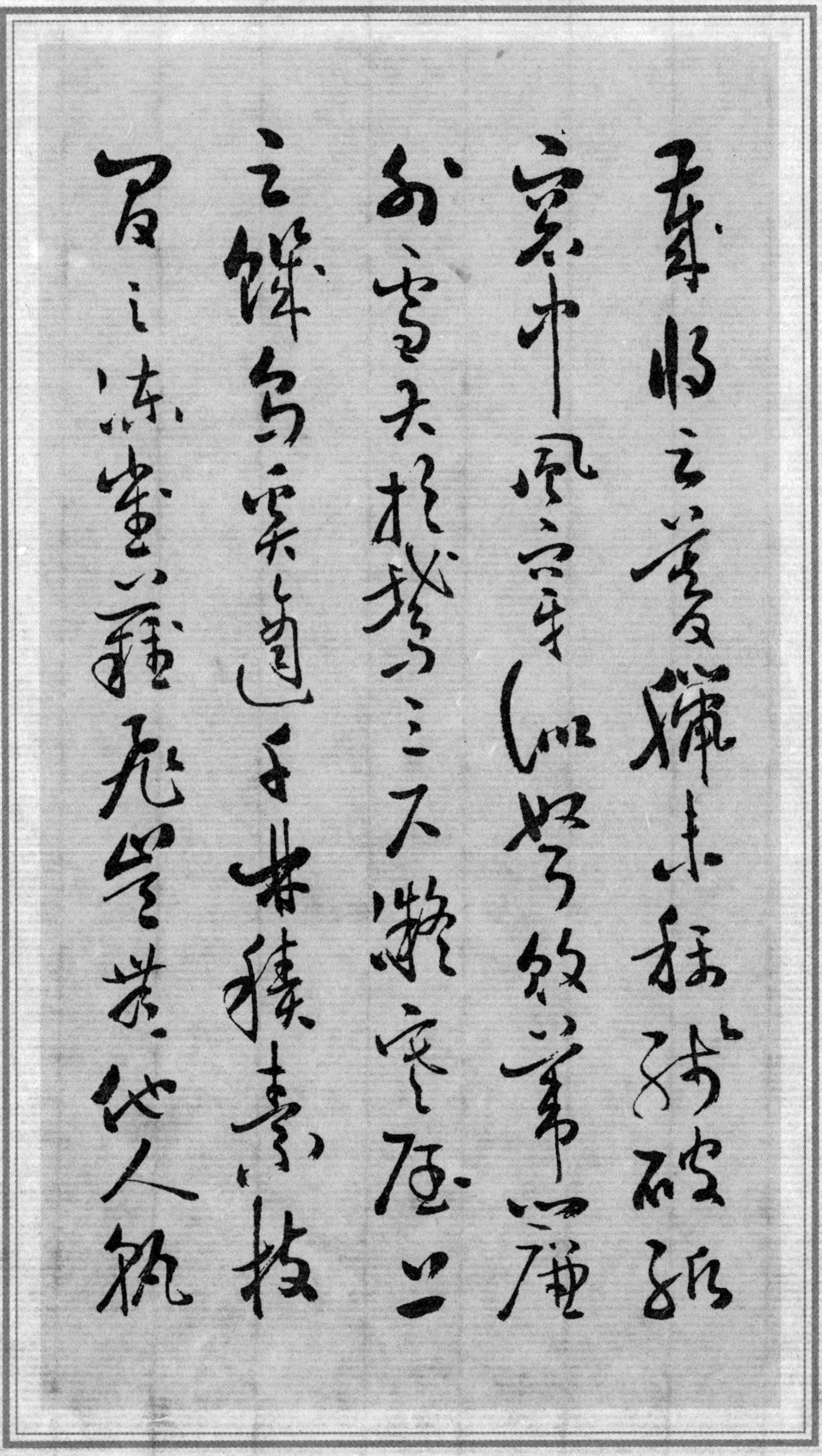

贈綈袍於范叔；不如同姓，猶存大被於姜肱。生又有族兄某者，阮殊南北，施判東西。鴻雁分行，澤未斬於五世；鶺鴒在難，棲還借此一枝。兄有恒心，尚少闕

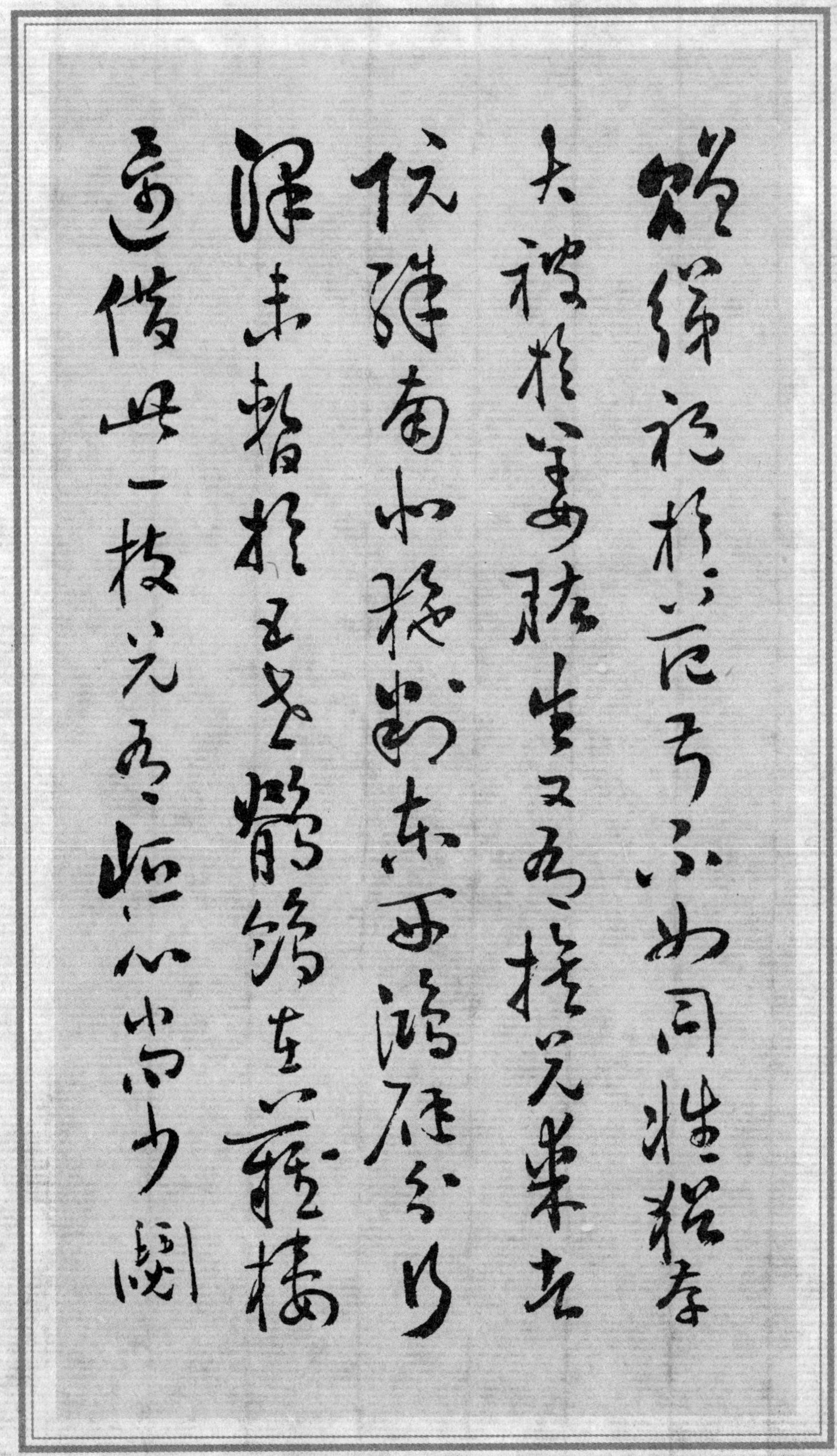

墻之態；嫂爲長舌，殊多鑠（爍）釜之聲。乘醉而慣訴射牛，還怒而頻聞叱狗。生也，因茲投箸，旋即拂衣。苟思棠棣親情，豈甘徑去；無奈翳桑烈性，不食嗟來。

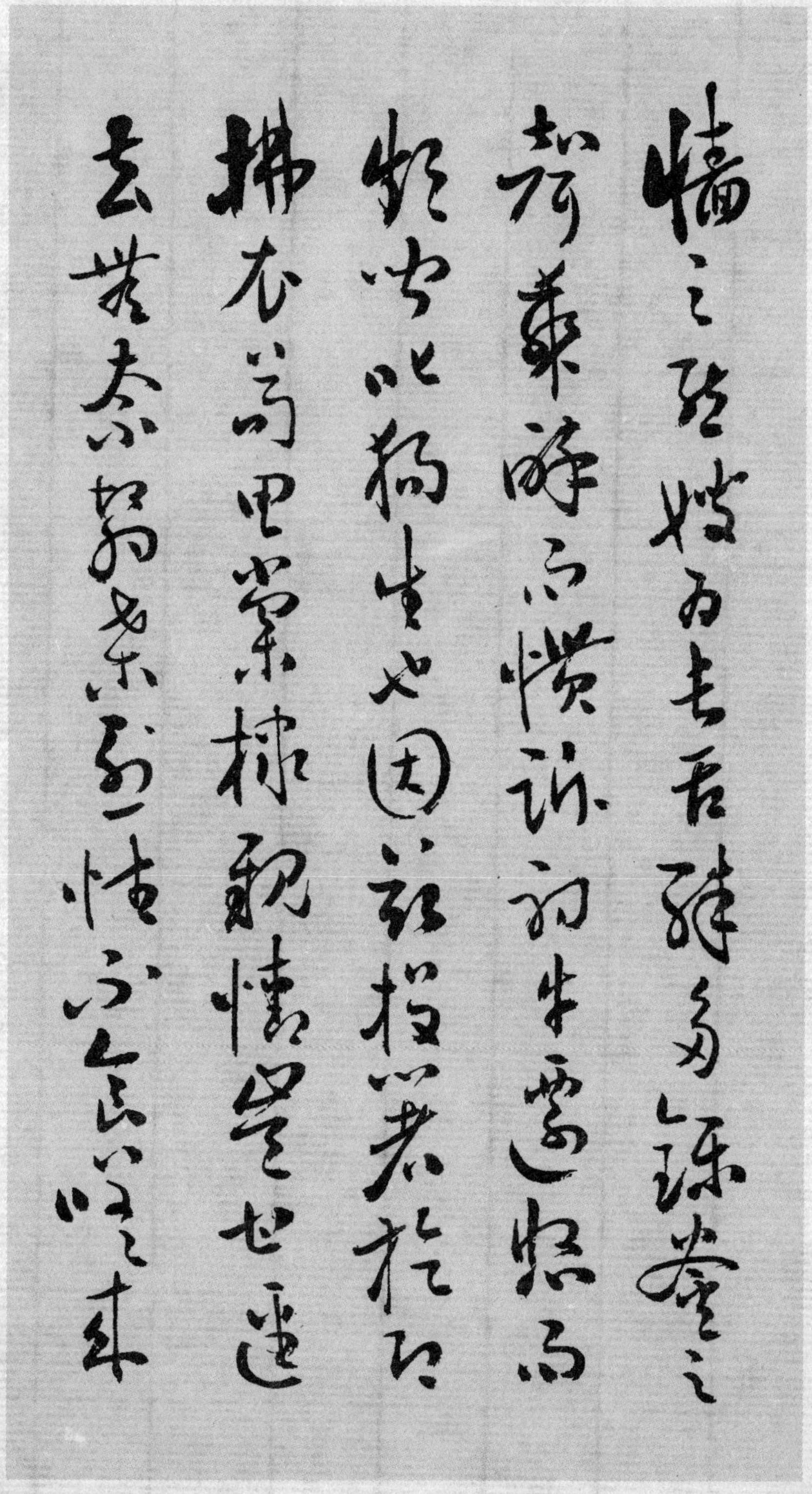

傷哉生也，兩字饑寒，銷殘意氣；幾場離別，磨盡年華。乃至午〔夜〕單棲，丁年孤露。雁來木落，最增秋士之悲；鳳去臺空，恍作春婆之夢。此即膏粱

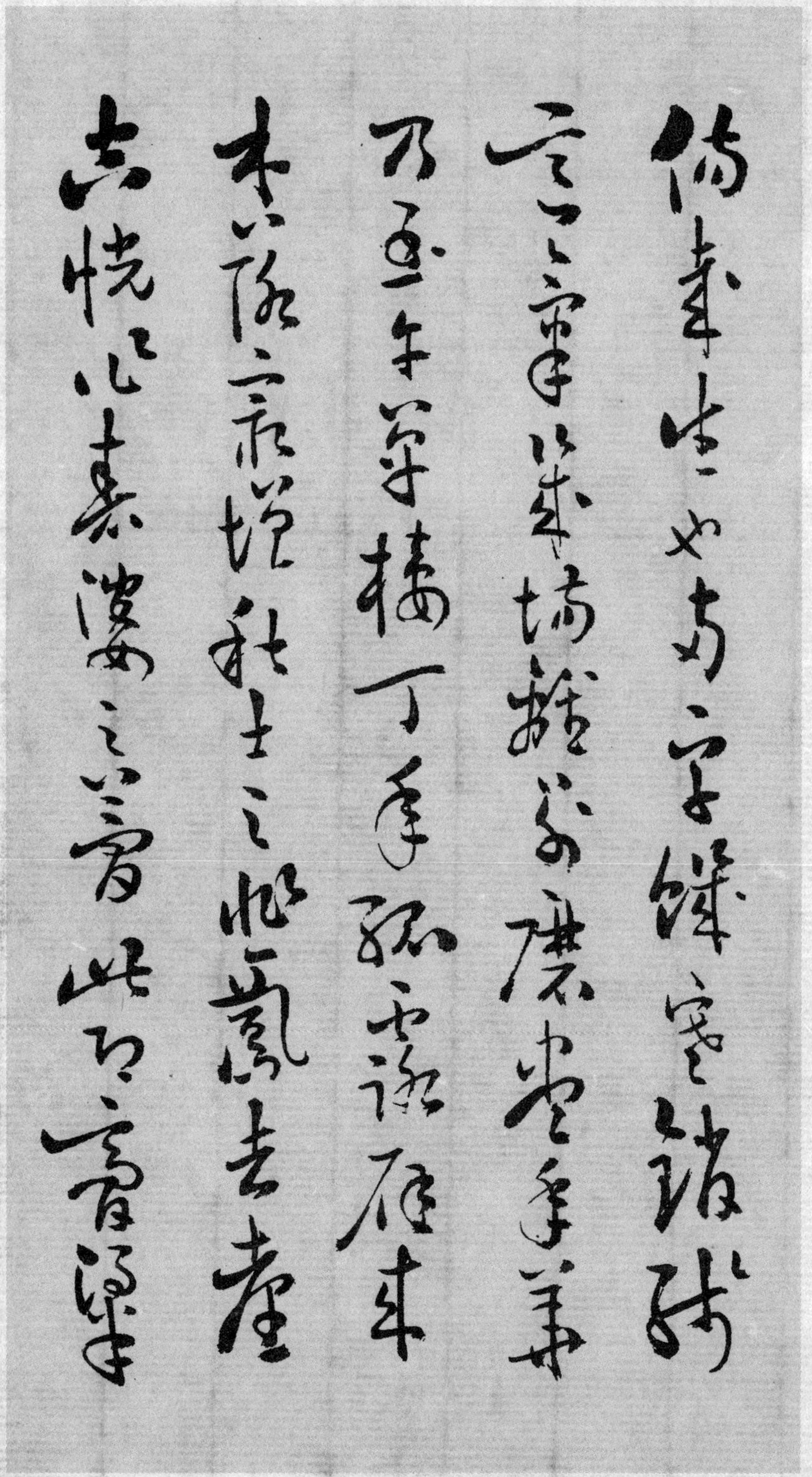

仍舊，未足銷愁；紈袴如初，猶難取樂。況乎室如懸磬；地僅立錐。瞬息難安，世上鮮忘憂之館；追呼不絕，人間無避債之臺。嗚呼，英雄失路，托足無門；豪

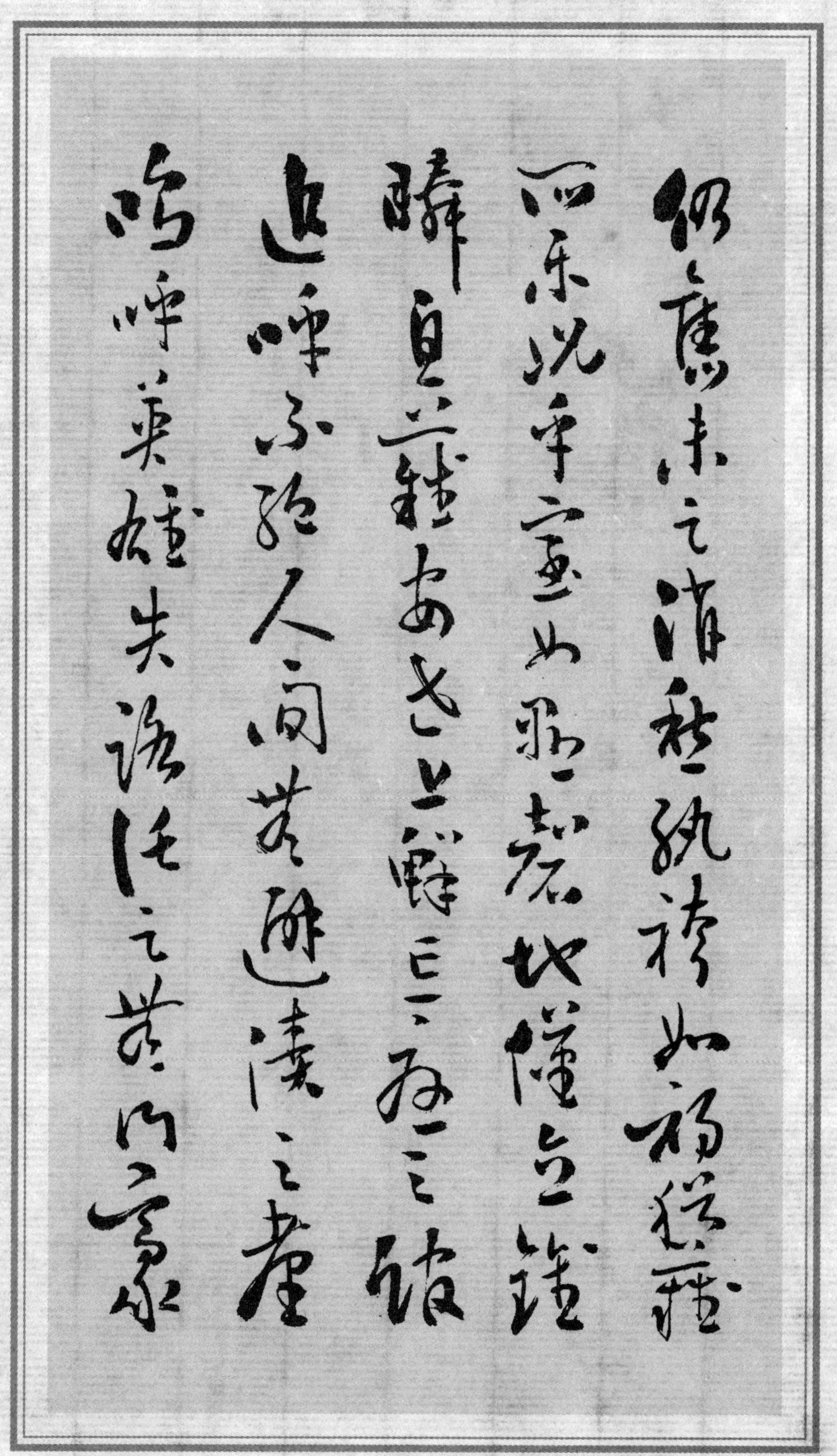

傑埋名。謀生奚術。此則生田園剥落，家室飄摇之時也。時愛姑之在尼家也，手爇獅爐之火，燒出心香；淚傾龍鉢之波，染成血漬。溪光月色，未悟空

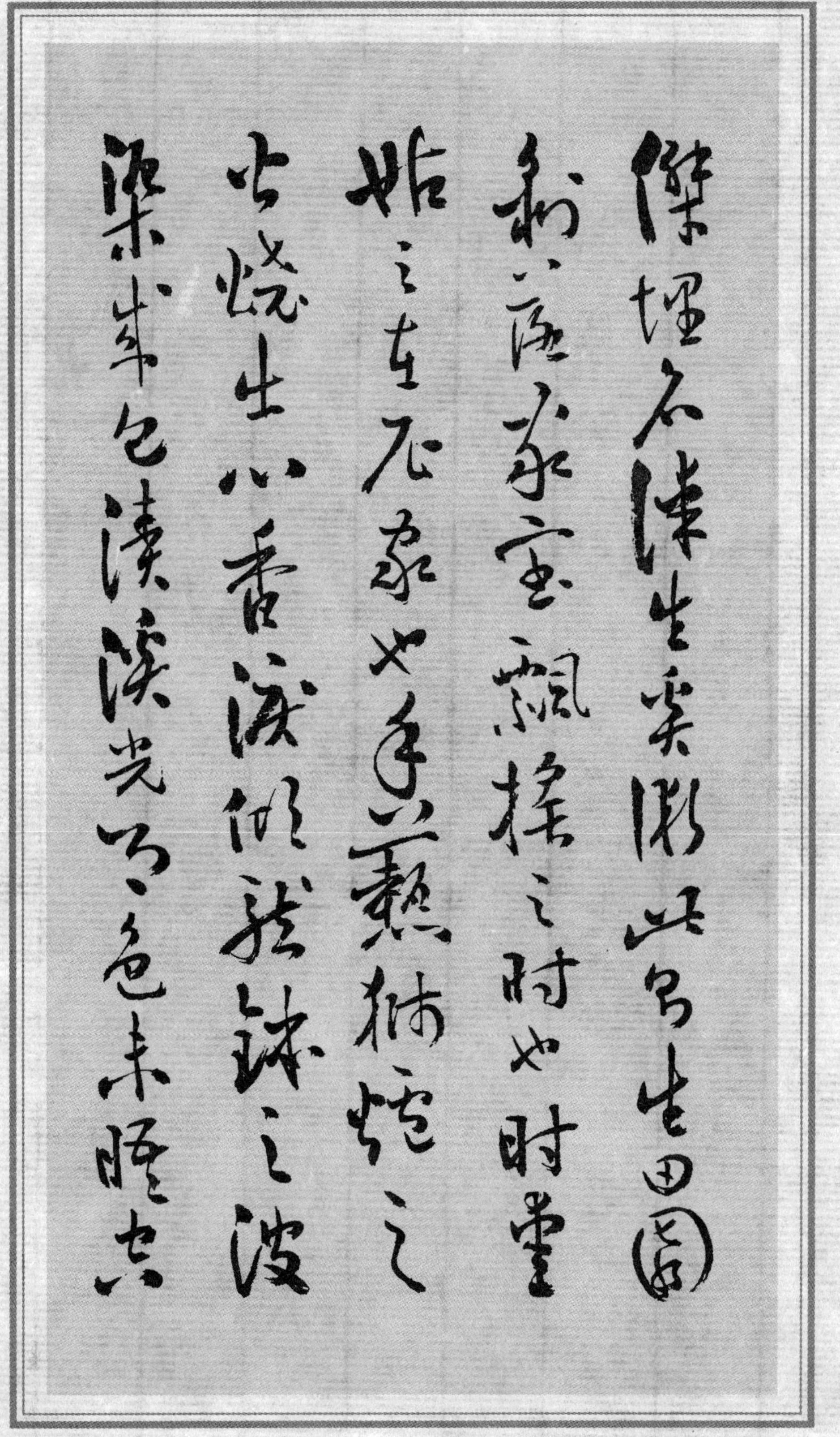

形；花氣鳥聲；都牽別念。霍小玉典釵何事，唯求李益之行踪；蘇若蘭寄錦多時，忽得竇滔之歸訊。或在鴛湖得見，或從鴦水傳聞。咸云重耳寓

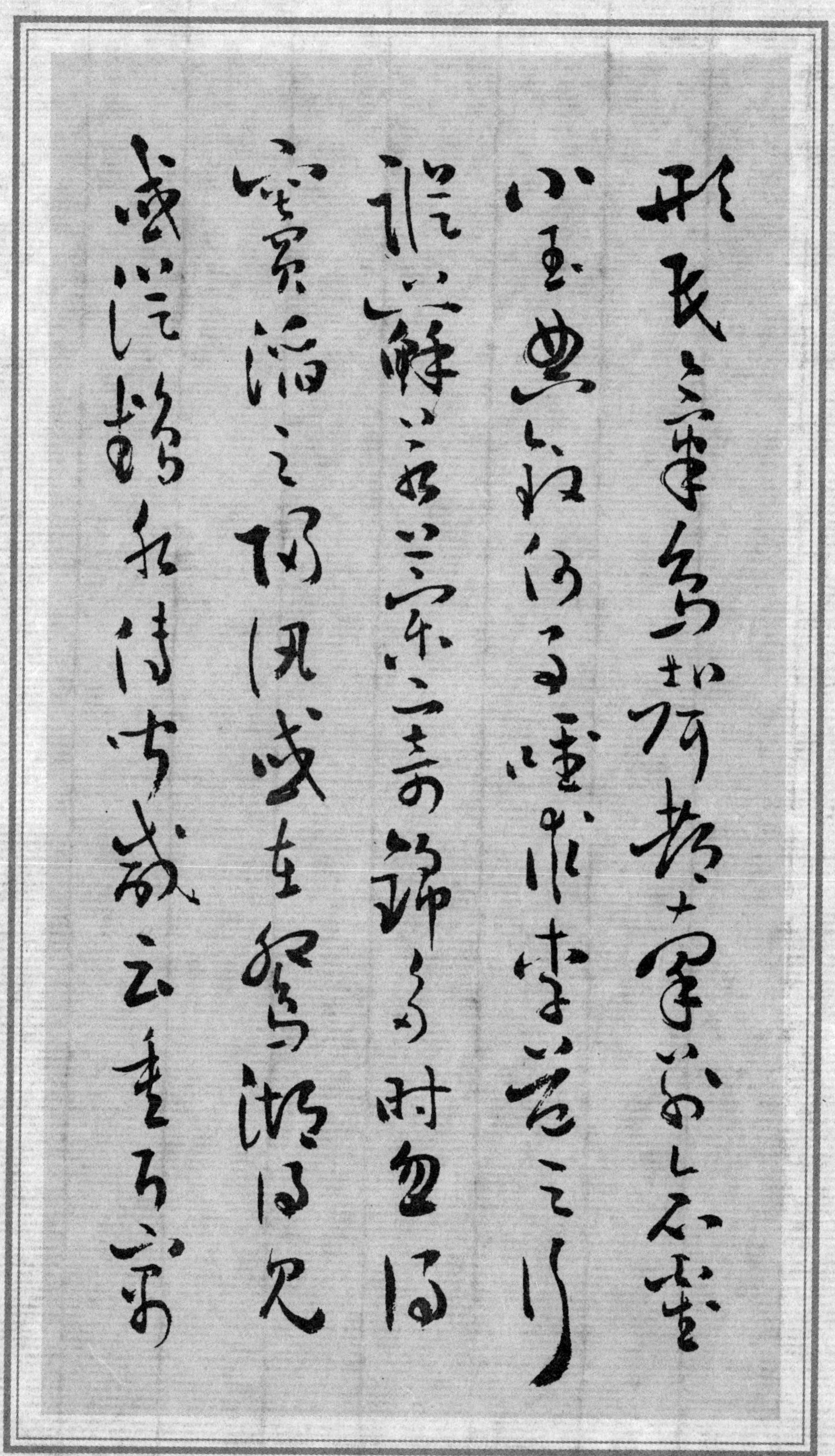

秦關，此時返國；遂使樂昌居越府，每日思家。均爲并命之禽，東飛伯勞西飛燕；本是同根之樹，南枝向暖北枝寒。雨歇雲消，所懷渺渺；天長地久，此恨

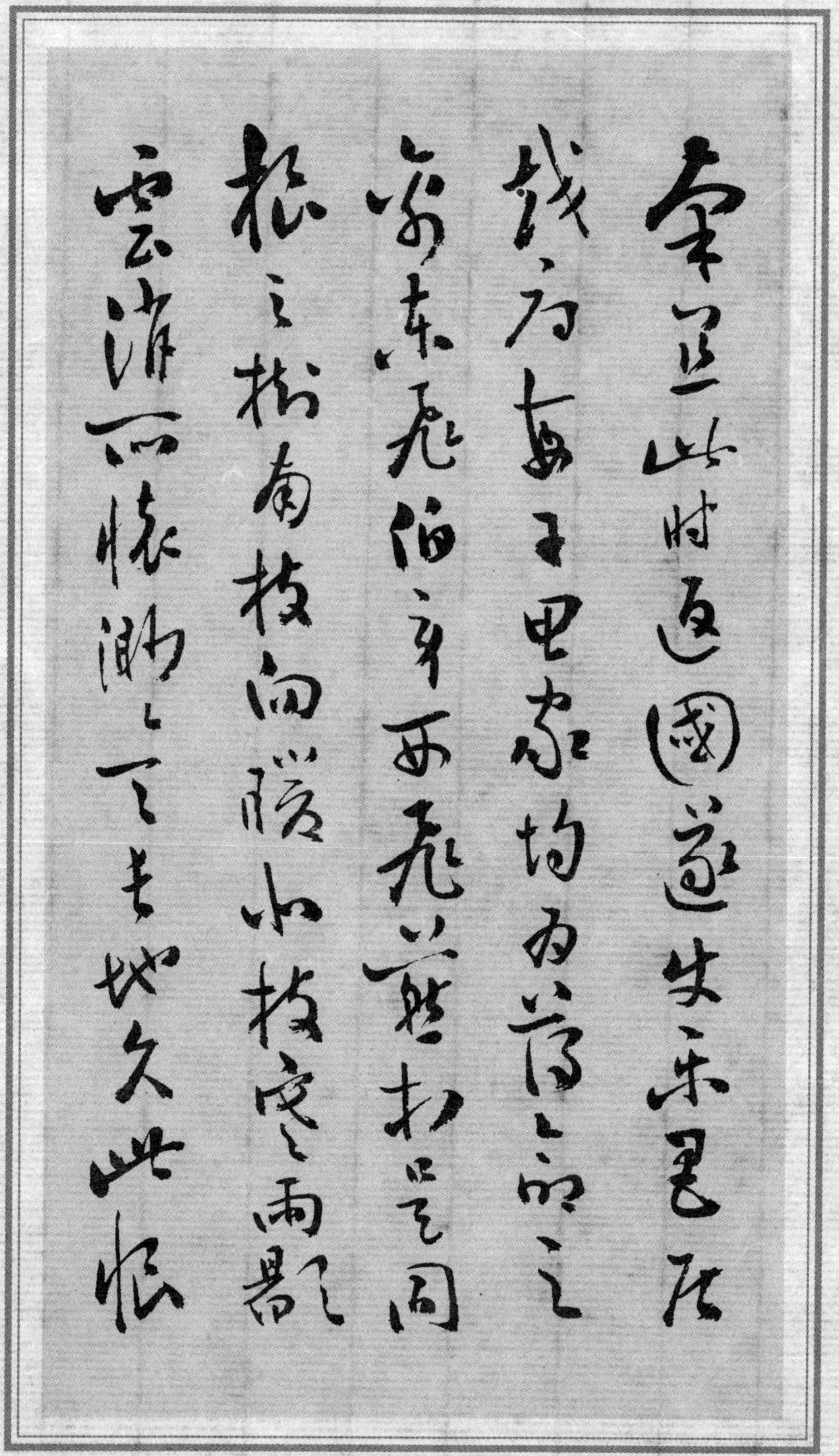

綿綿。常教毛女避秦，未許文姬歸漢，是則石銜精衛，怨恨難填；土捧黎陽，愁關莫塞者矣。老尼澄心默照，慧眼靜觀。聞木犀於座間，香通三昧；

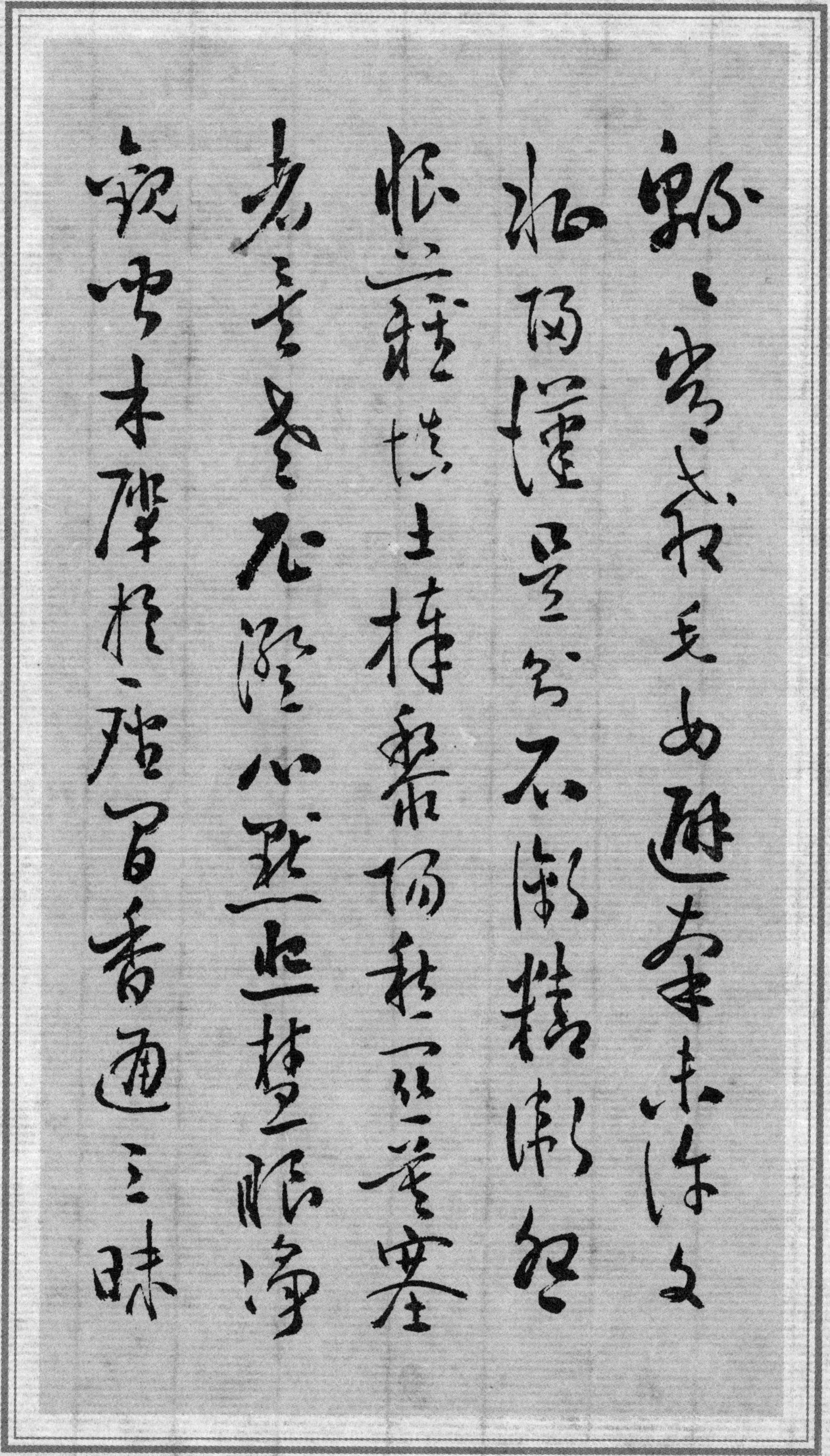

嗅梅花於枝上。香氣十分。素知杜蘭香未斷塵緣，吳彩鸞終諧仙侶。劫輪乍轉，纔聽龍女訴哀；苦網將開，難使蟾宮守寡。弦摧雁柱，遽令再

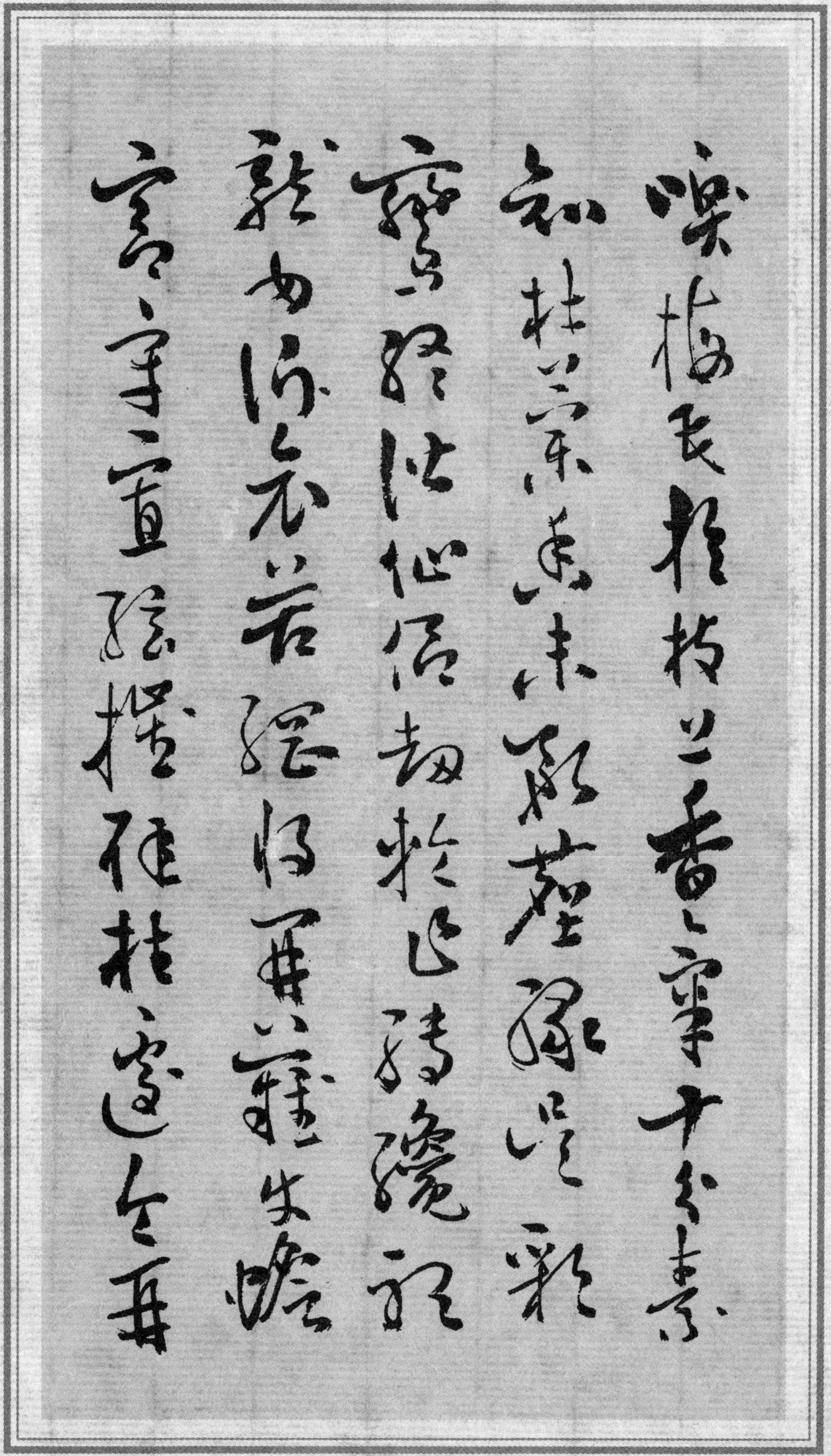

續鵾弦；錦斷龍梭，即使重聯鮫錦。特是遼遠水程，杯非可渡；崎嶇山徑，錫不能飛。未得乘風之便，豈無多露之虞。適有某婦，生於錢塘，素稱舊族；嫁

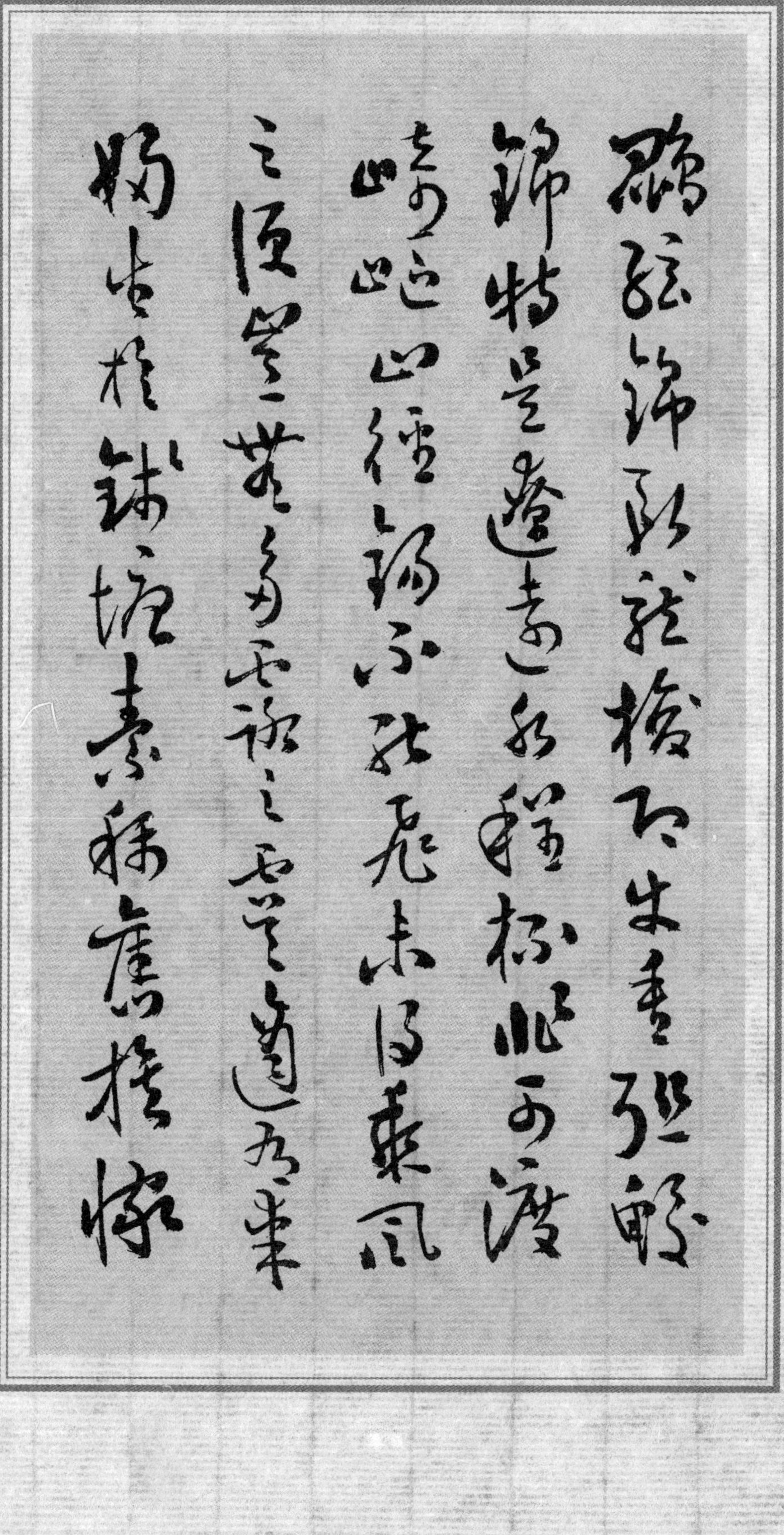

於萊邑，忽作新孀。由隨喜而相親，往來甚密；遂交歡而莫逆，餽問殊多。共證神仙，互稱姊妹。蘭因絮果，皆移種於瑤姬；寡宿孤辰，悉聯輝於寶婺。

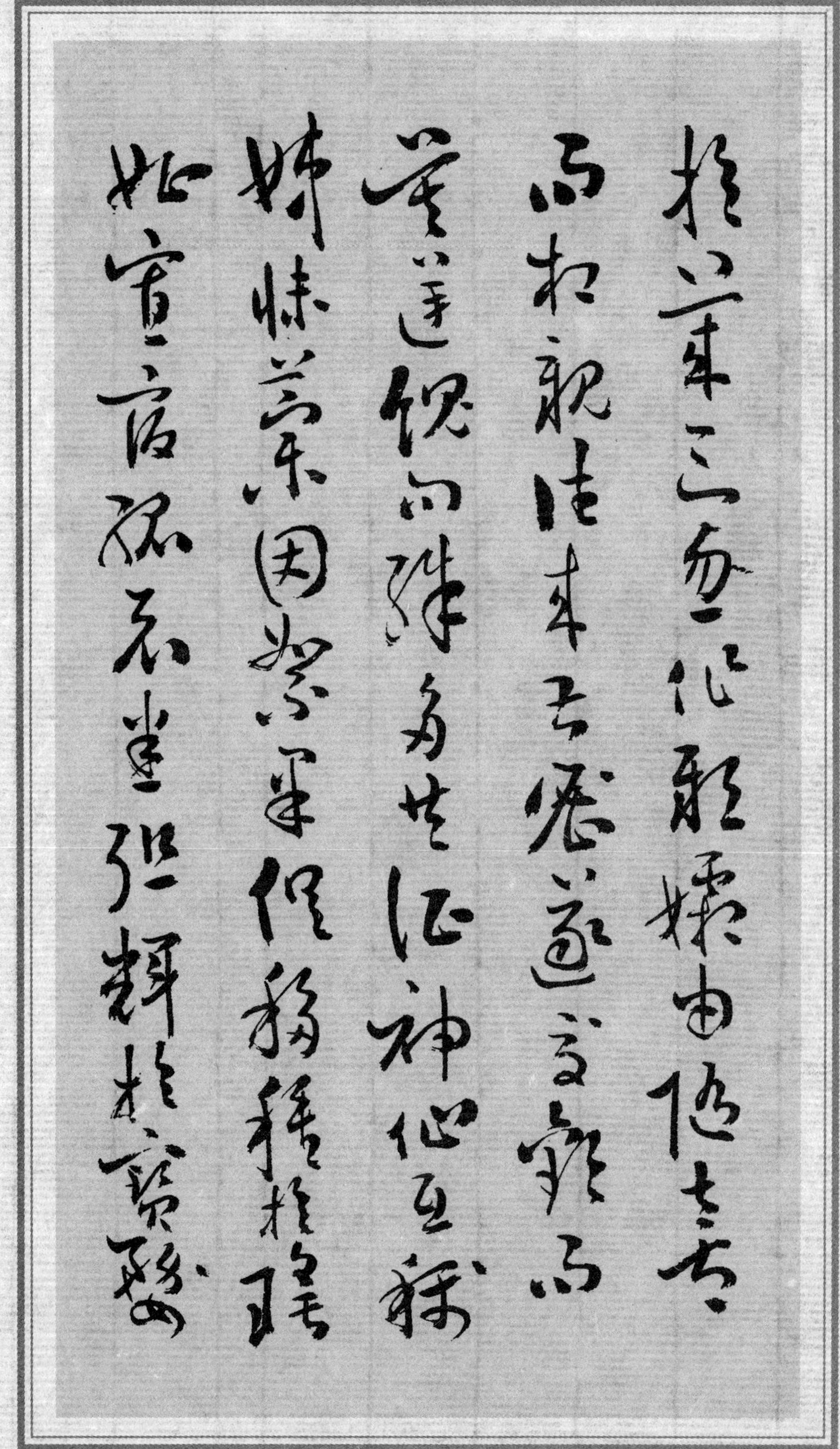

一似素娥夜冷，影依梅蕊之魂；一如青女曉寒，淚染楓林之色。此婦忍草悲花，啼風泣雨。百年守志，永無返影之期；千里馳情，長切歸寧之意。老尼乃謂，均

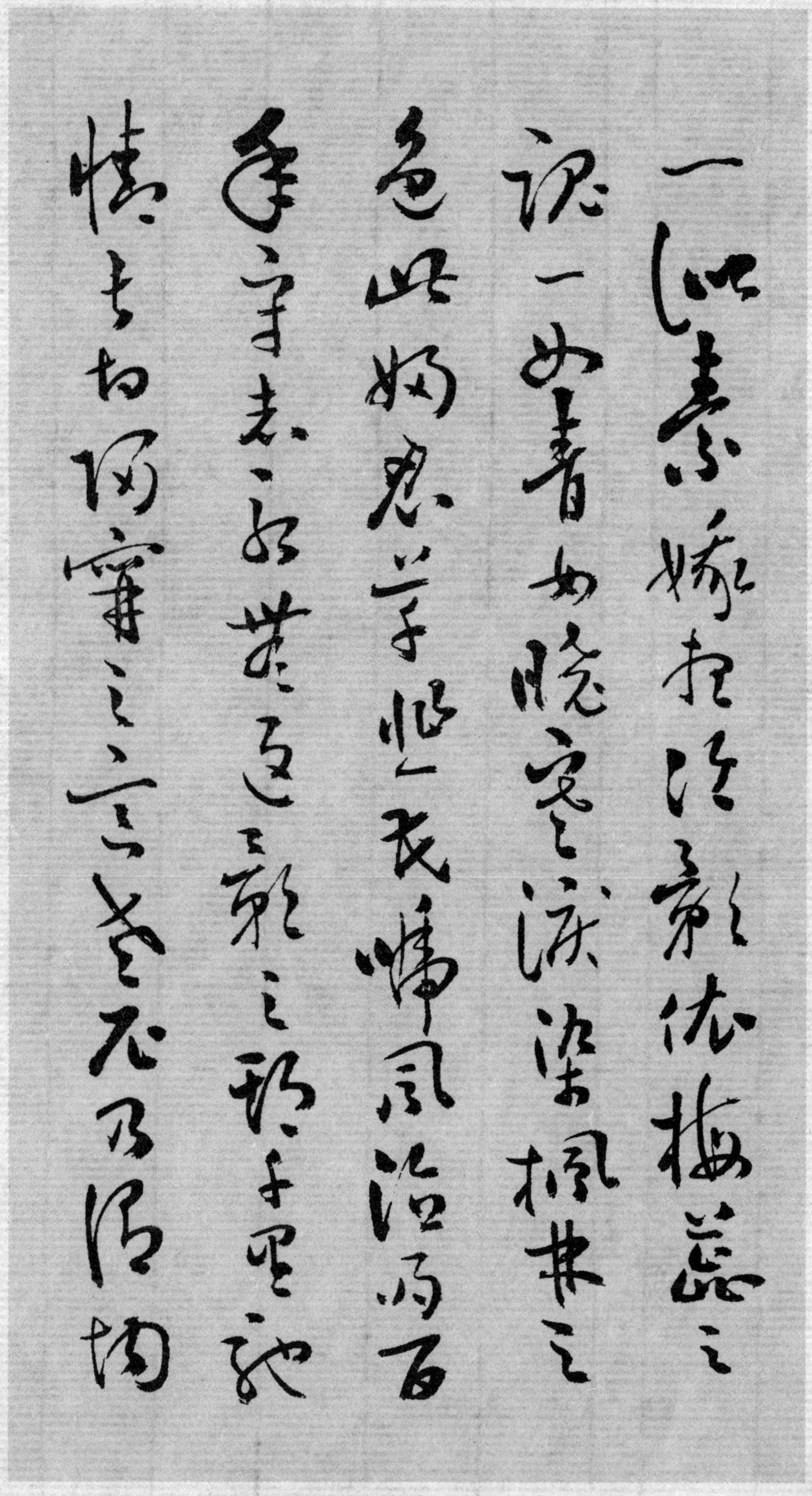

是失巢之鳥，孤飛莫若偕飛；雖非比目之魚，獨泳何如并泳。紅粉不須添別思，青春作伴好還鄉。我老矣，難送汝歸；汝往哉，毋爲我念。姑乃徐向(青)蓮

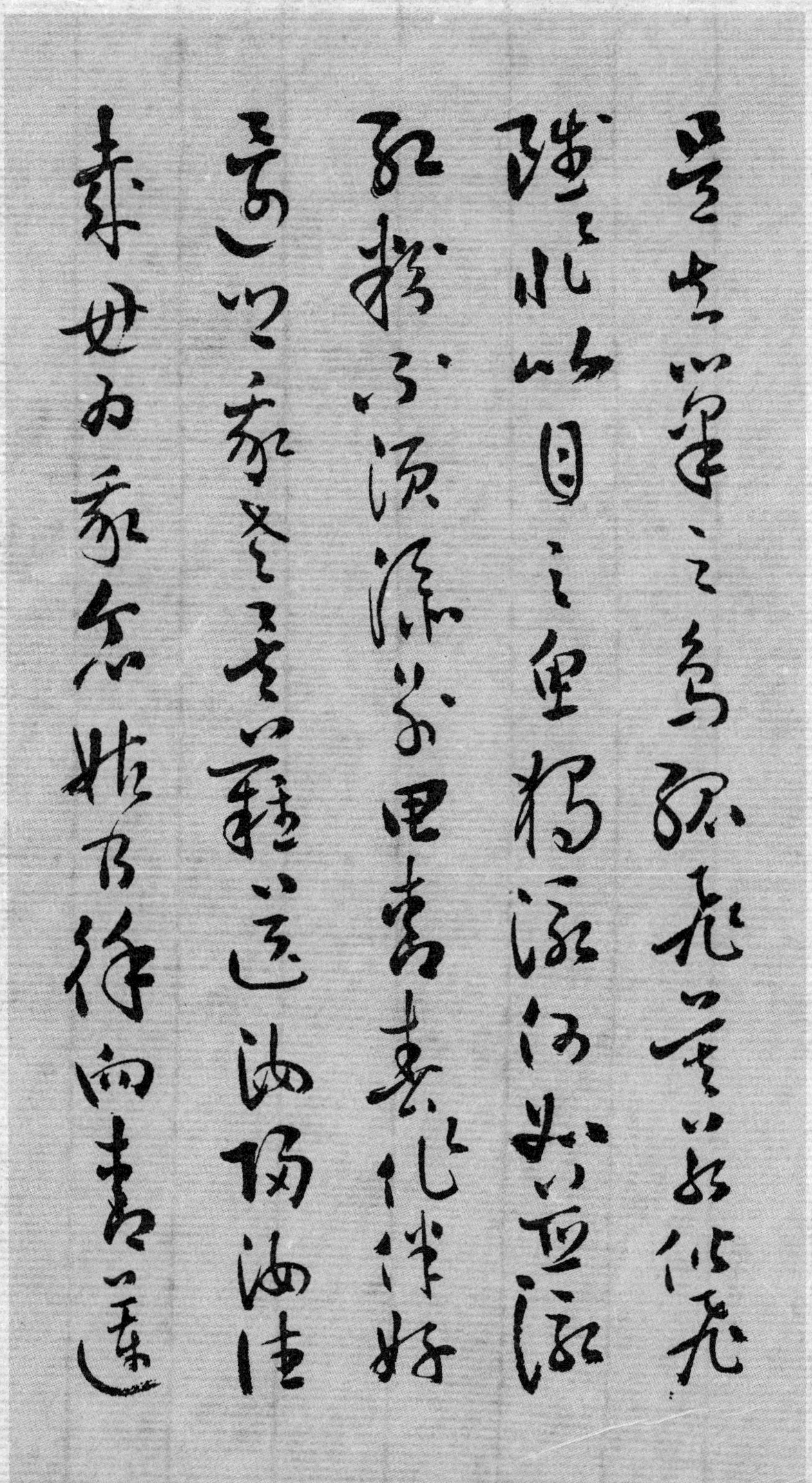

臺稽首，旋隨蘭侶移踪。感昔時命得重生，謝此日恩同再造。於是，鉢羅開并笑之花，天棘引同絲之蔓。素裳結隊，縞袂連群。或牽駿馬同馱，或喚

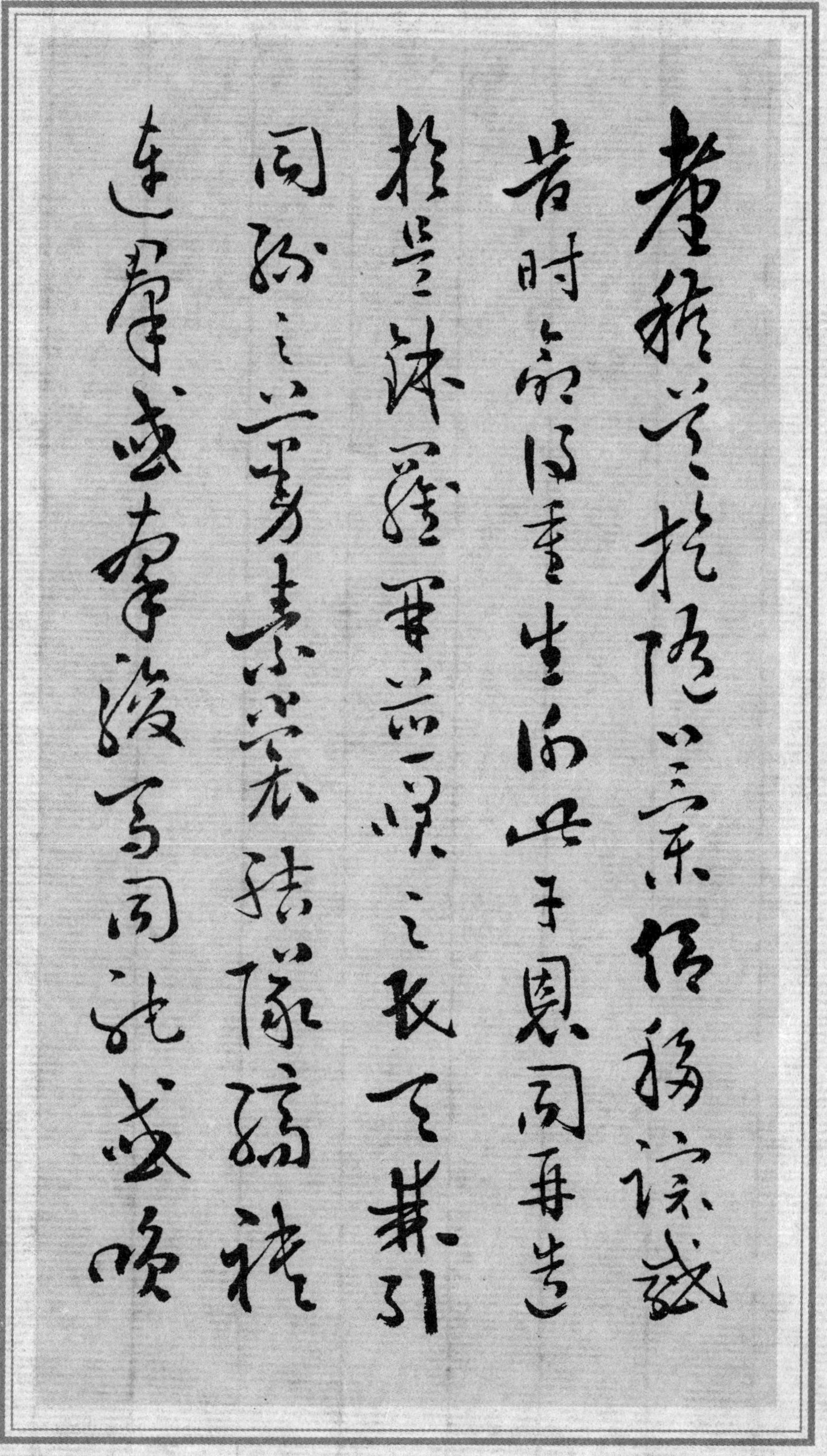

輕舟共載。風和紫陌，挽手踏春；水淨碧溪，比肩泛月。甚篤裙釵之誼，渾忘輪楫之勞。無何，客路非賒，鄉關伊邇。欲知妾住，不離放鶴州（洲）前；若問郎居，

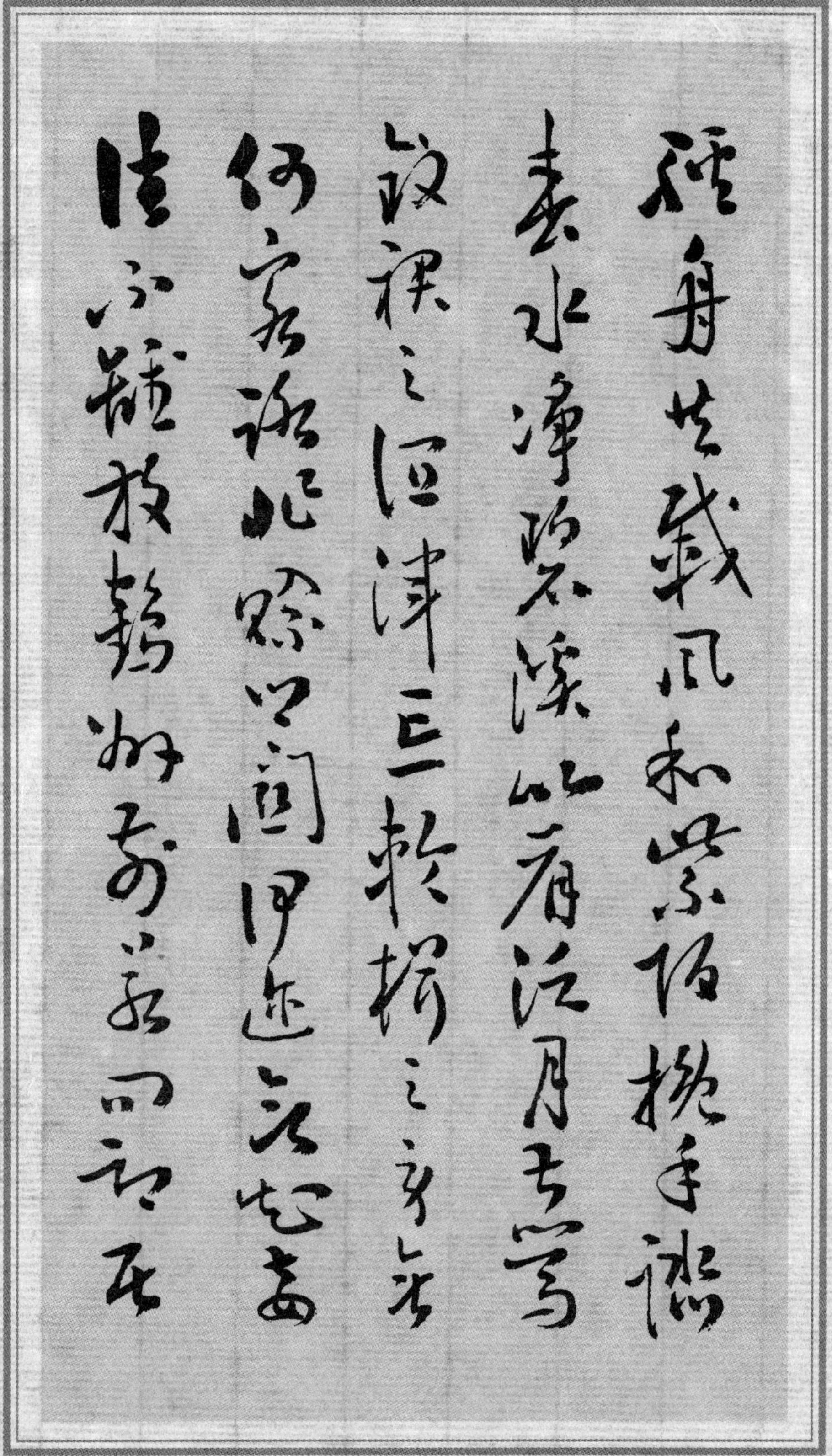

只在弄〔珠〕樓畔。芳侶之談心已久，香帷之聚首難長。在某婦櫂向西湖，於斯借道；在愛姑舟經北麗，即此分程。第是城郭如初，井廬非舊。戶流螢火，

門綴蛛絲。燕子不來，空梁泥落；梨花已謝，荒徑苔封。曾日月之幾何，而門庭之若是。幸而妾身有托，郎面可逢。即從滮水浮家，旋向漢塘泛

宅。乃停來桂楫，固適樂郊；而步去蓮花，竟投瘠土。訪馬卿之舊宅，四壁徒留；尋倪瓚之故廬，萬金盡散。駭聞公子無地同歸，慘問王孫何人進食。

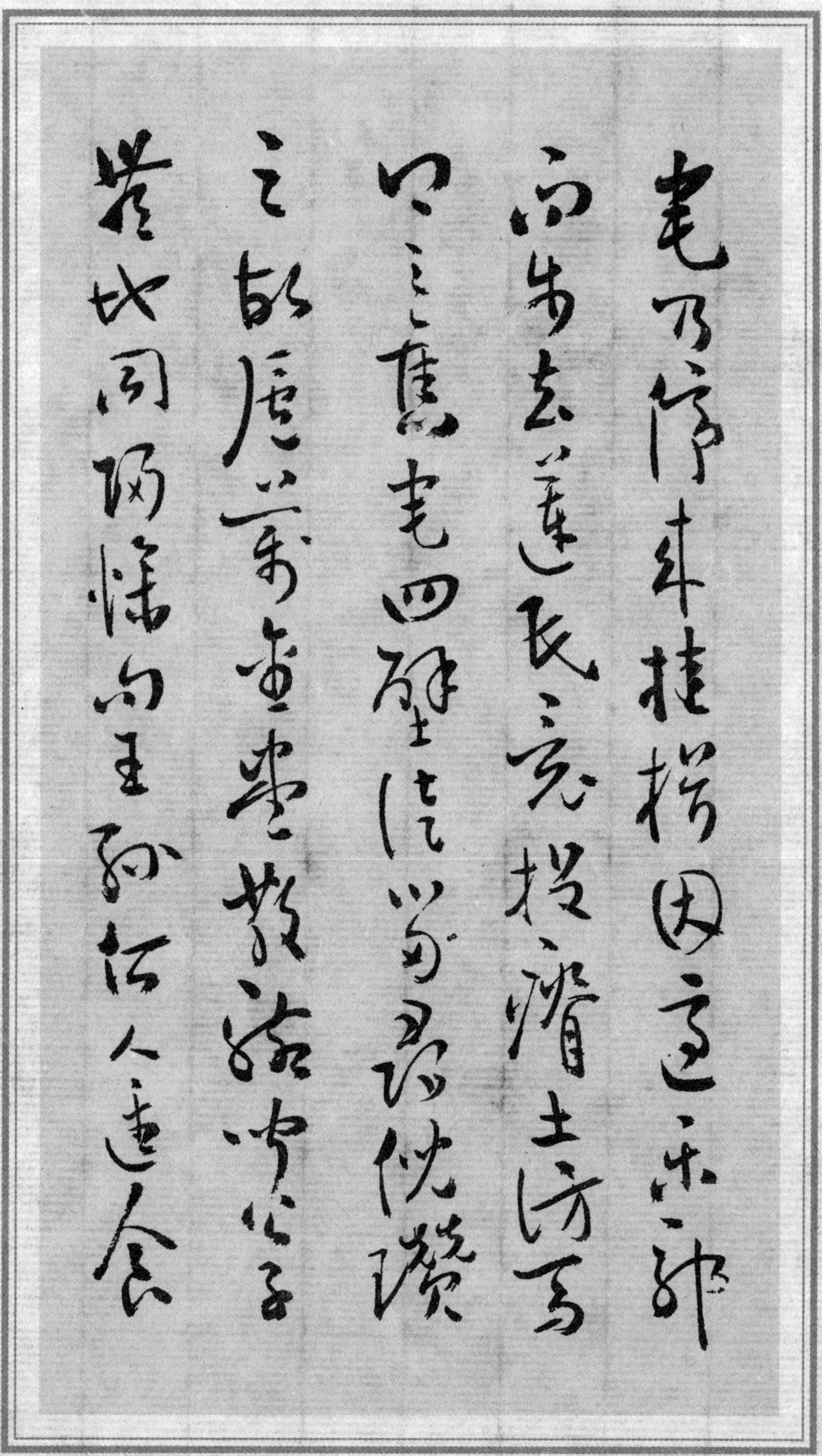

向因久別思何限，及至相逢話亦難。歷歷言愁，兩心并痛；雙雙迸淚，四目齊枯。既而破涕爲歡，轉悲作笑。只道玉簫聲斷，除教再世重逢；豈知寶鏡光分，

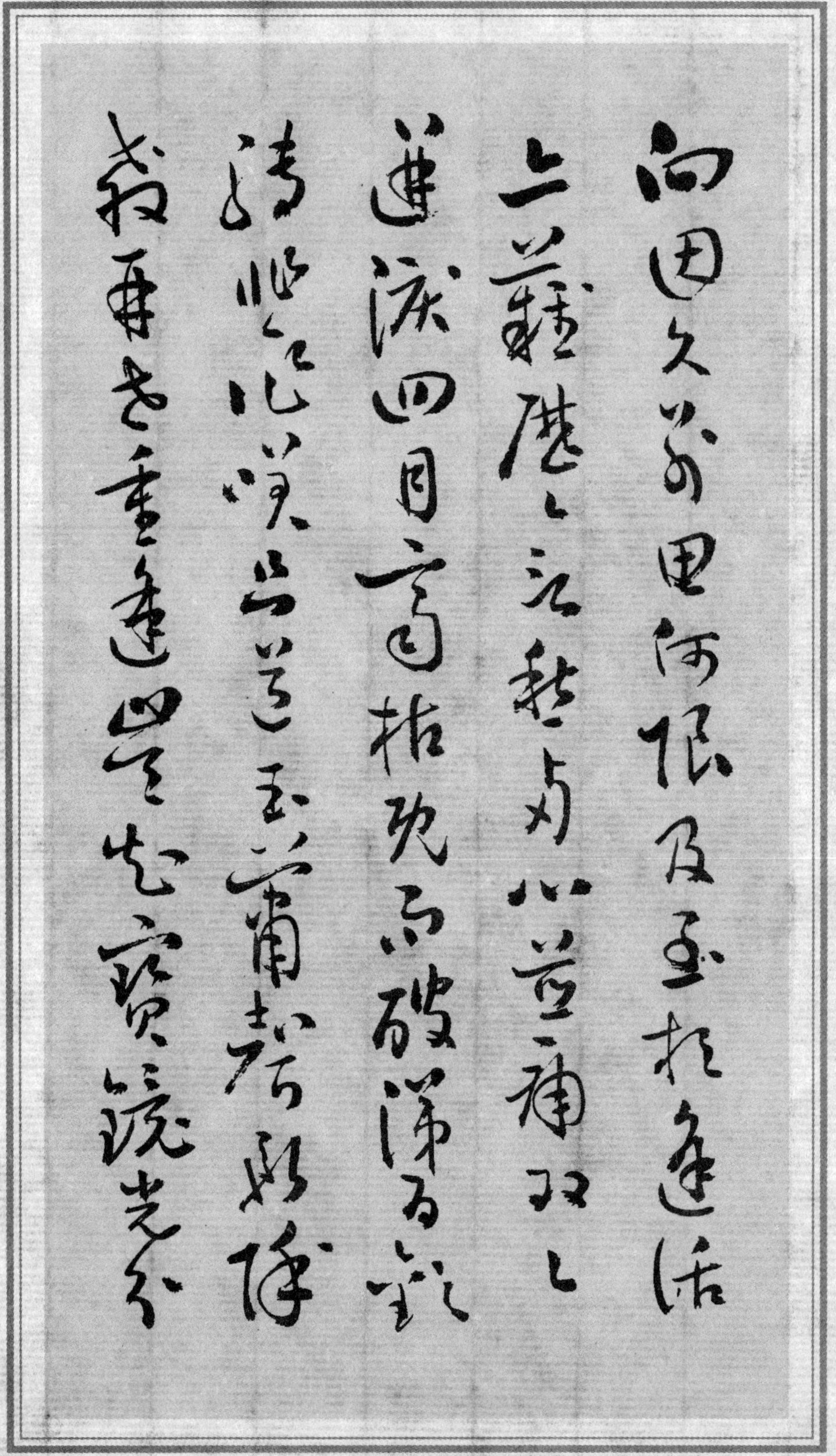

却在今生復合。畢竟媧皇好事，補完長恨之天；還因長房多情，縮盡相思之地。姑時慰安殊切，勸免良深。泗水鼎淪，必動風雲之影；豐城劍没，難韜牛斗

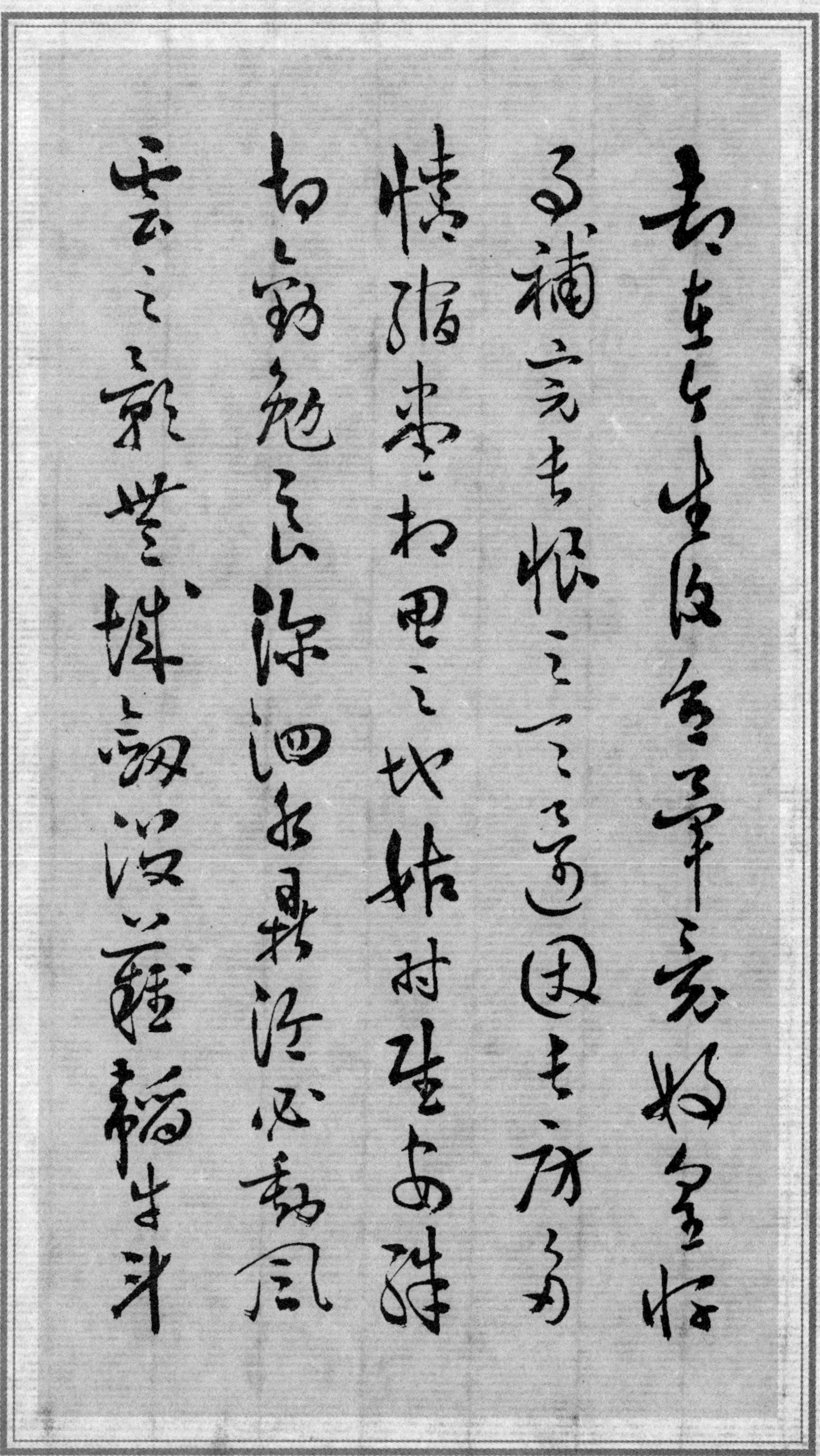

之光。斷無李白奇才，不以文章名世；豈有衛青貴相，長於貧賤終身。妾也，爲今日計，作未雨謀。幸有草廬，尚在禾地。苟息肩之有所，寧糊口之無方。君以

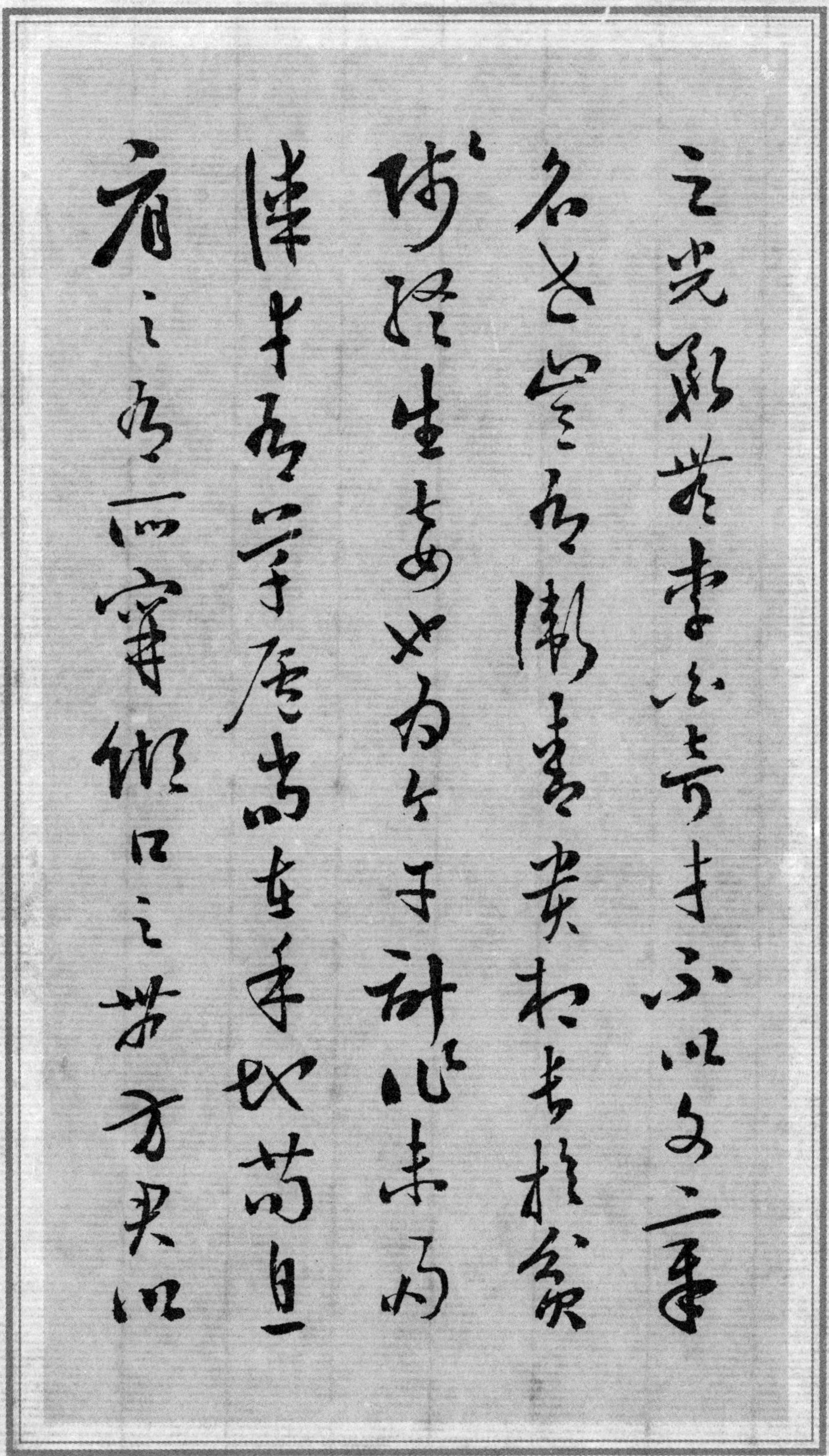

筆耕，却勝有田可種；妾將針度，奚虞無米難炊。因此，冒耻瀆陳，蒙羞自獻。苟得舉乎鴻案，又何求焉；即共挽夫鹿車，固所願也。但願兒夫不棄，豈憂

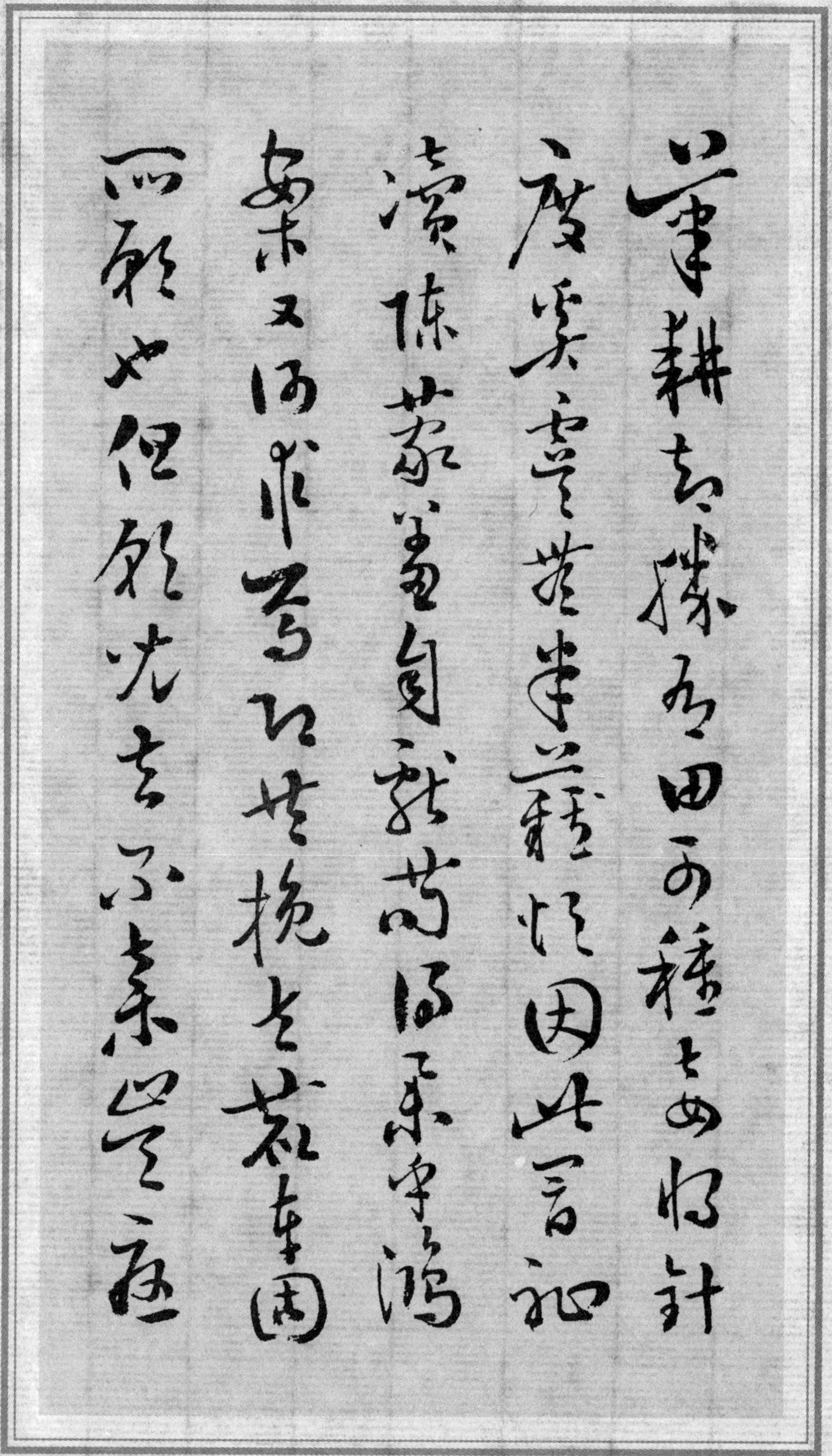

君婦難爲。姑也情切云云，生也聲連諾諾。幸許相依爲命，實獲我心；素知作合由天，誠如卿意。於是，同徙南湖之畔，葺成半畝荒廬；更從西舍之傍，拓

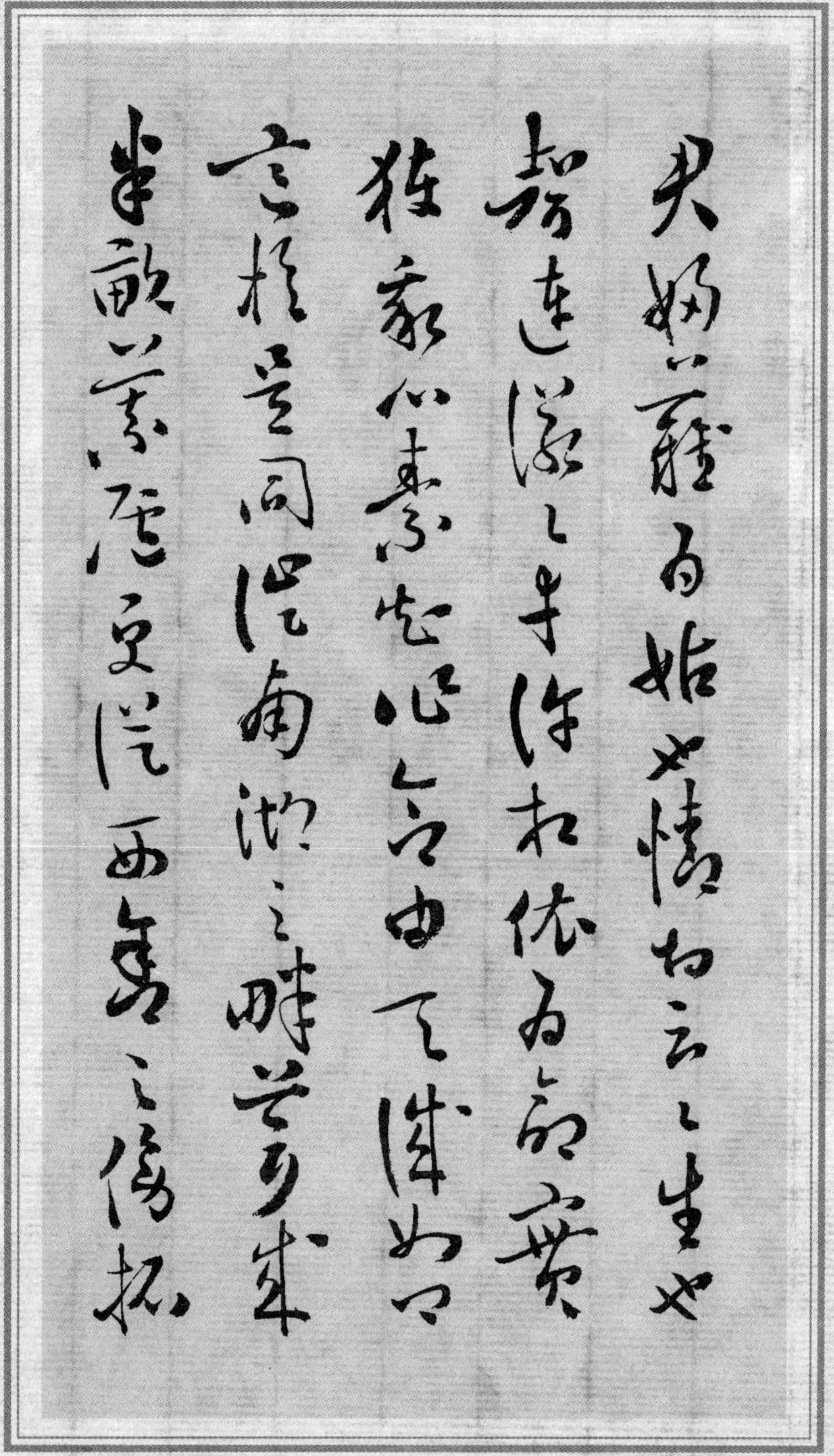

出數弓廢圃。收芋收粟，未是全貧；栽柘栽桑，即爲恒産。姑乃理蠶絲而佐讀，居馬磨以供炊。短布垂垂，影亂簾前草色；寒機軋軋，韵諧帷内書聲。冀缺之

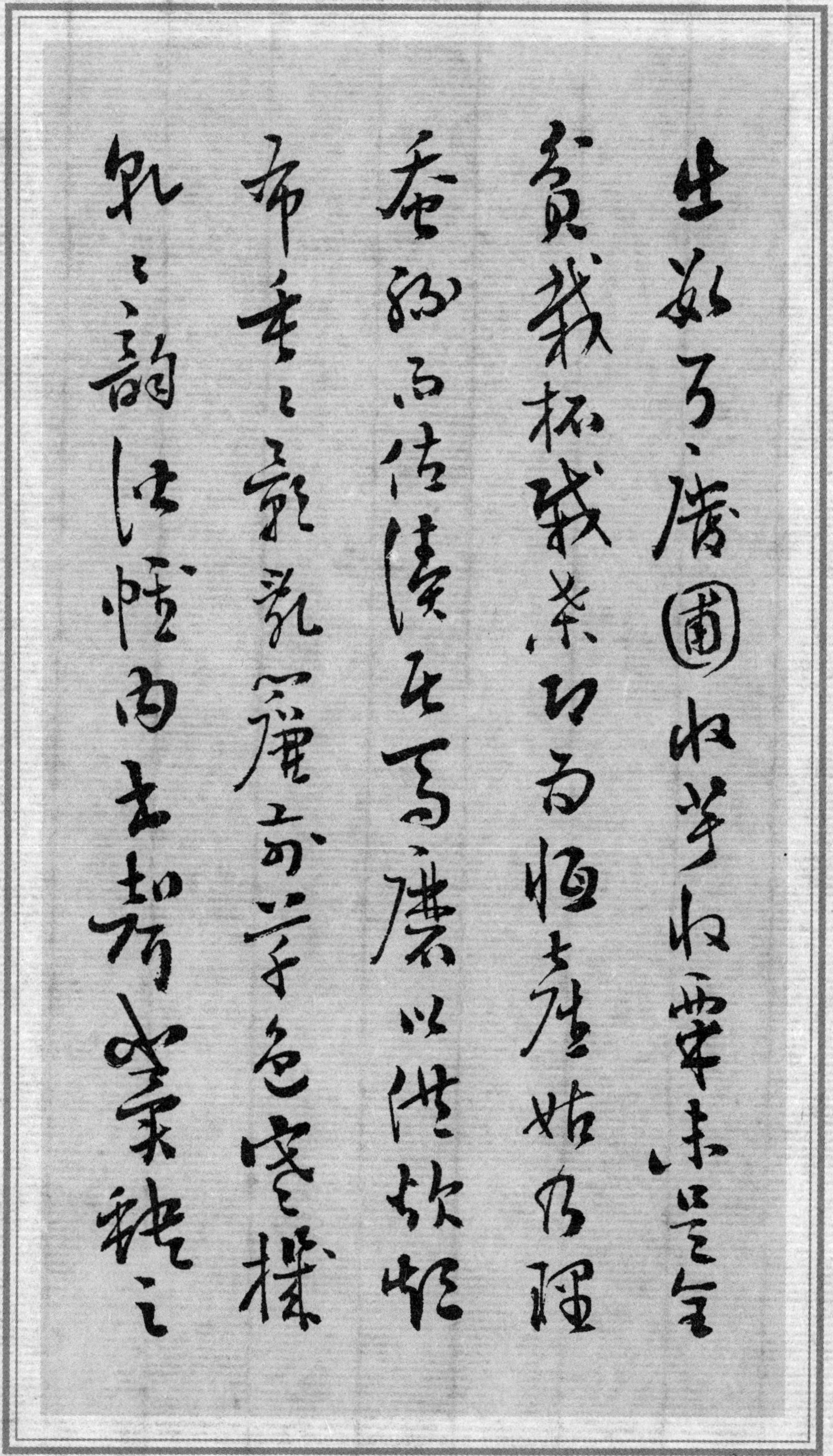

妻，不辭饁餉；伯鸞之婦，每共賃春。姑則枕戒鷄鳴，生則書窺蟾影。洵唱隨之無間，雖顣頷其何傷。齒相若而愈覺温柔，心既同而益思黽勉。如斯一度

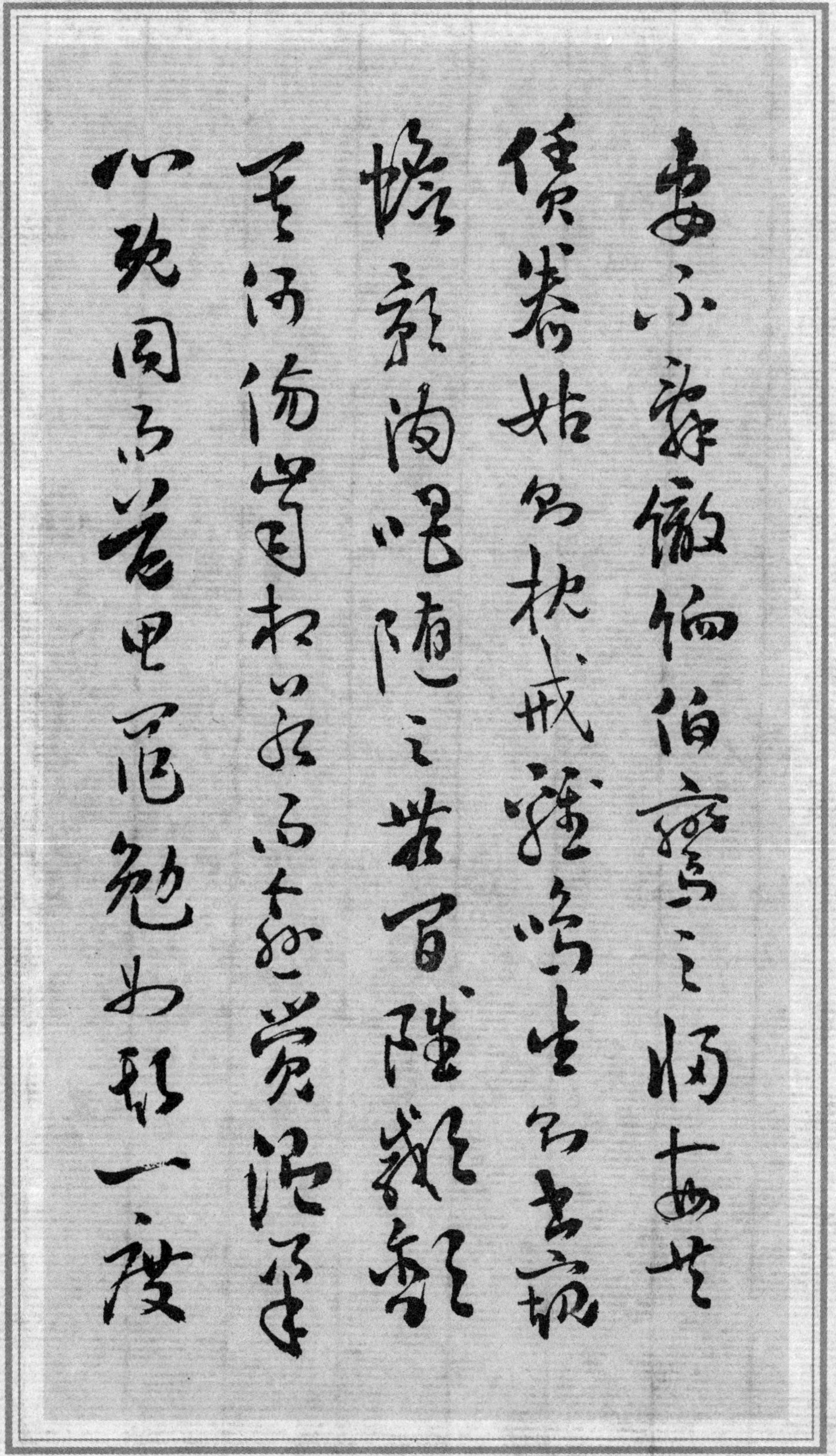

幾及三年。獨是賓生名重驊騮，鴛駘莫及；志存鴻鵠，燕雀安知。推洛下之秀才，蔡洪第一；數都中之實現（碩彥），裴楷少雙。而檢點生涯，支持家計，篋內

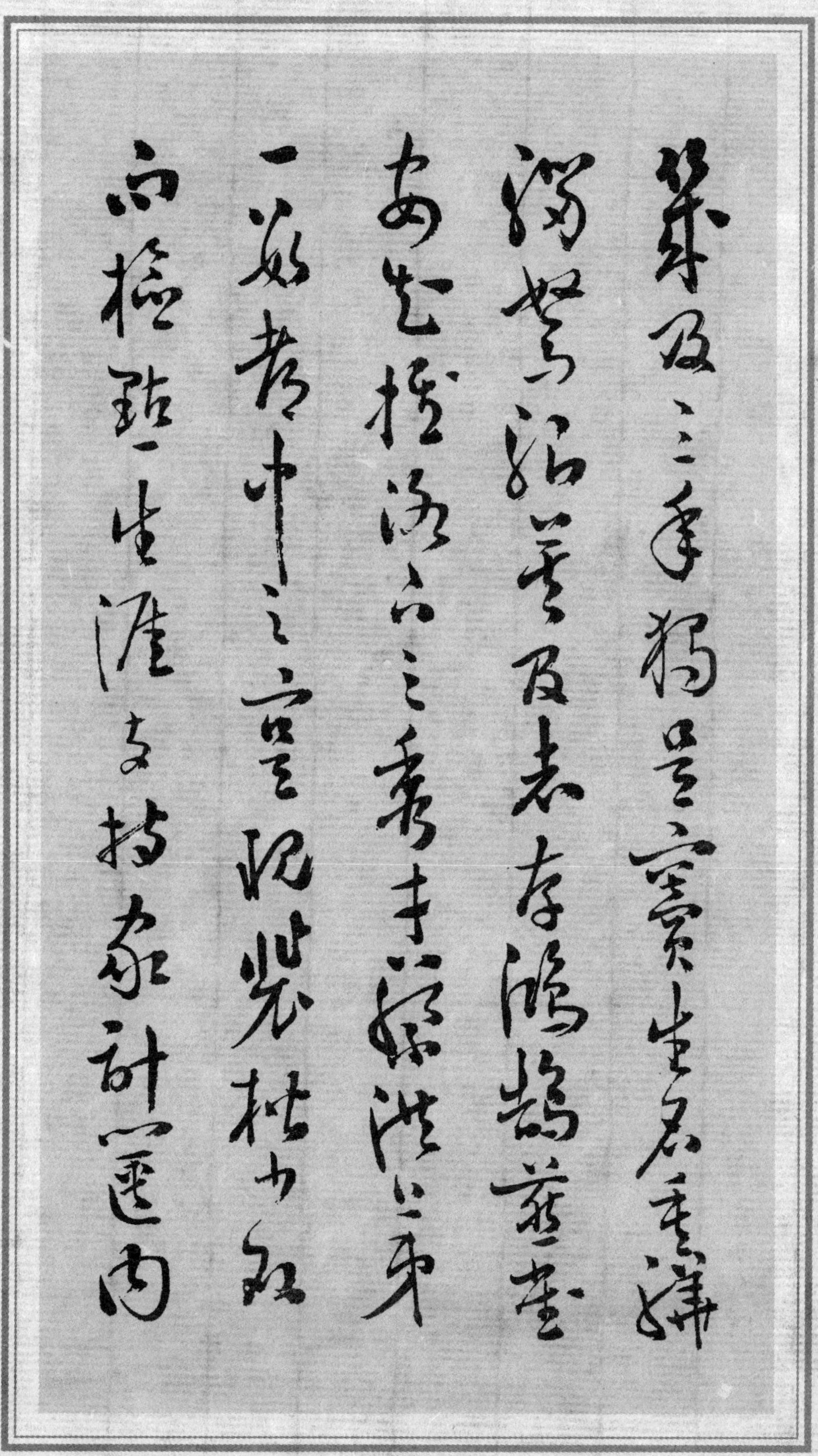

惟餘瘡蠹，囊中只剩乾螢。硯上非田，待時何益；書中無粟，望歲徒勞。每夜燃糠，已盡埋頭之苦；連年獻璞，頻遭刖足之傷。不見夫俗子腹空，聯登黃

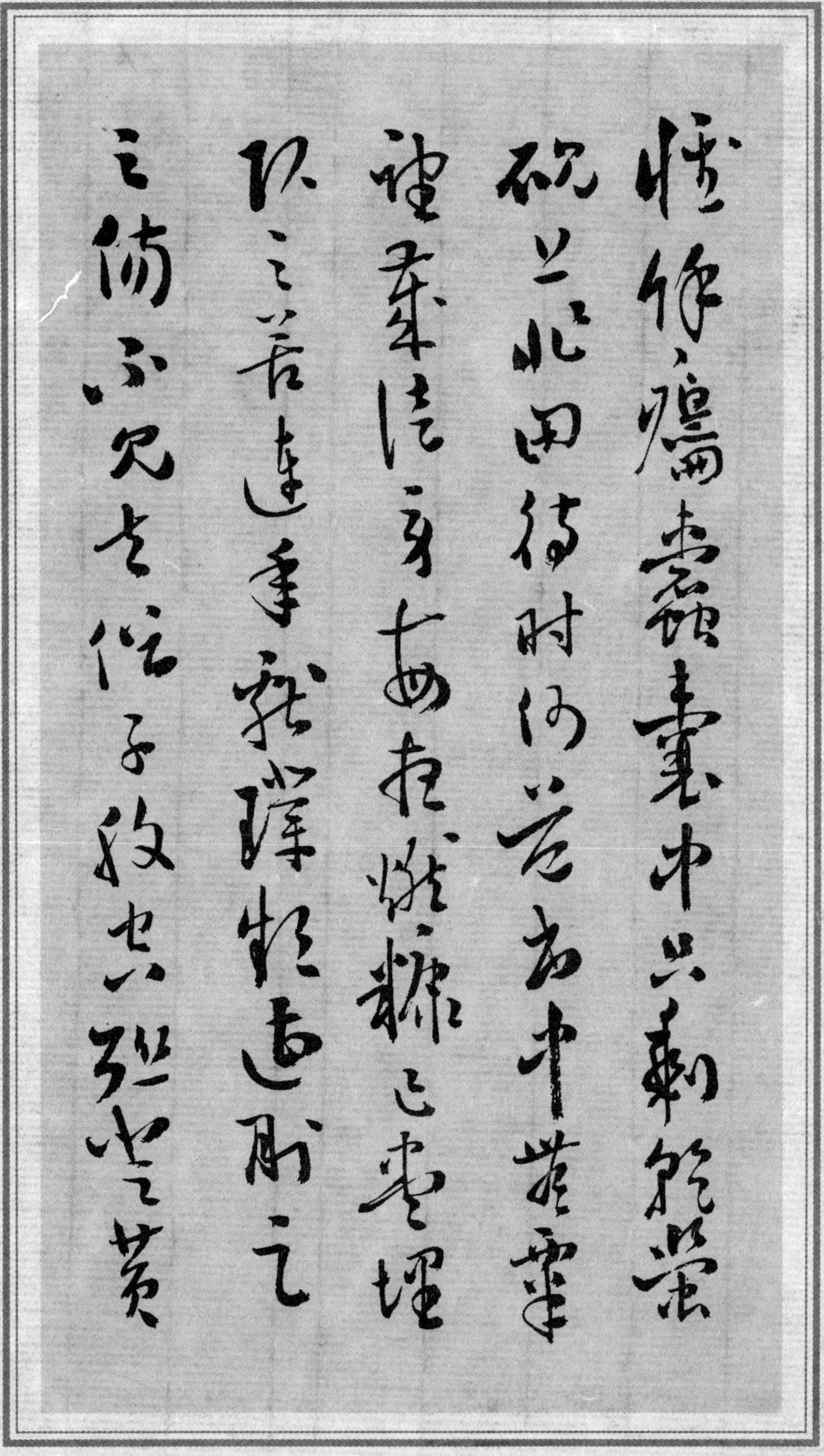

甲；庸兒乳臭，直上青雲。取高第似探囊，掇巍科如拾芥。生也，見獵能無心喜，逢麴未免垂涎。自度雄才，豈止加人一等；獨罹舛命，業經遲我十

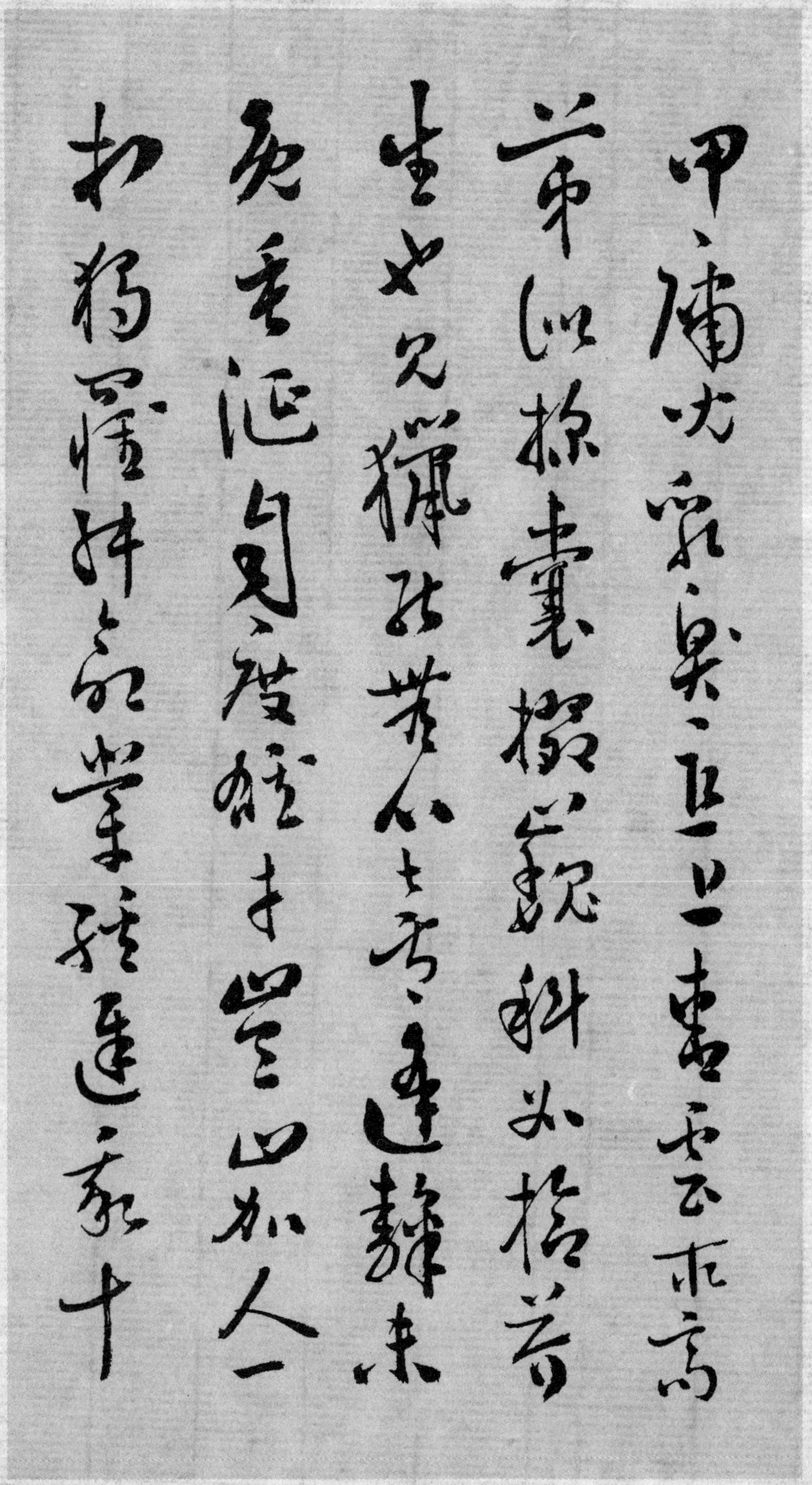

年。所虞髀肉易生，久淹驥櫪；還幸鬢毛未改，速奮鵬程。昔年挫折文鋒，既南圖而失利；今日安排筆陣，將北上以收功。誠以争名者必在帝

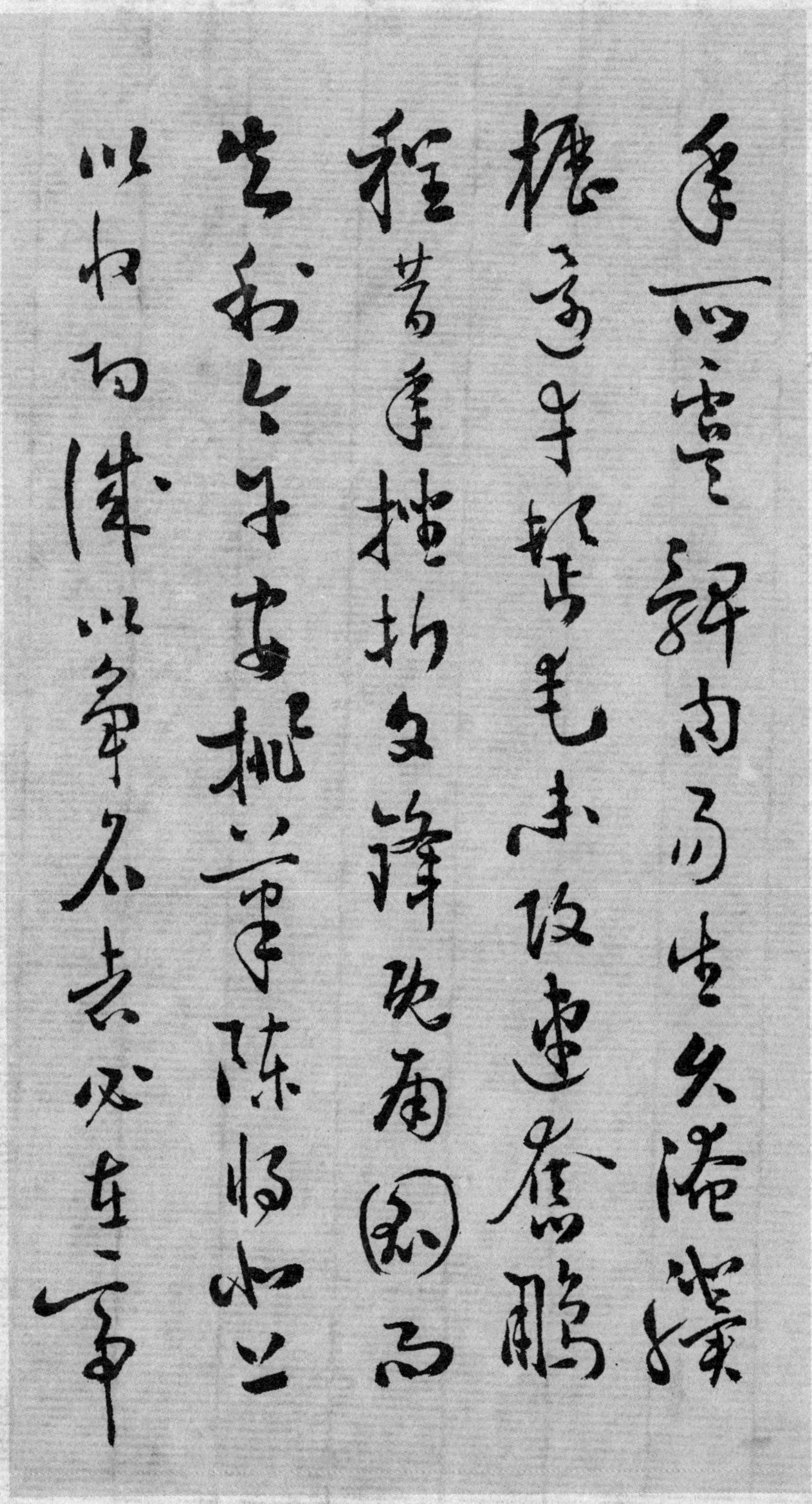

都，肄業者莫如國學也。第盤空苜蓿，未給行厨；裘敝鷫鷞，又存質庫。素無長物，安得旅裝。即傾趙壹之錢，難充資斧；爰割郈成之宅，粗

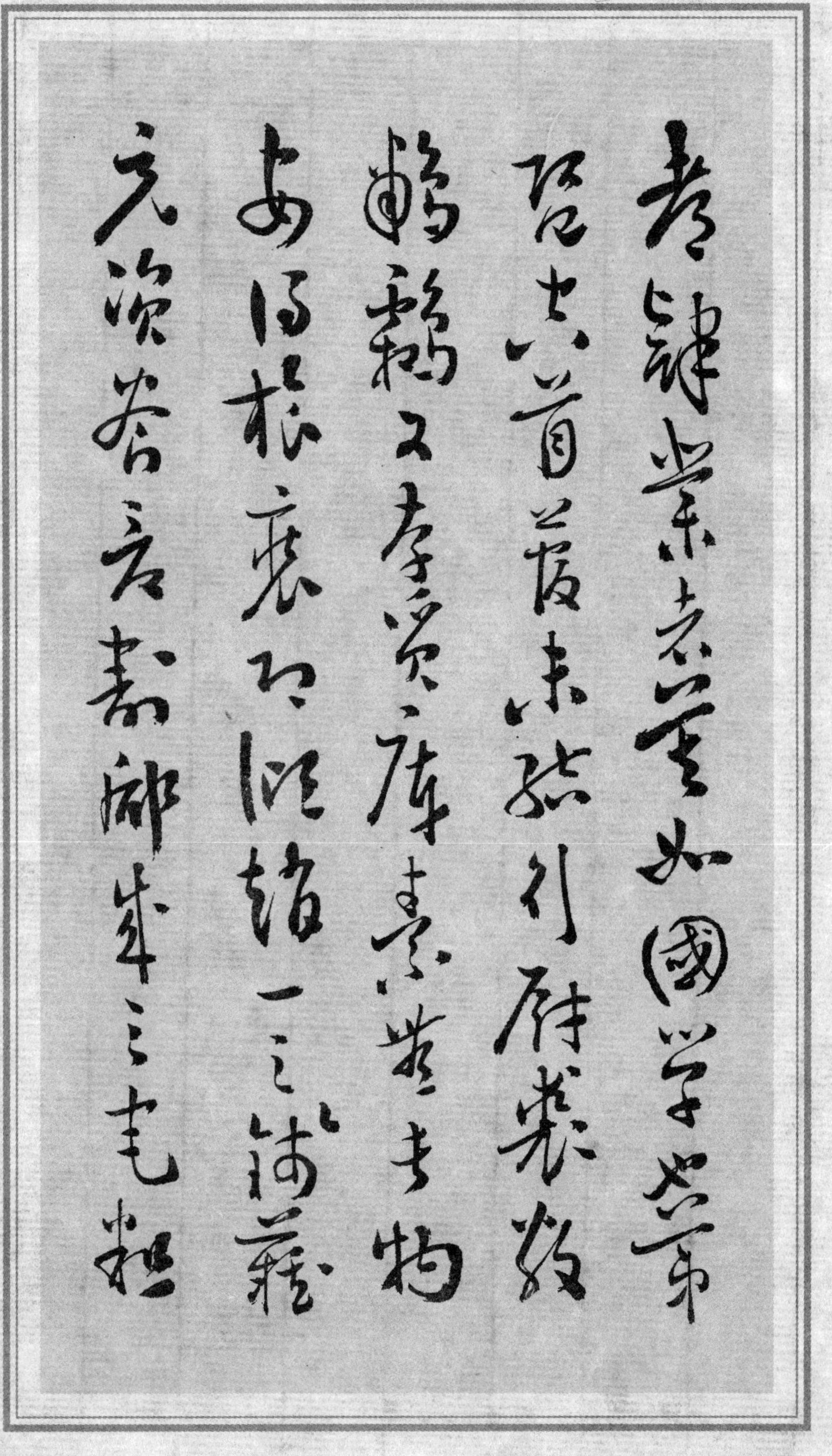

備餱糧。莫顧燃眉，寧辭剜肉。生固不安於淪落，直欲雄飛；姑亦甚望其顯榮，豈甘雌守。此日露桃初放，憐從花裏送郎；他時月桂高攀，記取江邊

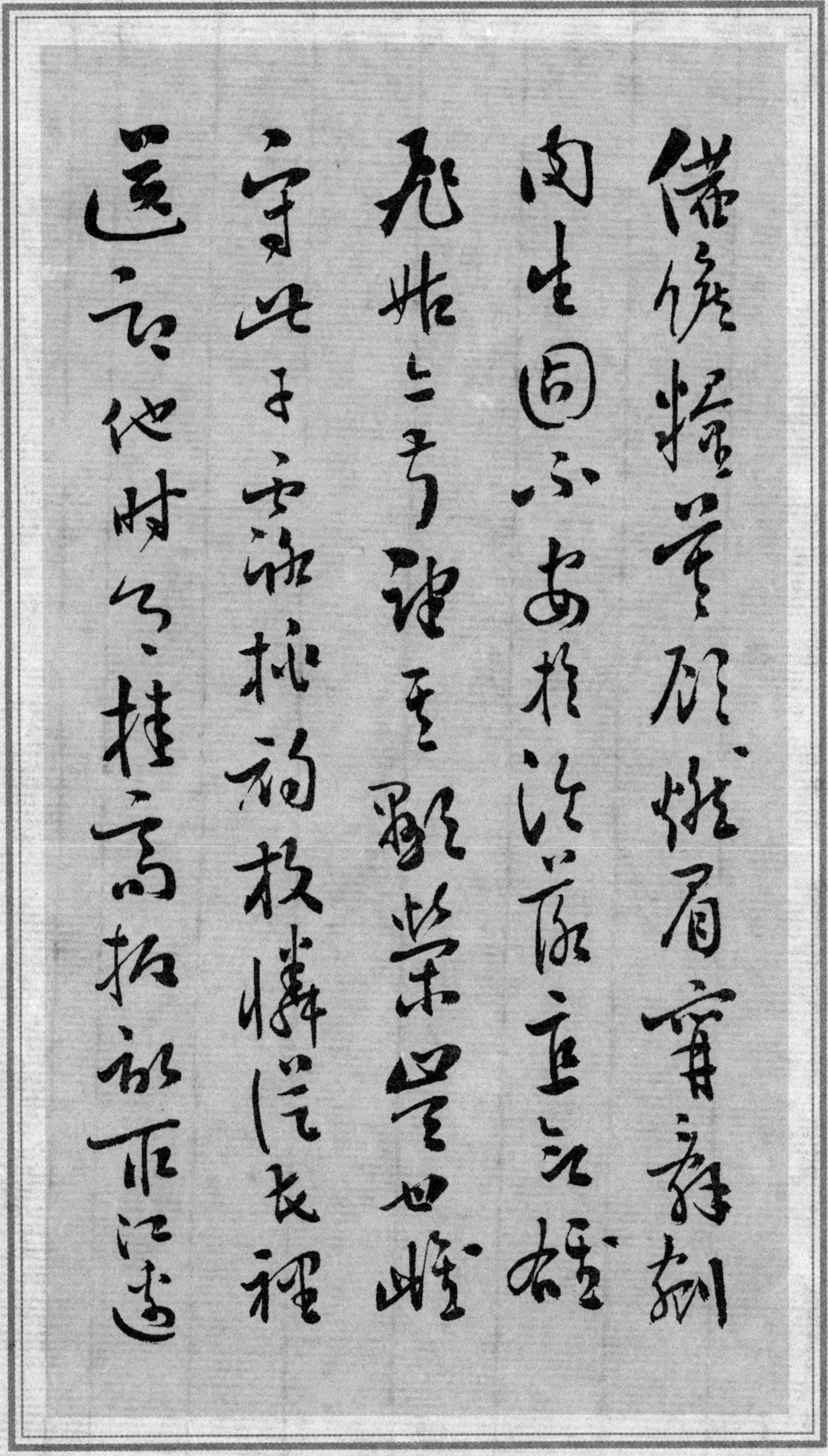

迎汝。臨歧話別，刻日餞行。飛雲水於一帆，纔離吴會；趁烟花於三月，却上揚州。時則歲少穀登，道多梗塞。攘攘者形盡鵠鳩，嗷嗷者聲皆鴻雁。水冷錦塘，誰浮畫槳；春

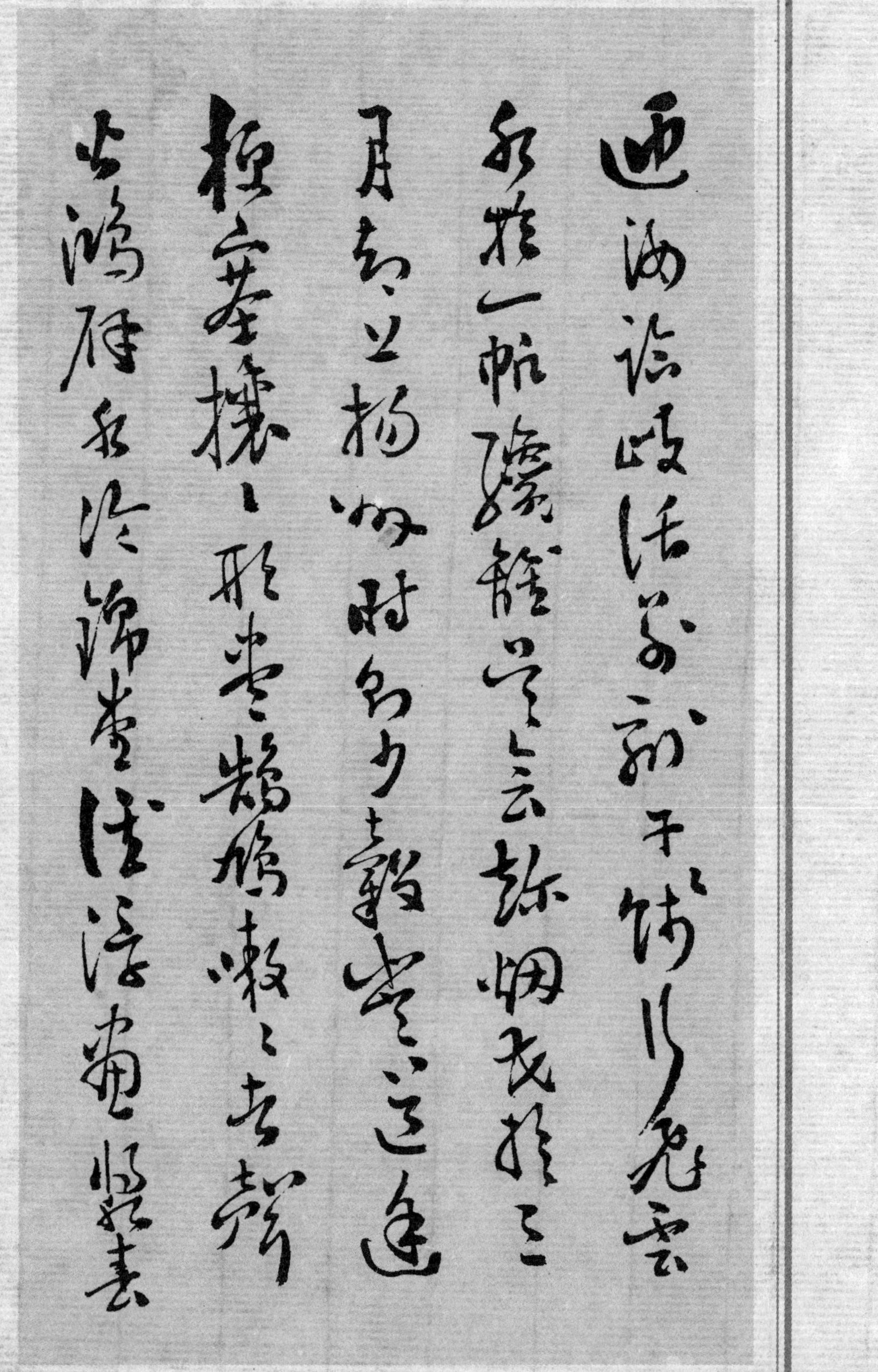

草書燕山外史

卷六

殘花絮，孰聽瓊簫。廿四橋頭，不是當年明月；十三亭畔，亦非舊日遺風。征途俱危險之區，人多嚴戒；旅邸非晏安之地，生獨疏虞。當夫地僻人稀，風高

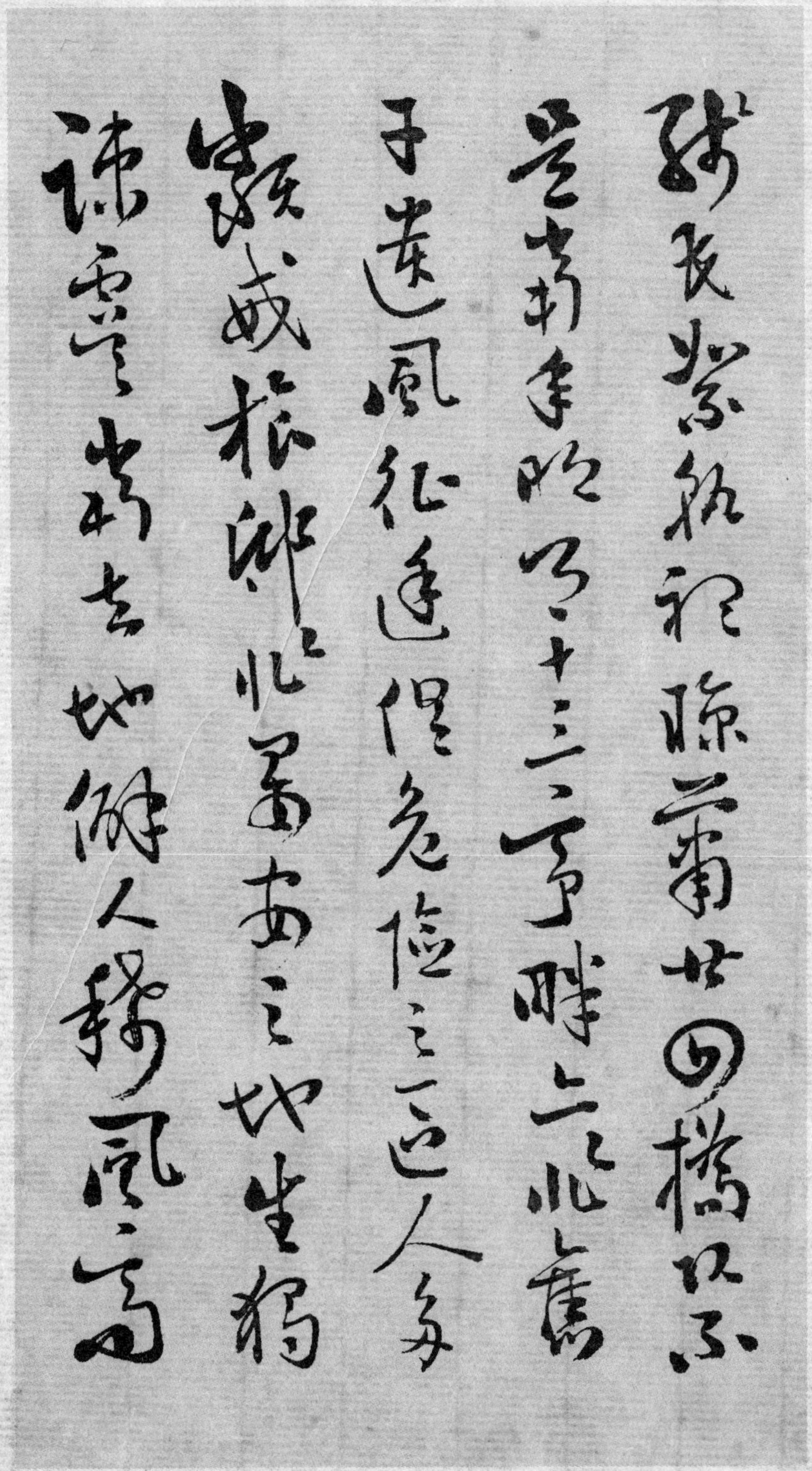

月暗。雖無暴客要李涉於途，豈乏偷兒入王郎之室。業見勞人倦狀，頭觸屏中；何期君子幽踪，身藏梁上。籬下不聞犬吠，關中未報鷄鳴。乘暮夜之無

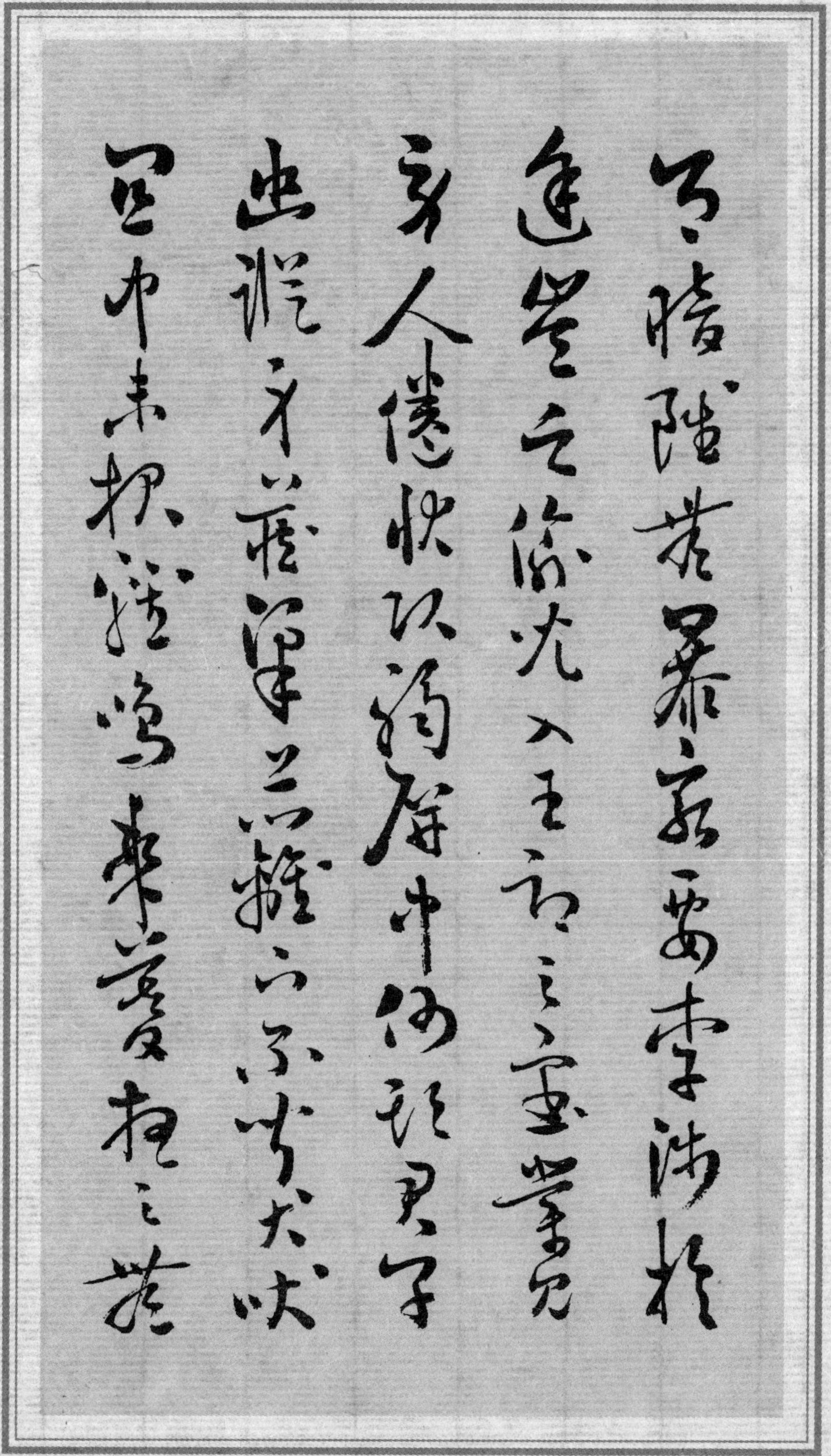

知，漫穿堅壁；至清晨而始覺，只剩空囊。傷哉，生也，才齊賈誼，僅免鵩鳥之灾；命匹盧嬰，每值鴝鵒之厄。采花釀蜜，却與誰甜；集腋成裘，竟爲

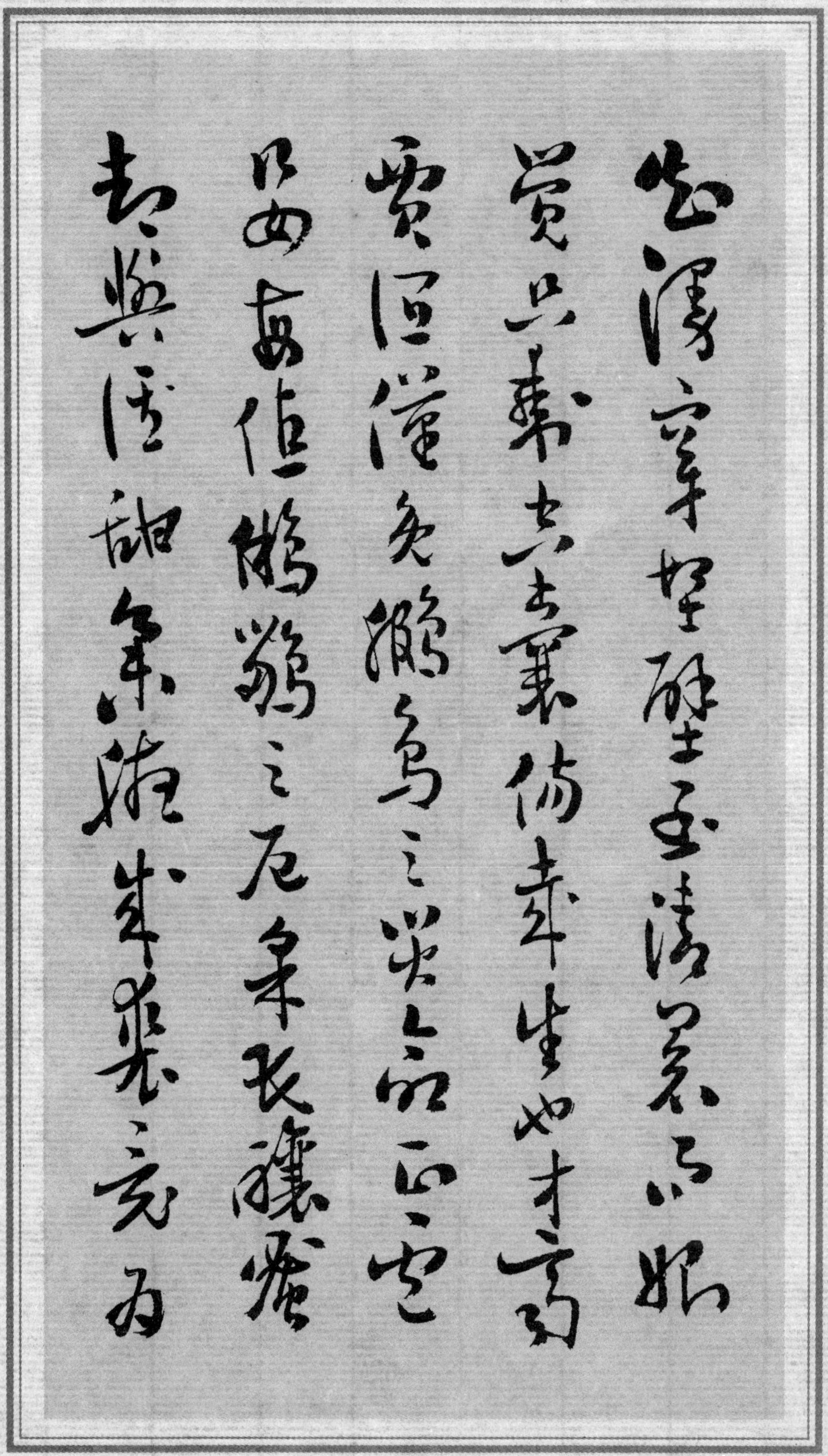

孰暖。用是，告之里甲，鳴於宰官。希白璧之仍歸，望青蚨之復返，庶使龍門挾策，不敝黑貂；尚期虎觀談經，無傷黃鳥。乃有疏慵花縣，罔知同舍亡金；

落拓琴堂，勿問上宮竊屨。除是催科之日，悉爲坐嘯之時。楚國遺弓，由人自得；塞翁失馬，於我何求。托言窮寇莫追，任教兔脫；笑道好官自做，遑恤哀鴻。生時身如匏繫，計莫能施；心似旌懸，窮無所告。落飛龍於藥店，孰恤殘鱗；來饑雀於空倉，疇憐瘖口。當此黄壚莫遇，皂帽難逢，思歸

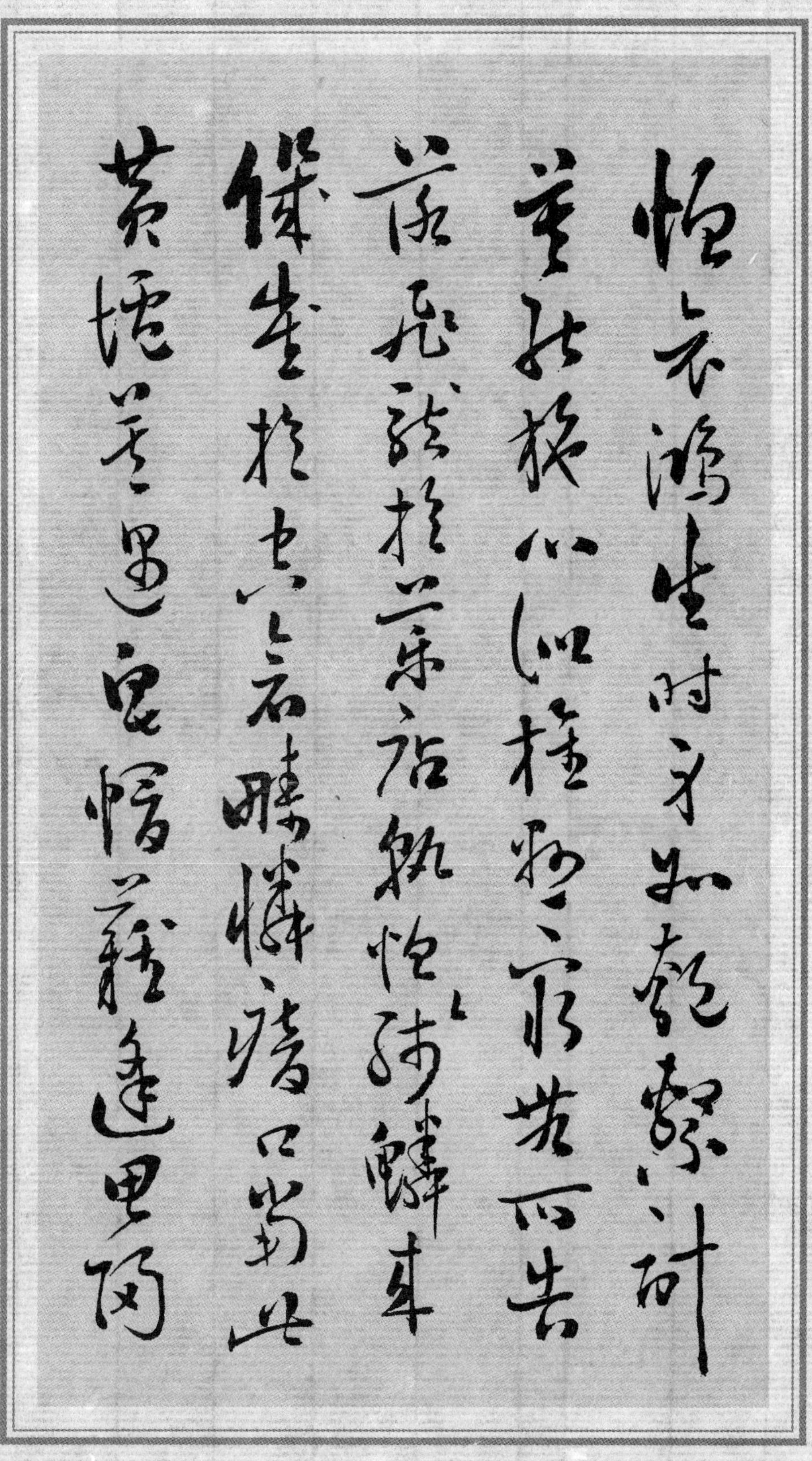

則故土已遥，欲往則長安未近。與使久羈窮路，莫逢青眼之人；何如再往舊途，重訪白眉之友。而乃枯鱗復掉，鎩（鎩）羽仍飛。隨徐高士之游踪，南州磨鏡；

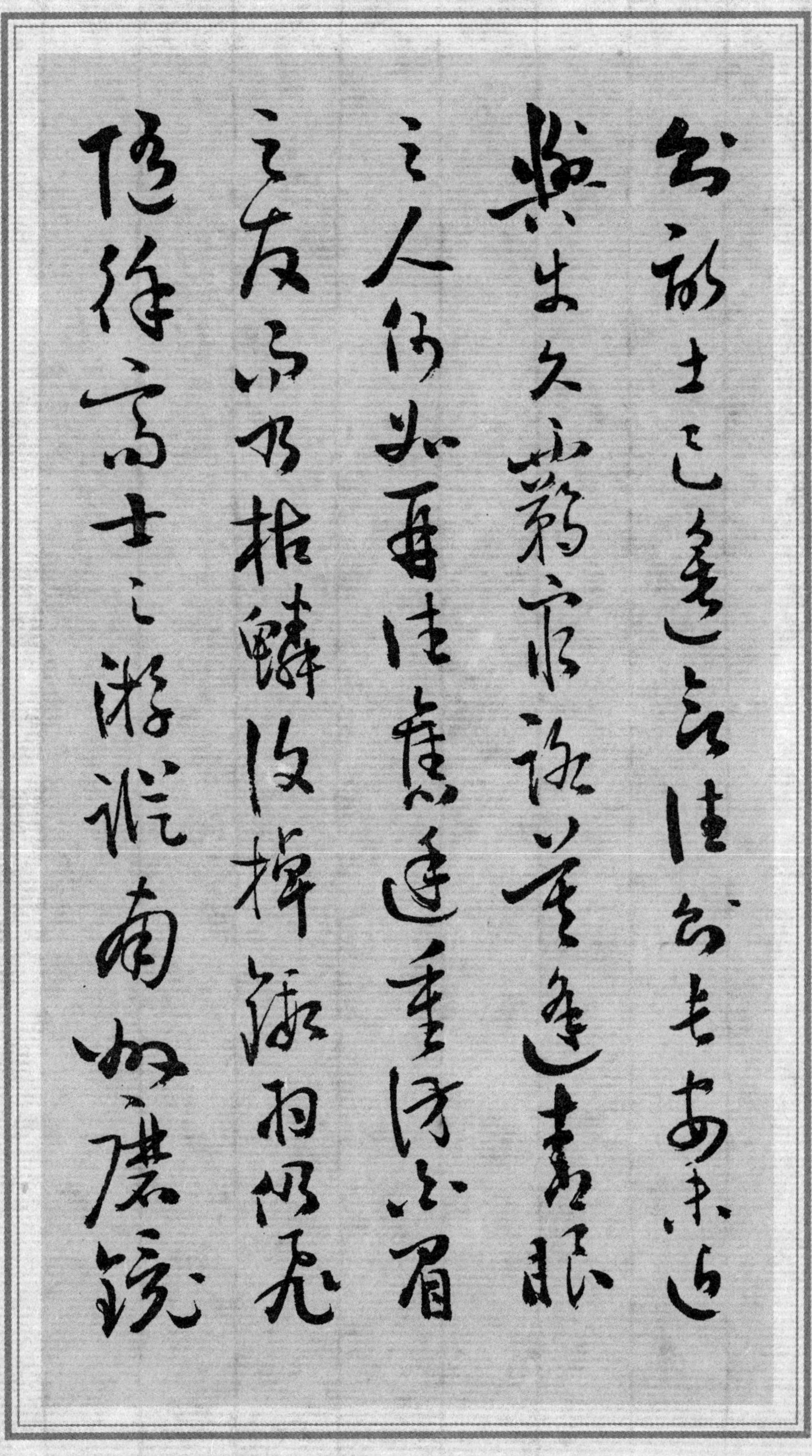

效伍大夫之混迹，吴市吹簫。不意帆無神助，碑有雷轟。此也，秋風走一棍，旋向龍盤虎踞而重來；彼也，春風(水)泛扁舟，已從金馬碧鷄而遠去。華堂

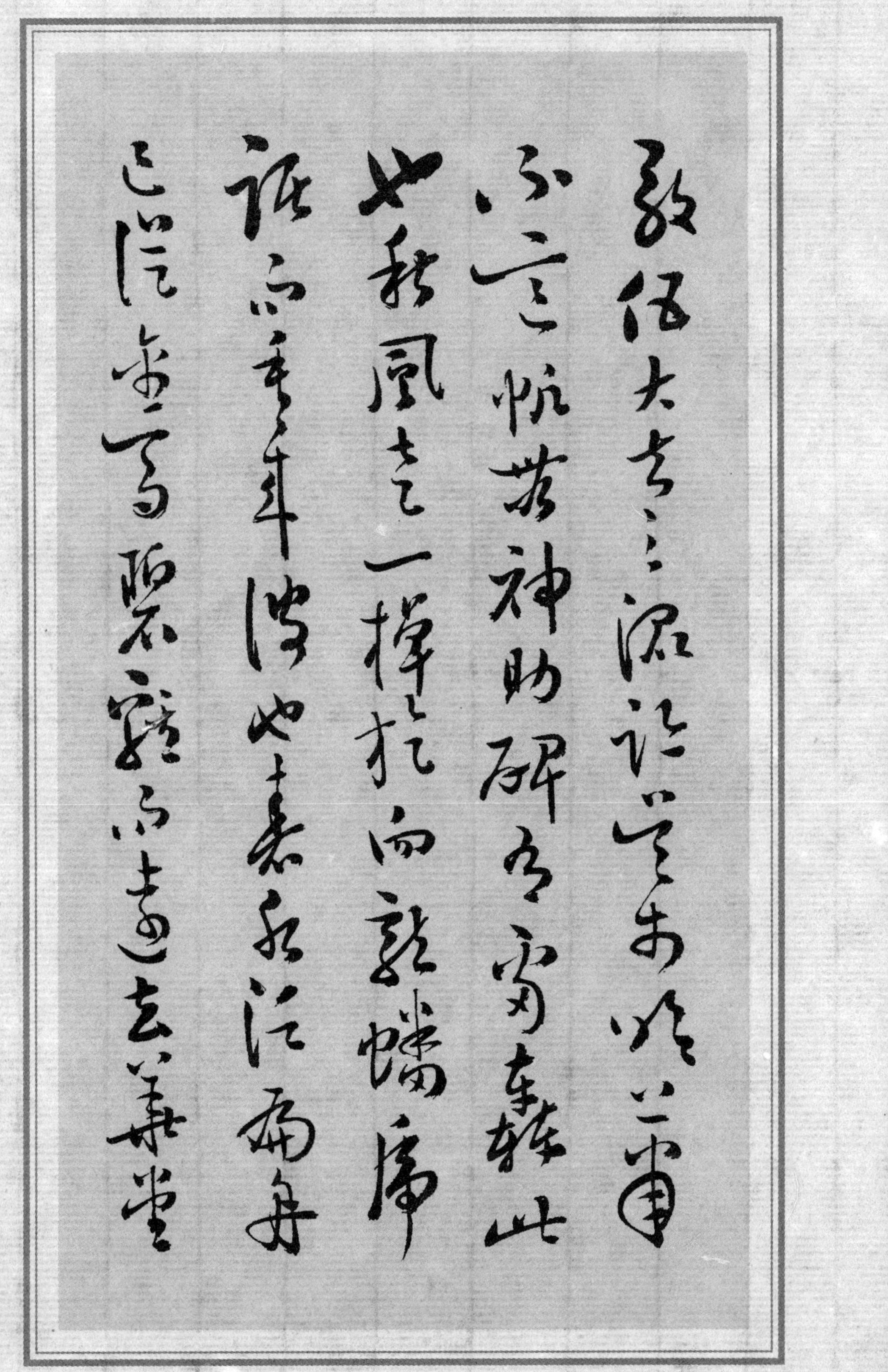

燭滅，無復留髡；夜棹雪深，漫勞訪戴。歌舞已成前日事，烟霞不是去年春。誰爲倒屣以迎，徒自題門而返。嗚乎，書劍飄零，長落伶俜之魄；關河蕭索，

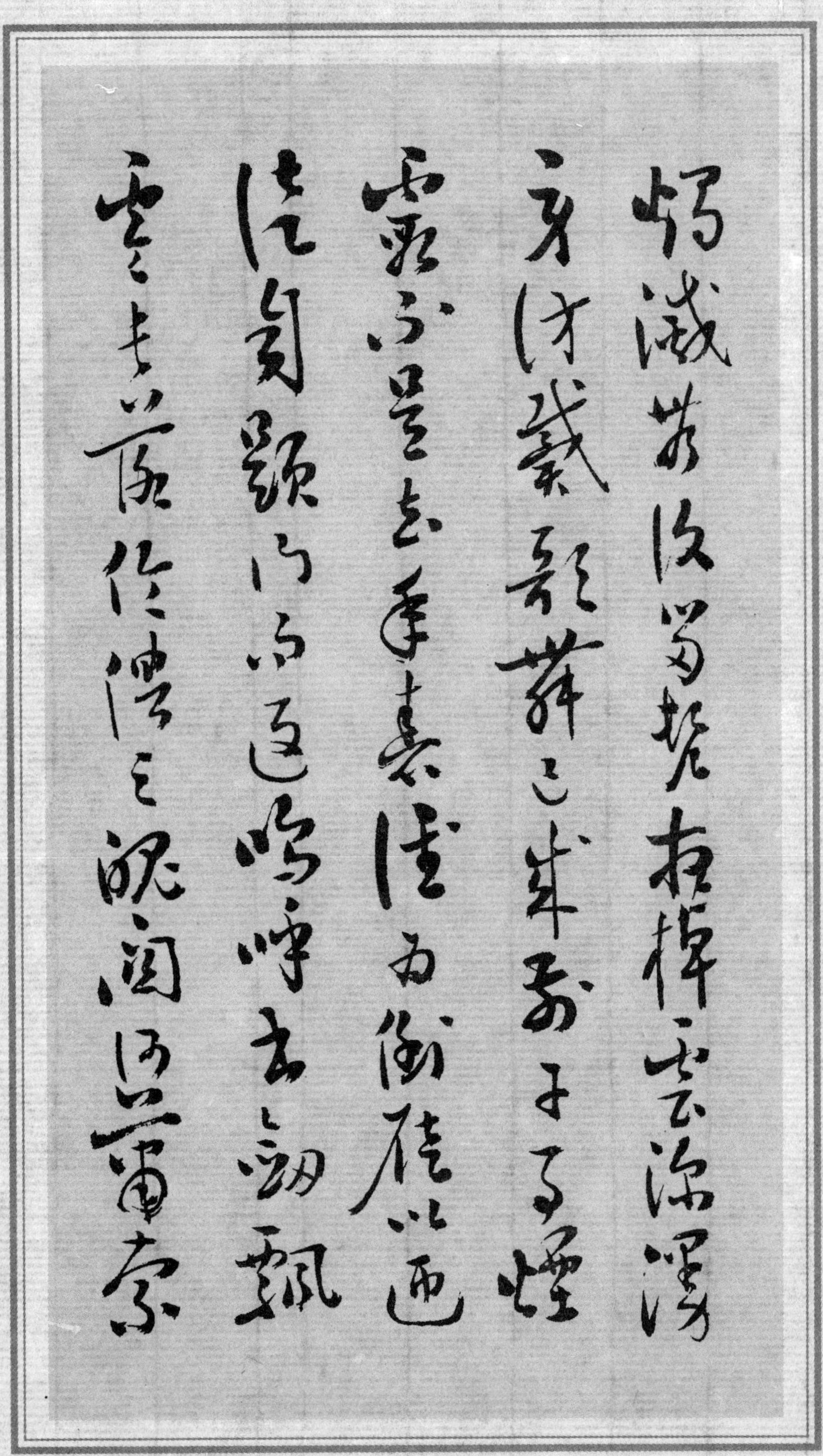

奚投蹴躃之蹤。物豈好鳴，必有難平所感；人非多淚，總緣極痛而生。放臣居澤畔以行吟，逋客向蘆中而浩嘆。流泉嗚咽，落木悲涼。列壑號風，攢巒

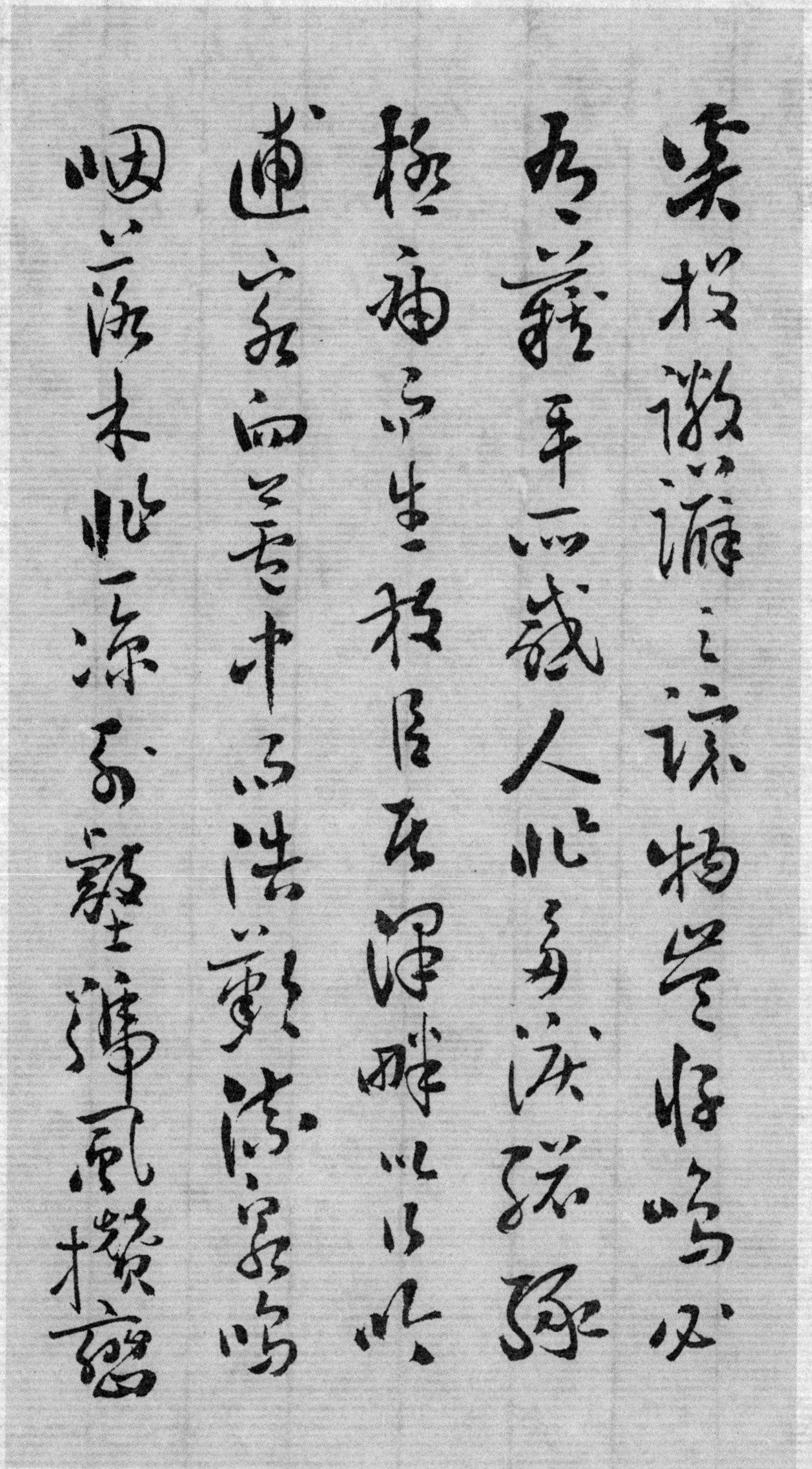

慘月。千林泣露，百卉啼烟。成絶命之詞，無從抒憤；發叫天之響，是用作歌。歌曰：人皆集菀兮，我獨向隅。何彼榮而此瘁兮，豈才異而知殊。匪虎兕而率彼

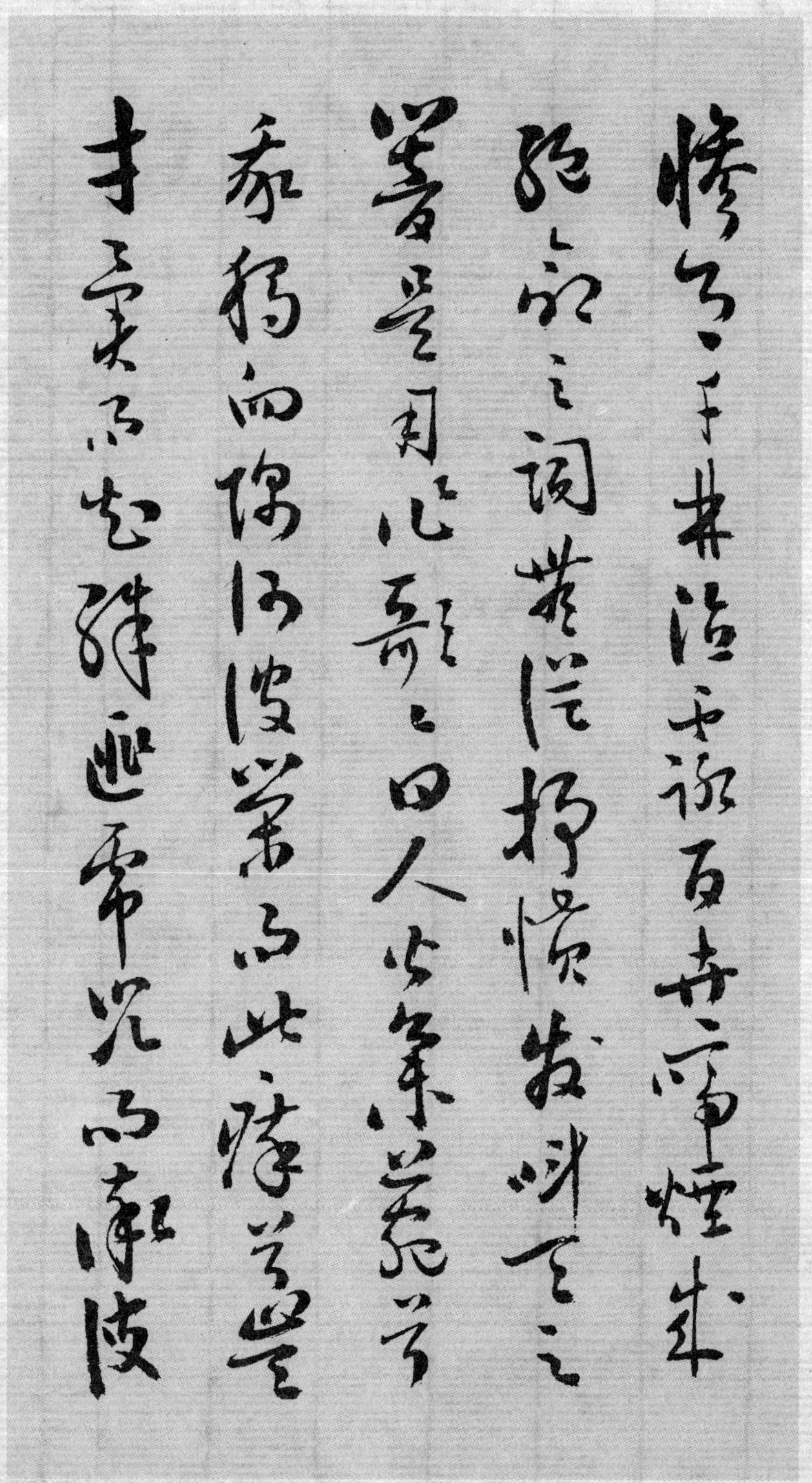

曠野兮，俾蛟龍之困於泥塗。余將披髮而馳玉駟兮，直膝（騰）身以叩金樞。奈彼蒼之浩浩兮，終不白乎區區。任世途之顛倒兮，殞我命於須臾。縱百身其猶莫

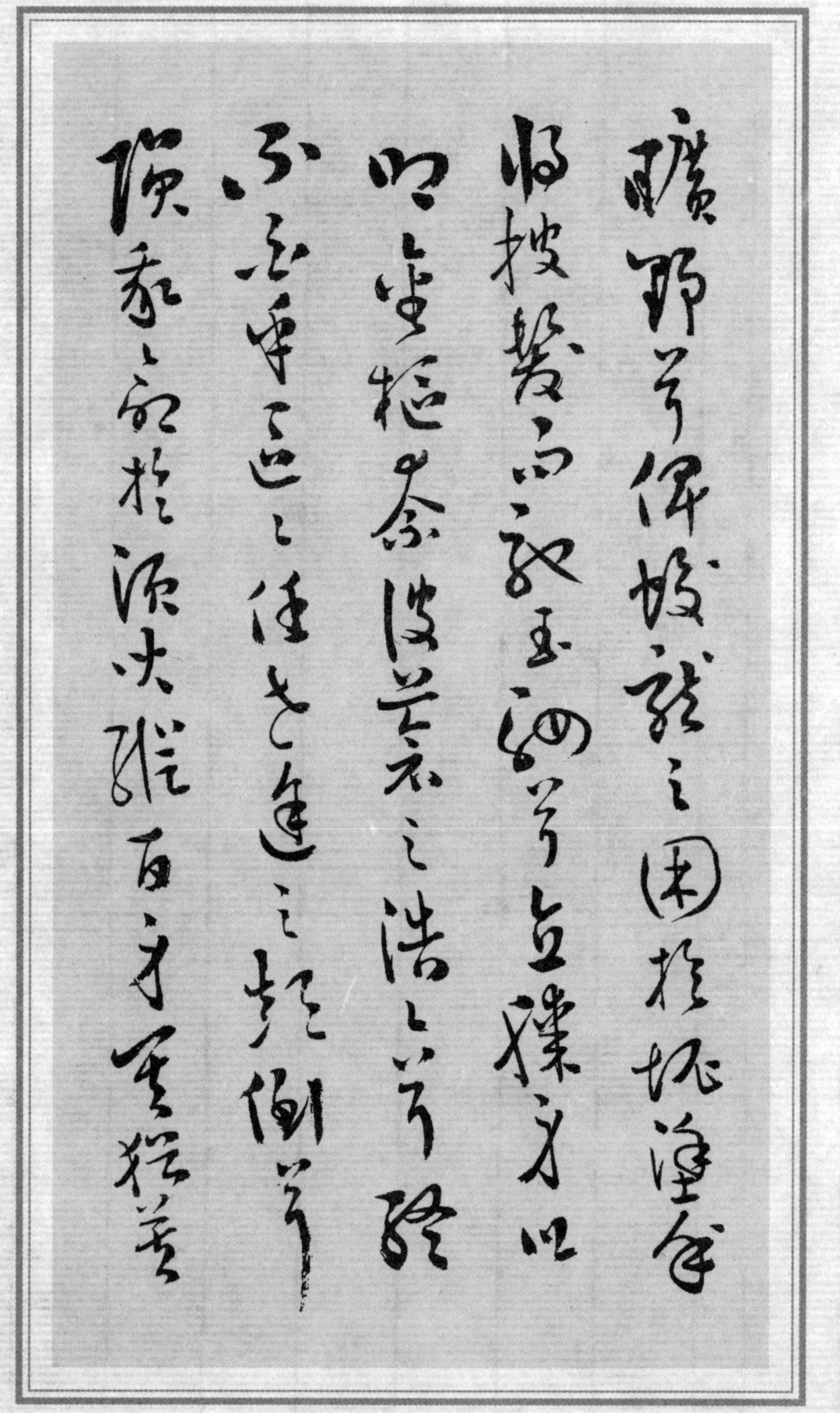

贖兮，雖九死亦復何辜。歌時，如孤鴻之唳長空，如哀猿之啼斷峽。砉爾如崩崖裂石，凄然如楚雨酸風。如擊磬而成變徵之音，如彈絲而起絶弦之響。如

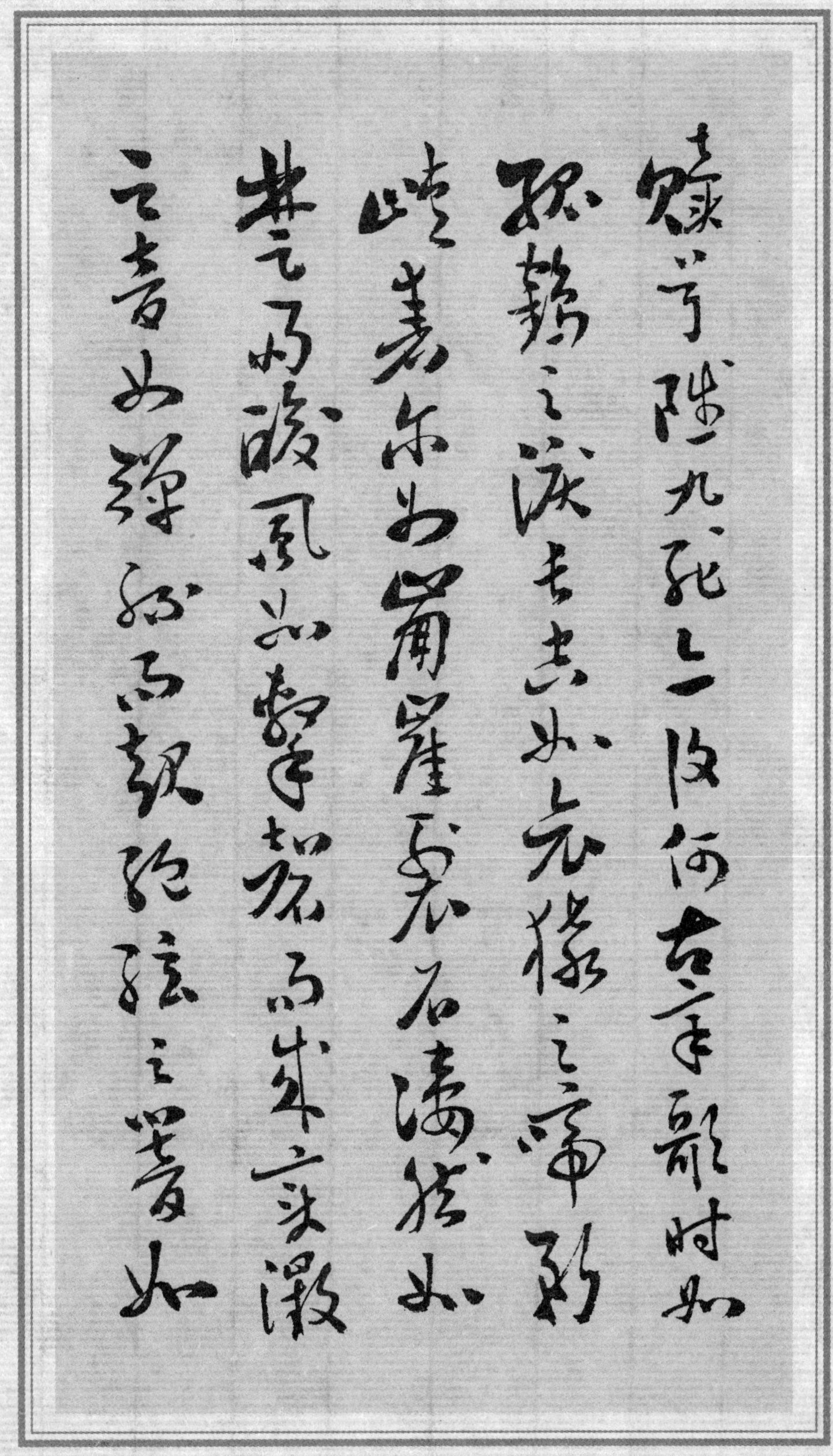

夜坐而聽閨人之泣寡，如曉行而聞邊士之苦寒。俄見斜日西沈，烏光匿影，大江東去，鯨浪奔流。河伯揚旌，待入龍蛇之窟；馮夷勸駕，候登蛟蜃之鄉。生時命

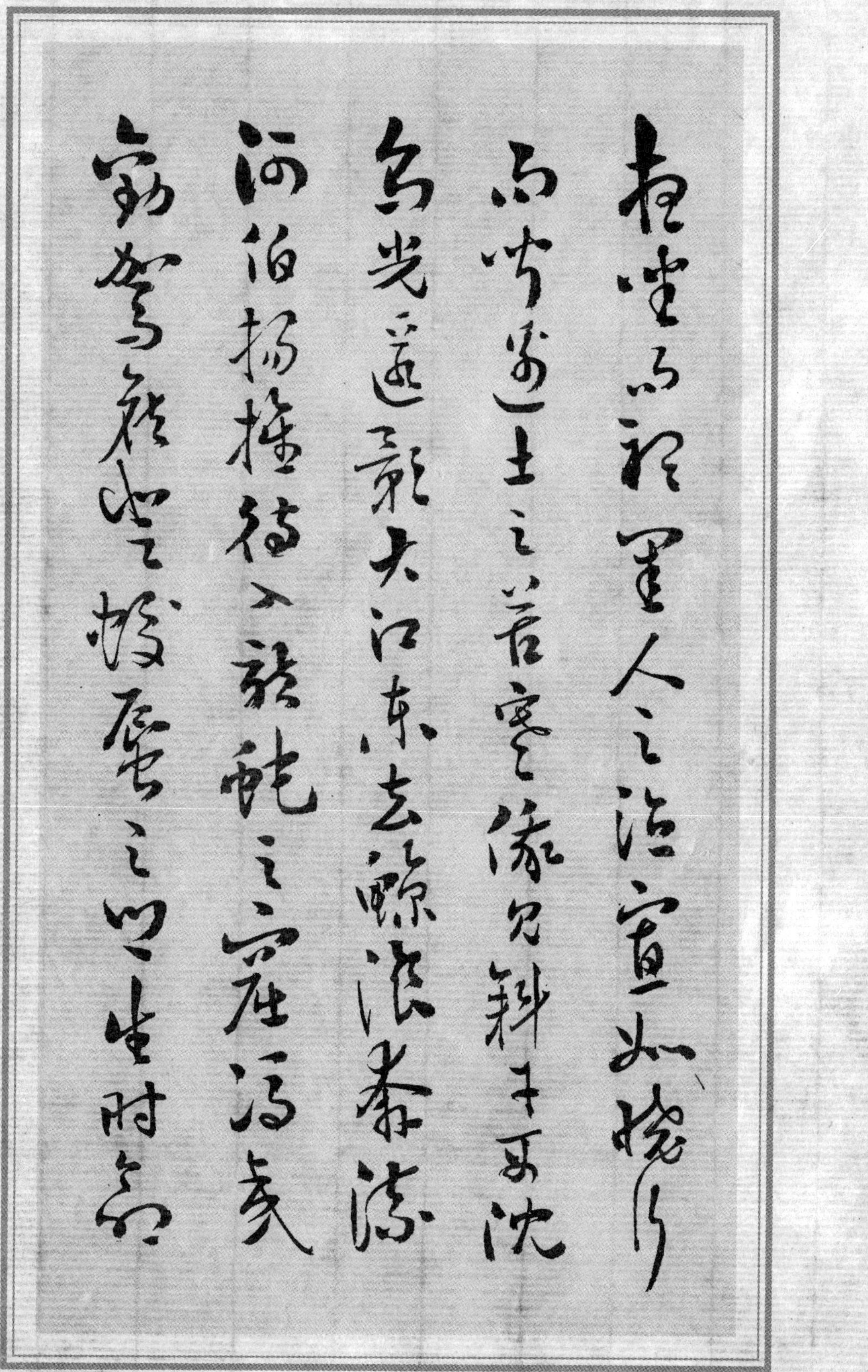

甘委於鴻毛，身願葬乎魚腹。負申屠之石，遽欲沈淵；乘文種之潮，輒思赴海。斯時，奇鶬喚雨，毒虎嘯風。野渡舟橫，焉有截流舉網。孤舟水繞，

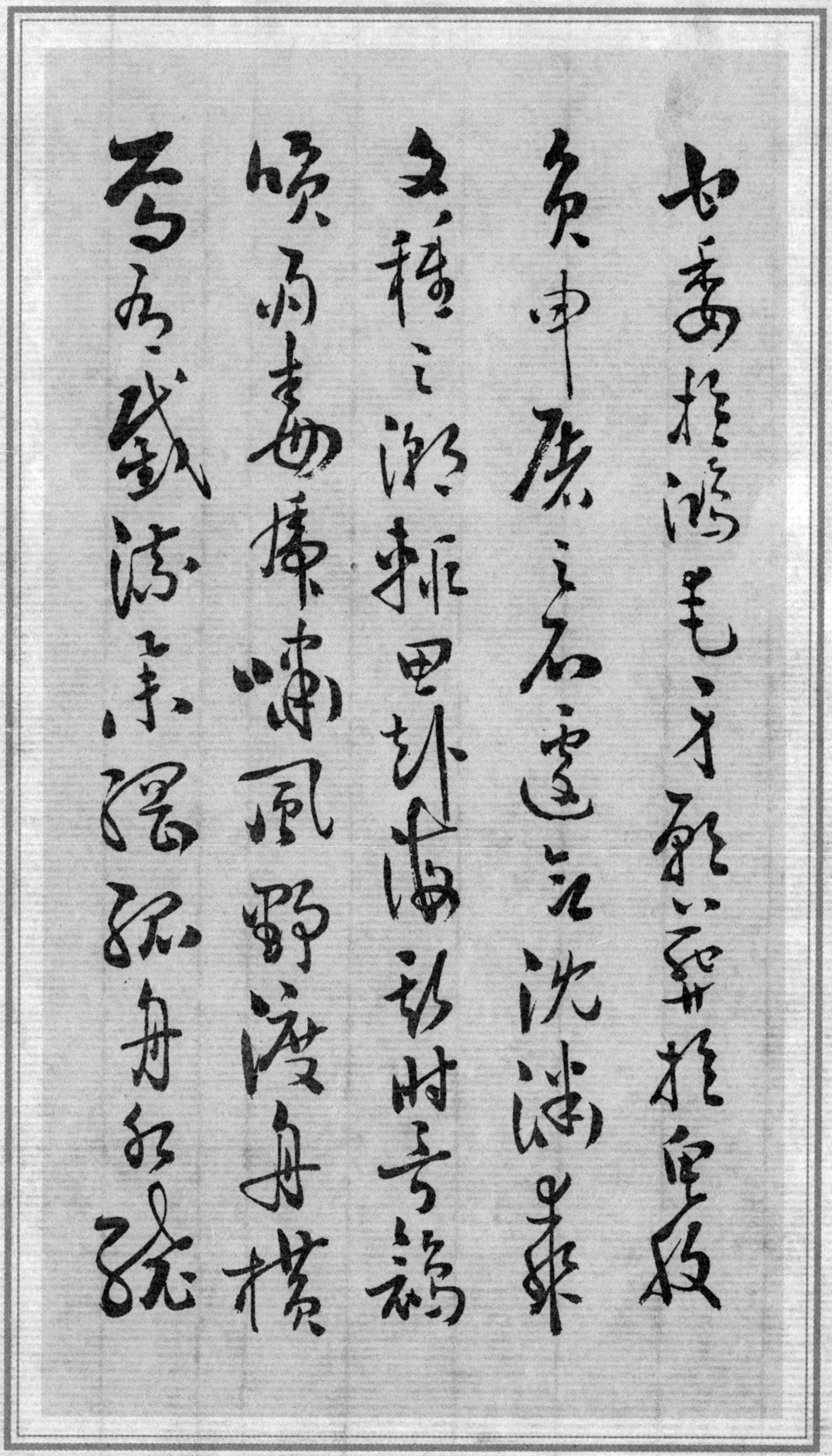

更無落日放船。濁浪排空，澤國縱橫之候；驚濤拍岸，波臣出沒之時。生也，遙望鼉梁，魂馳若矢；俯窺鮫室，淚落如珠。必死無疑，不亡何待。行見

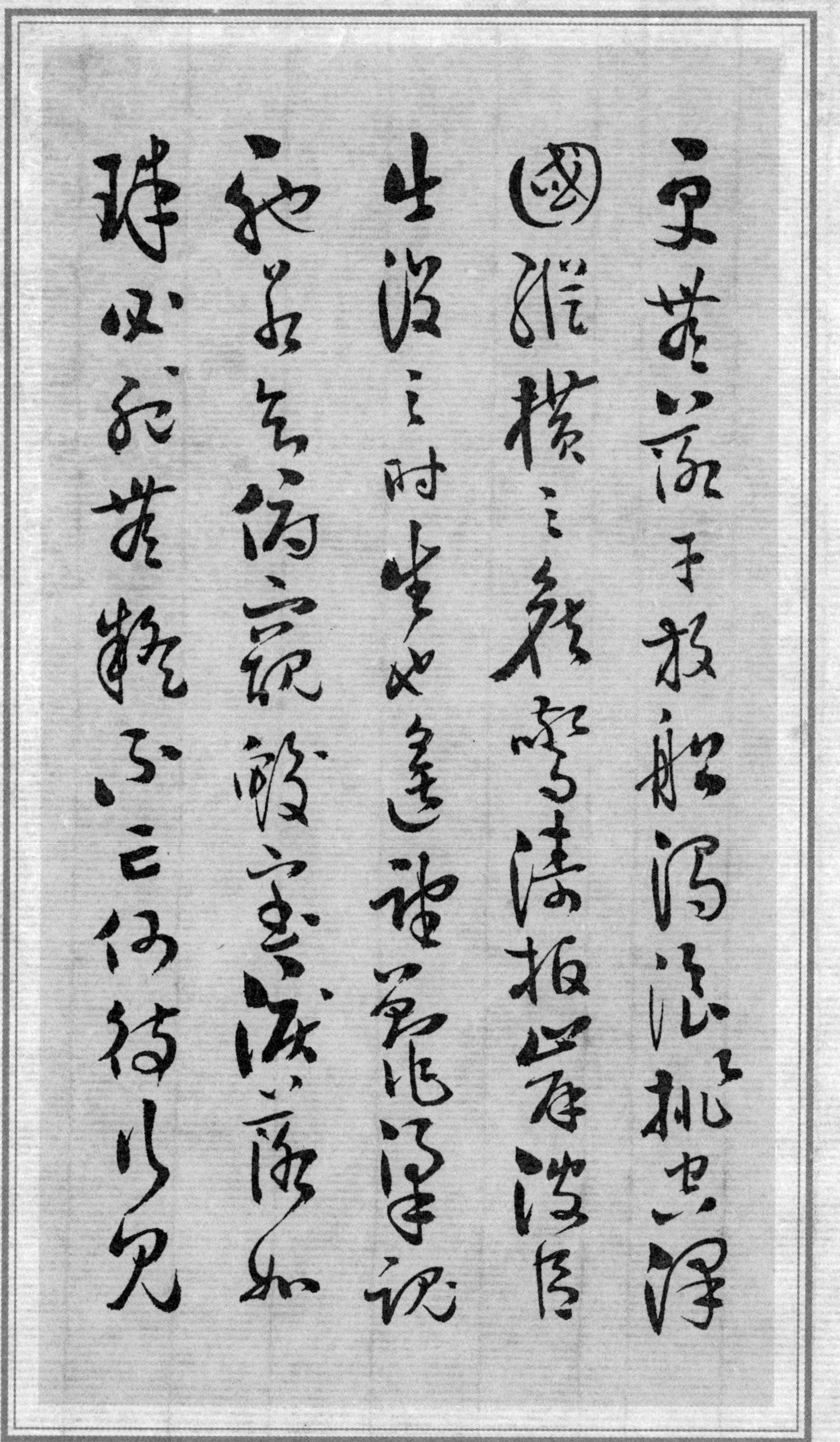

自貽（詒）伊戚，將奔泉路以捐軀；孰知天誘其衷，忽處水濱而轉念。良以家室繫慮，人皆有之；兒女關情，誰能遣此。雖散青雲於足下，莫望

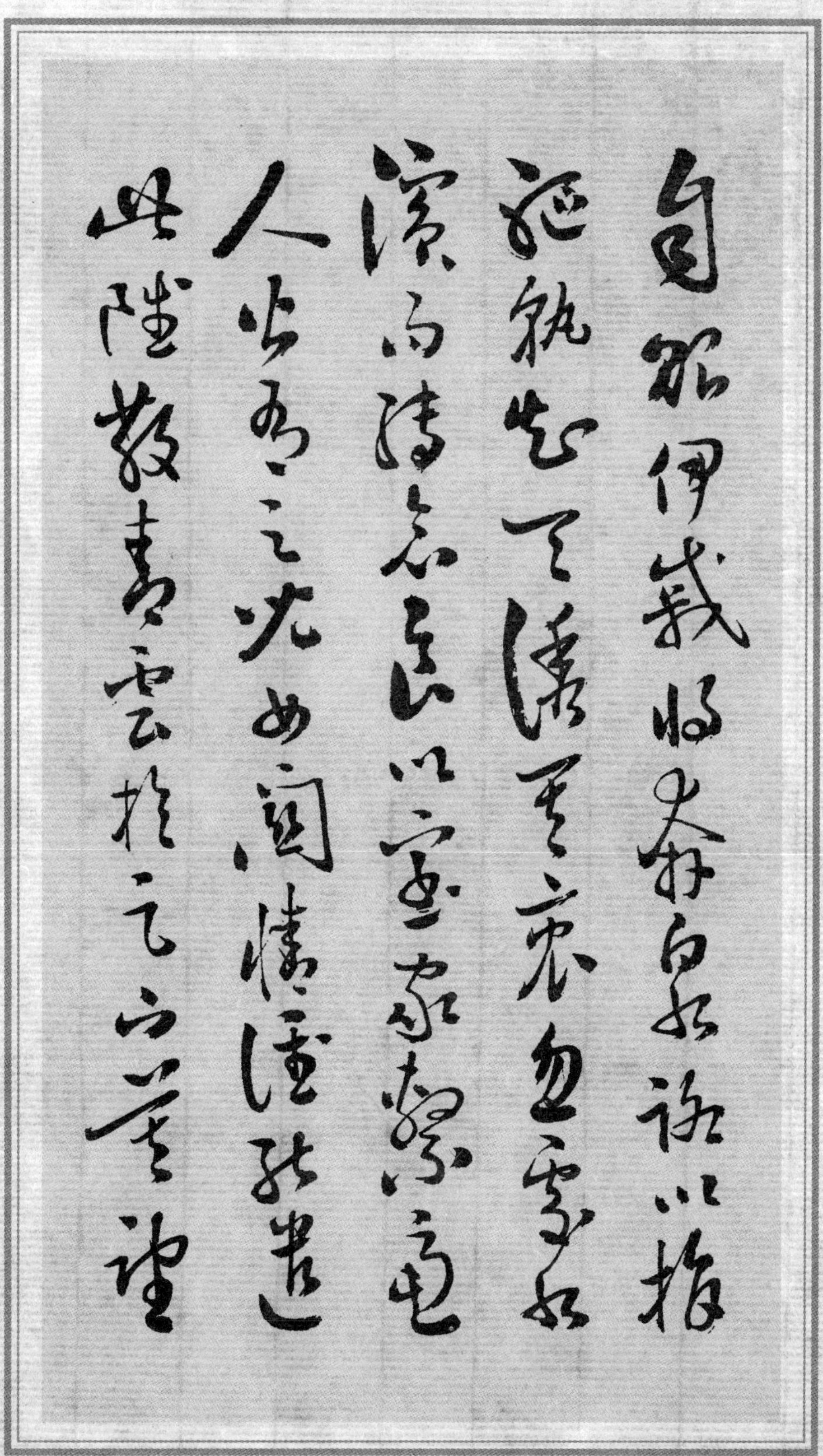

干霄；倘(然)
抛紅粉於樓
中，應憐計
日。此其小
者，殆有甚
焉。鶴和無
人，疇承弓
冶；牛眠有
地，孰掃邱
塋。顧此孑
身，却繫千鈞
之任；哀兹
微命，且延一
綫

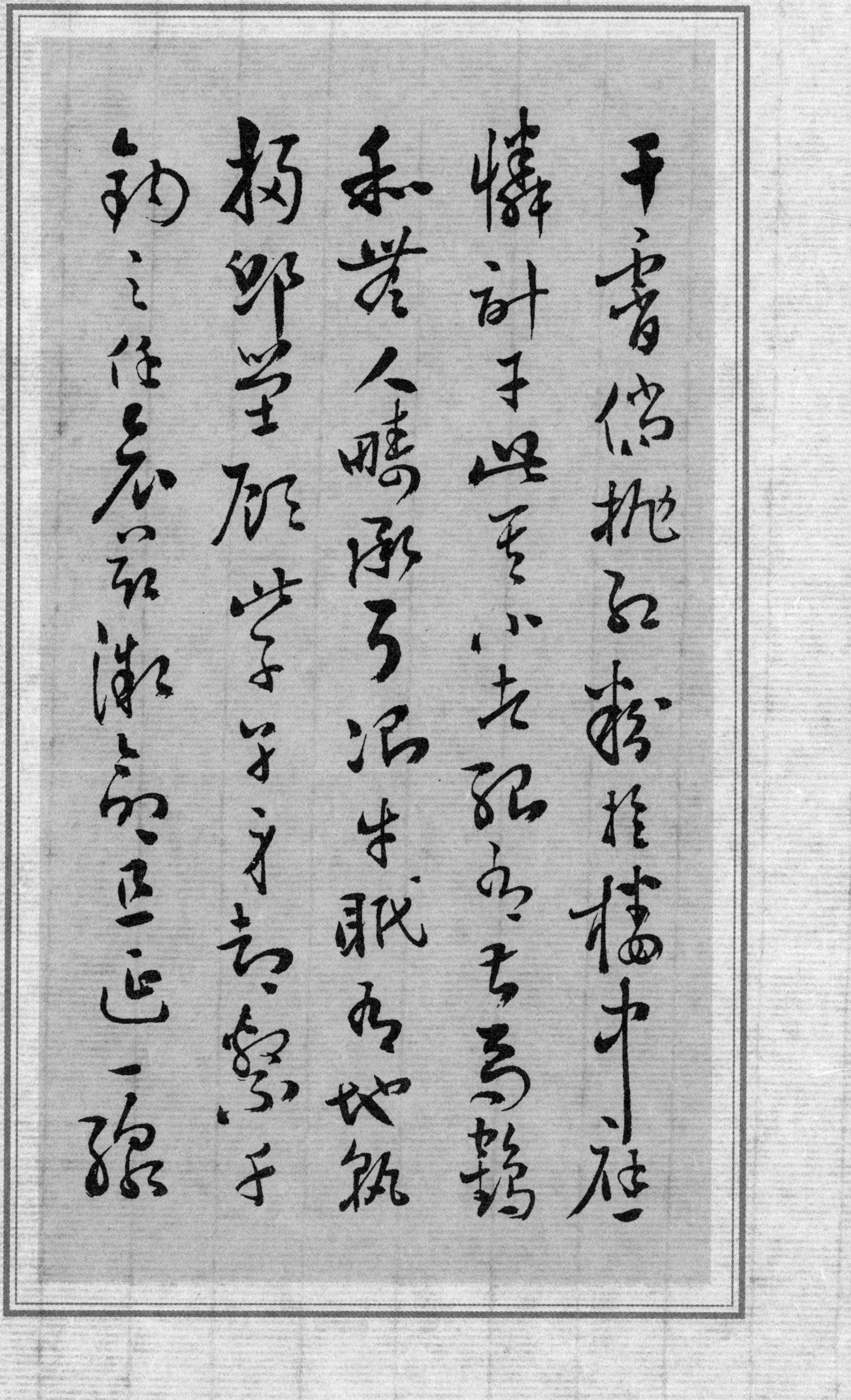

之存。於是，
晝托郵亭，夜
棲古社。西風
乍勁，裝綿只
取蘆花；東
道未通，充膳
惟求麥飯。既
不喪身溝壑，
何妨散髮江
湖。當户曳
裾，每挾侯門
之瑟；

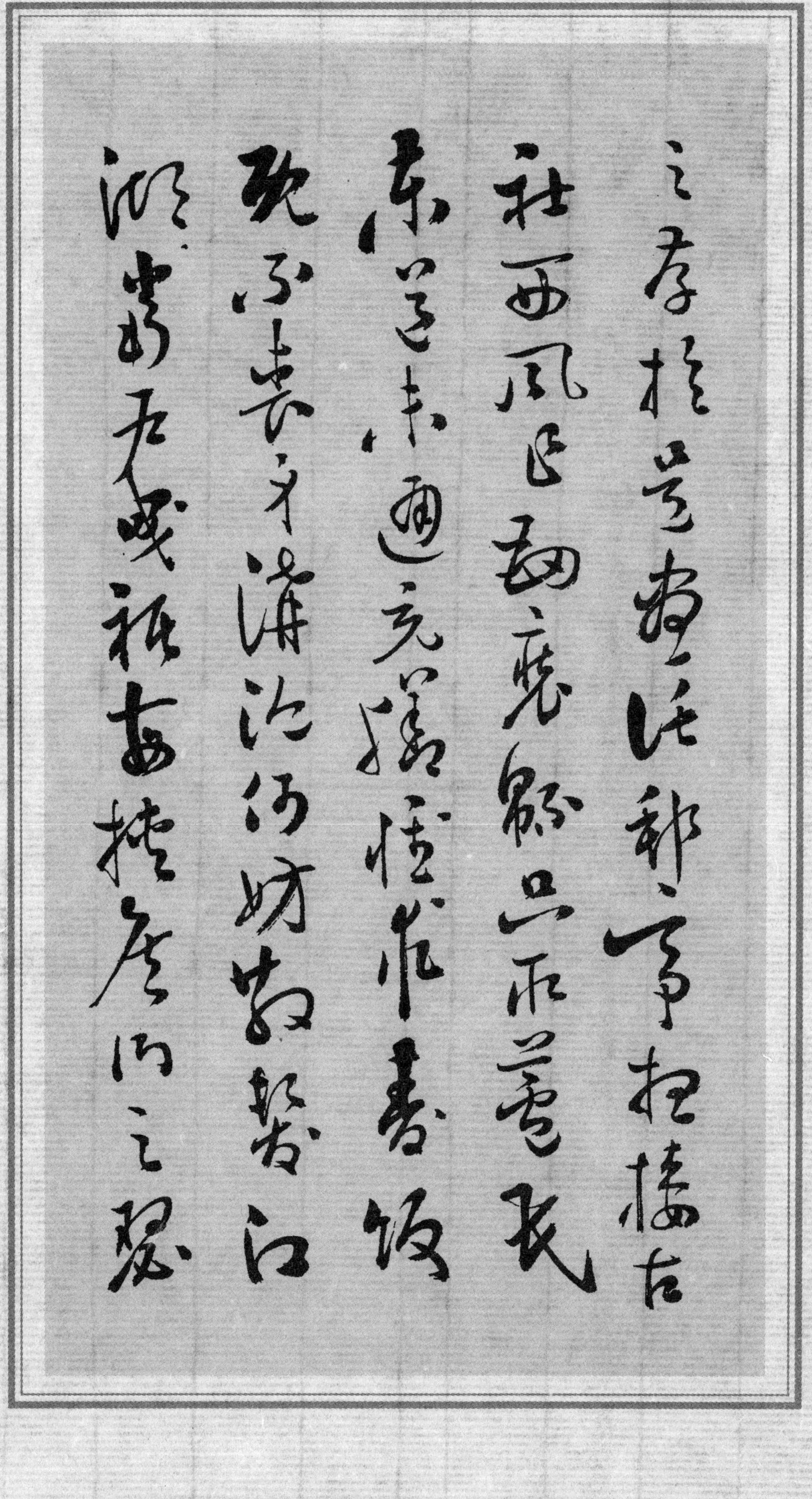

沿途托鉢，長聽僧舍之鐘。乞鼠食以充腸，自慚蒙袂；綴鶉衣而蔽體，人笑捉襟。徒教孟敏甑存，破而莫顧；劉伶鍤在，死乃誰埋？嗚呼，天意若何，徒爲

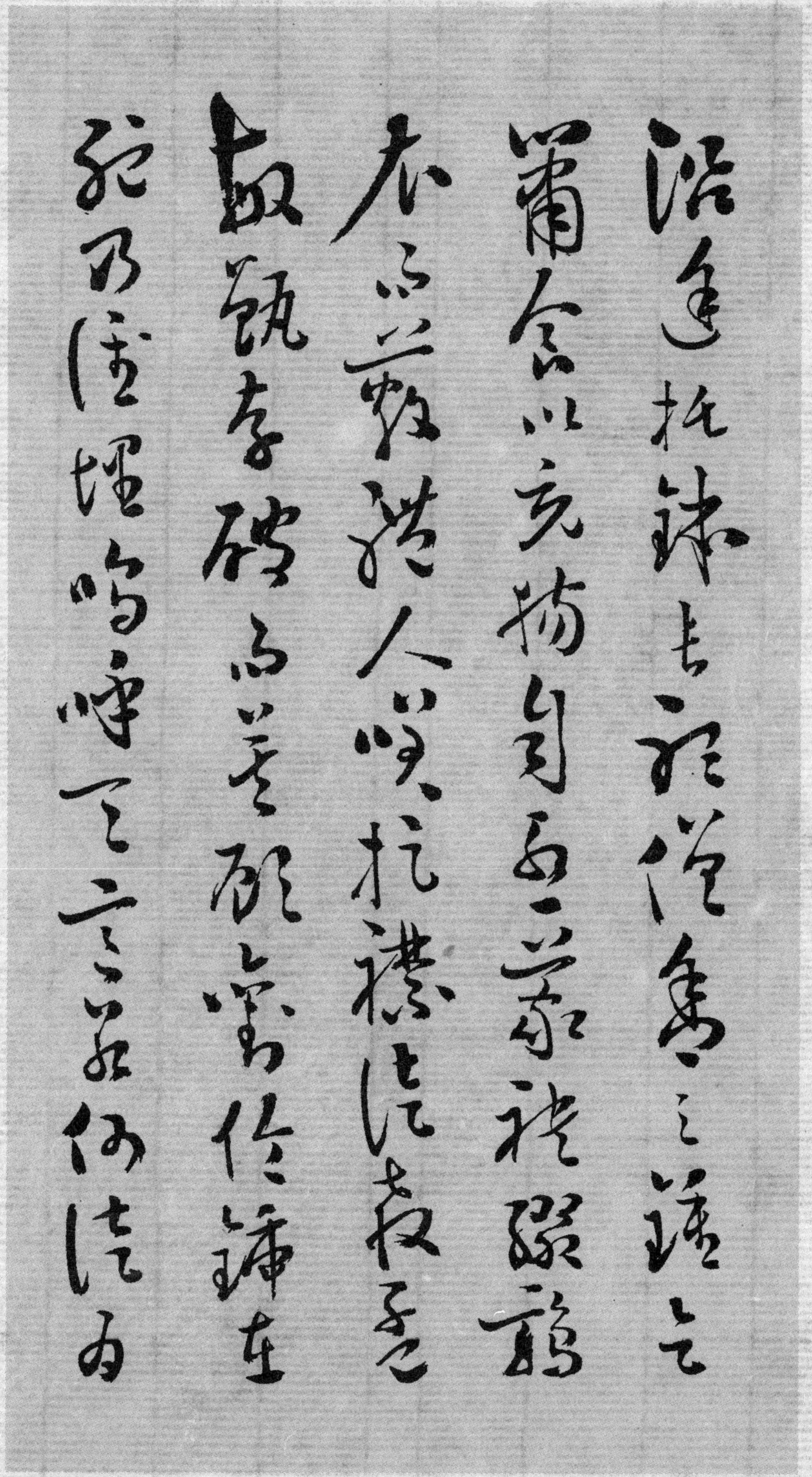

搔首；人生到此，孰不拊膺。不須情性似風花。始抱飄零之痛；任是形骸爲土木，亦含牢落之悲。理莫能知，事無可解。豈文人之薄命，不下紅顏；何造物之忌才，偏多

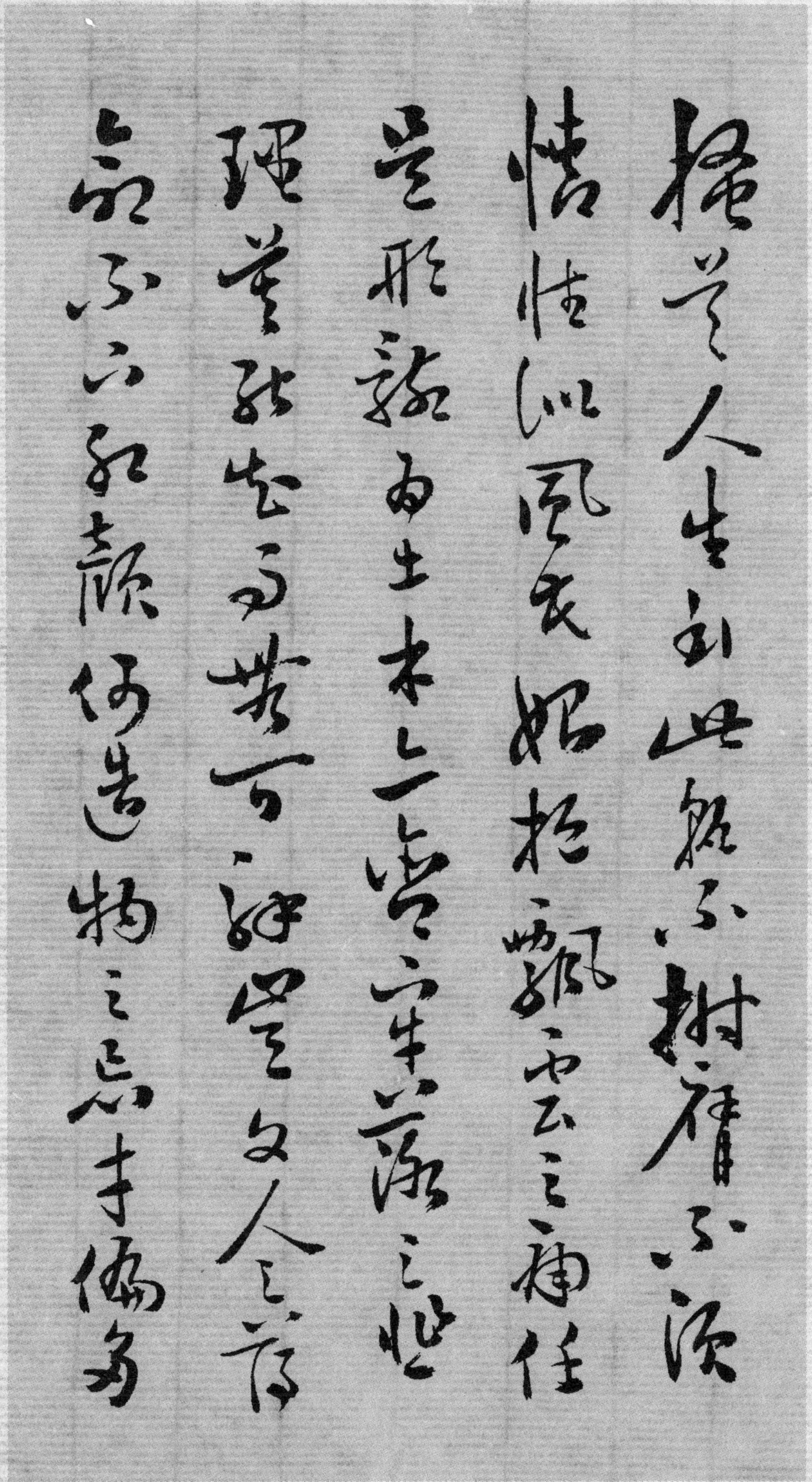

白眼也耶。

卷七

抑知屯必終亨，否能轉泰。富貴乃傳舍之場，詩書豈從人之具。莫謂天心不測，最能磨礪英雄；苟使人事無乖，便可挽回造化。茲如生也，諸艱盡歷，眾

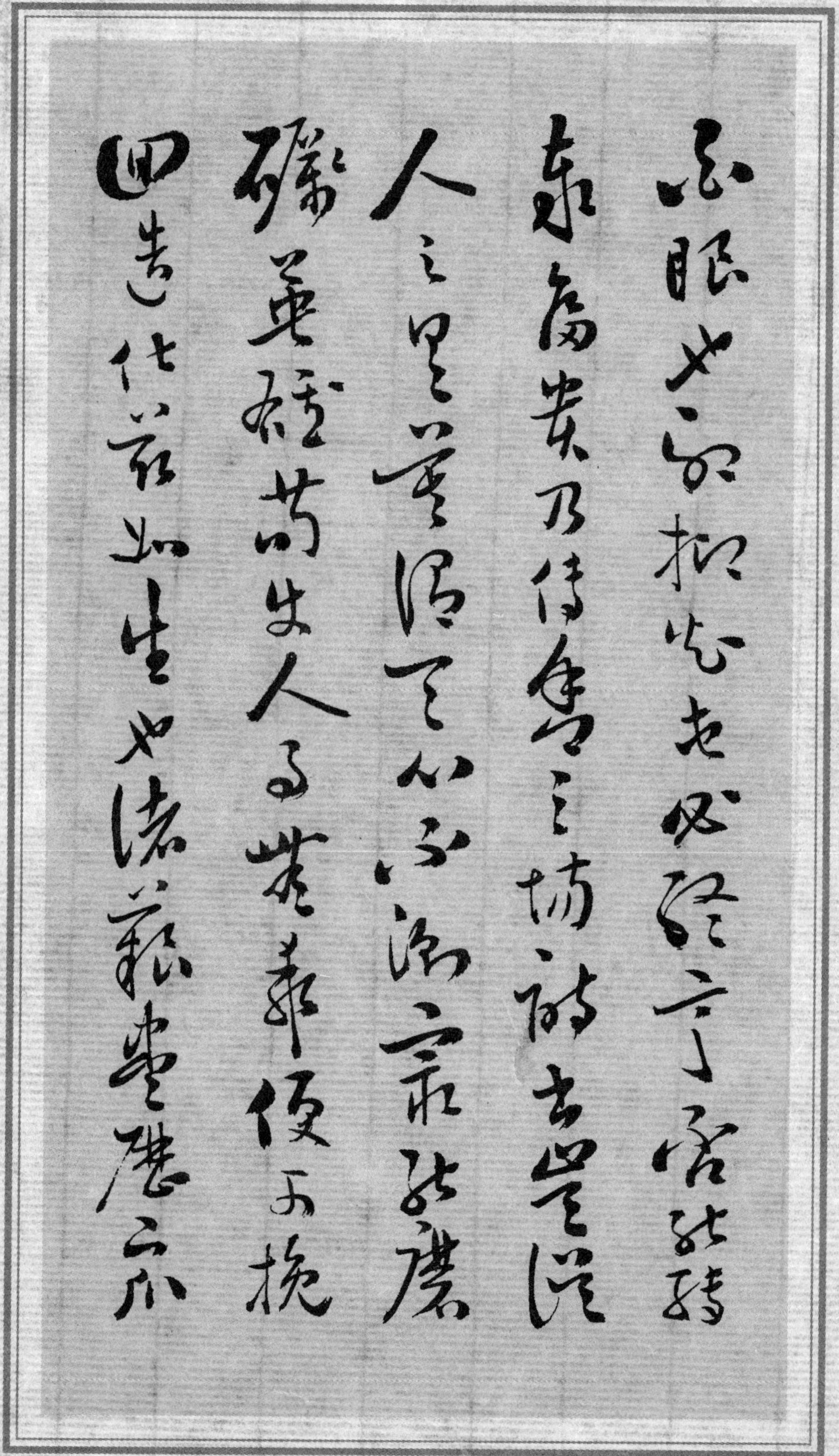

苦備嘗。偌大魔場，悉屬嘔心瀝血；許多劫運，奚由吐氣揚眉。縱教祖逖著鞭，殊難奮發；孰曉繞朝贈策，另有機緣。甫在舟車莫措之時，徒存赤手；忽當

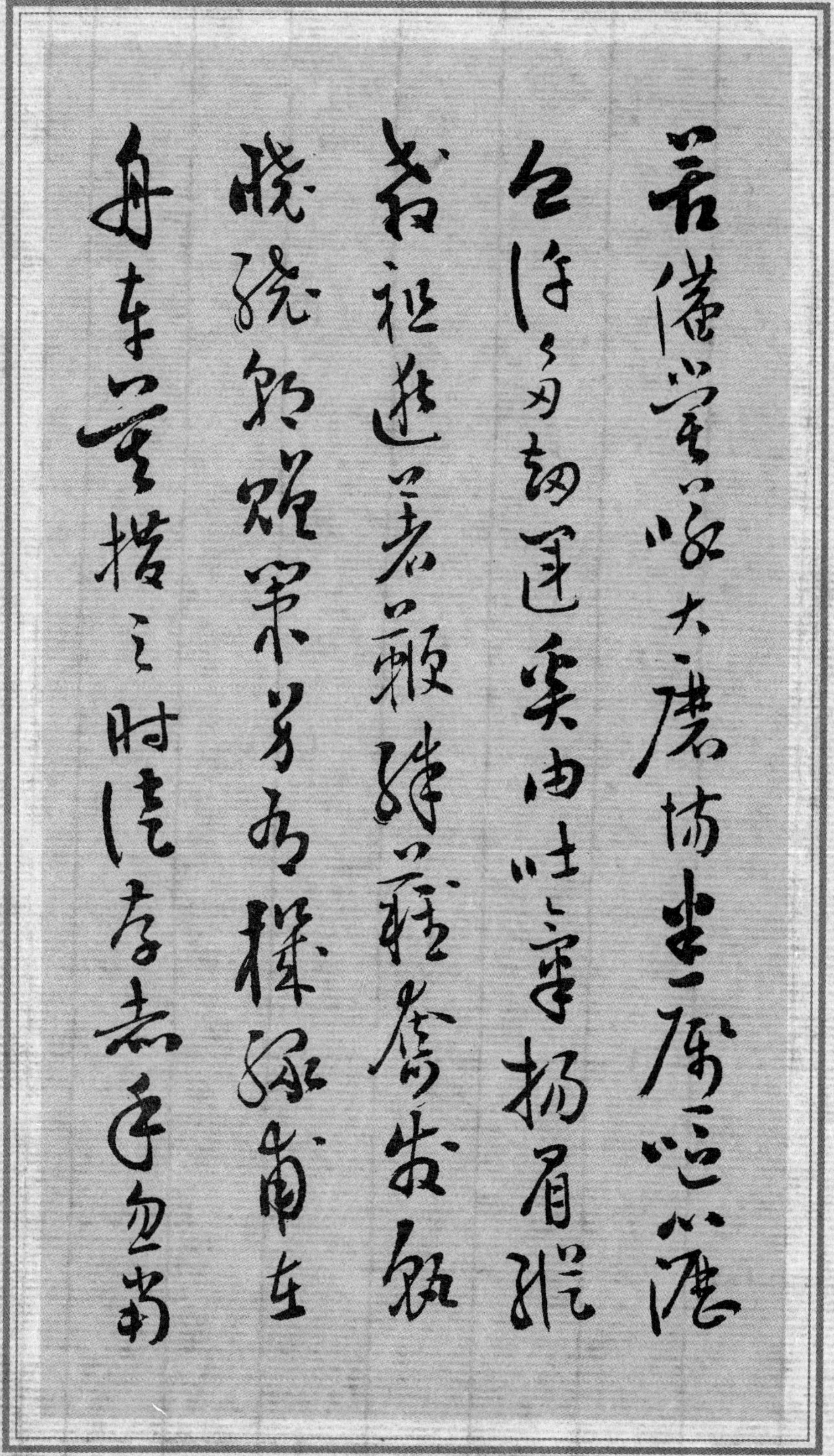

萍水相逢之日，適至蒼頭。使出蘧家，最嫻辭令；奴居蕭氏，尤愛文才。書從黃犬傳來，音屬青鸞遞至。恪奉主人之命，一紙遥投；幸瞻君子之光，百朋敬錫。蓋其時馬

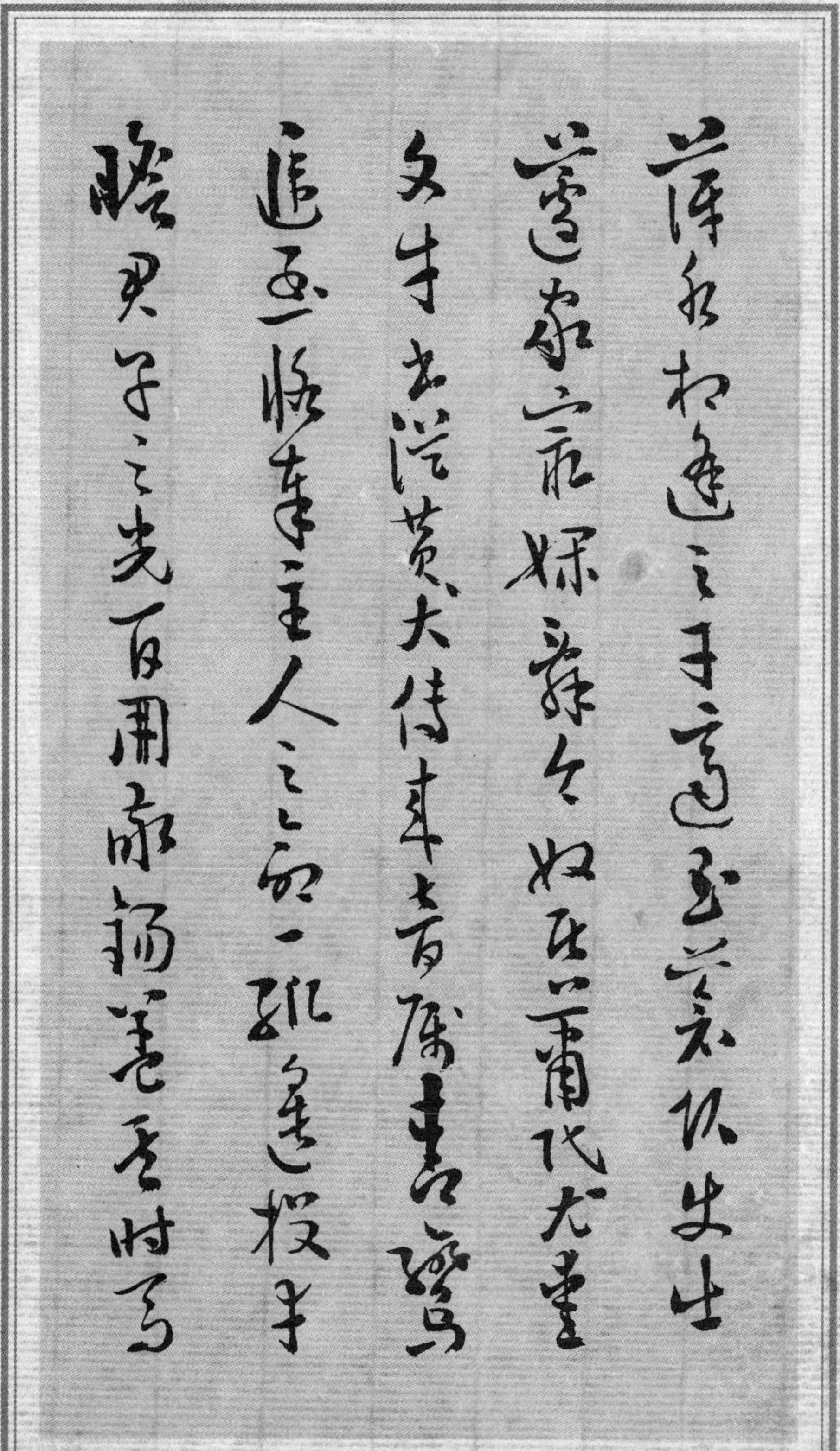

子者，每當風雨之辰，甯忘金蘭之契。屢念斯人之通塞，頻催厥命之榮枯。朋知生也，方當五角六張，頗難佽助；必待千磨百折，纔可扶持。勳名不出宴安，知慧恒存

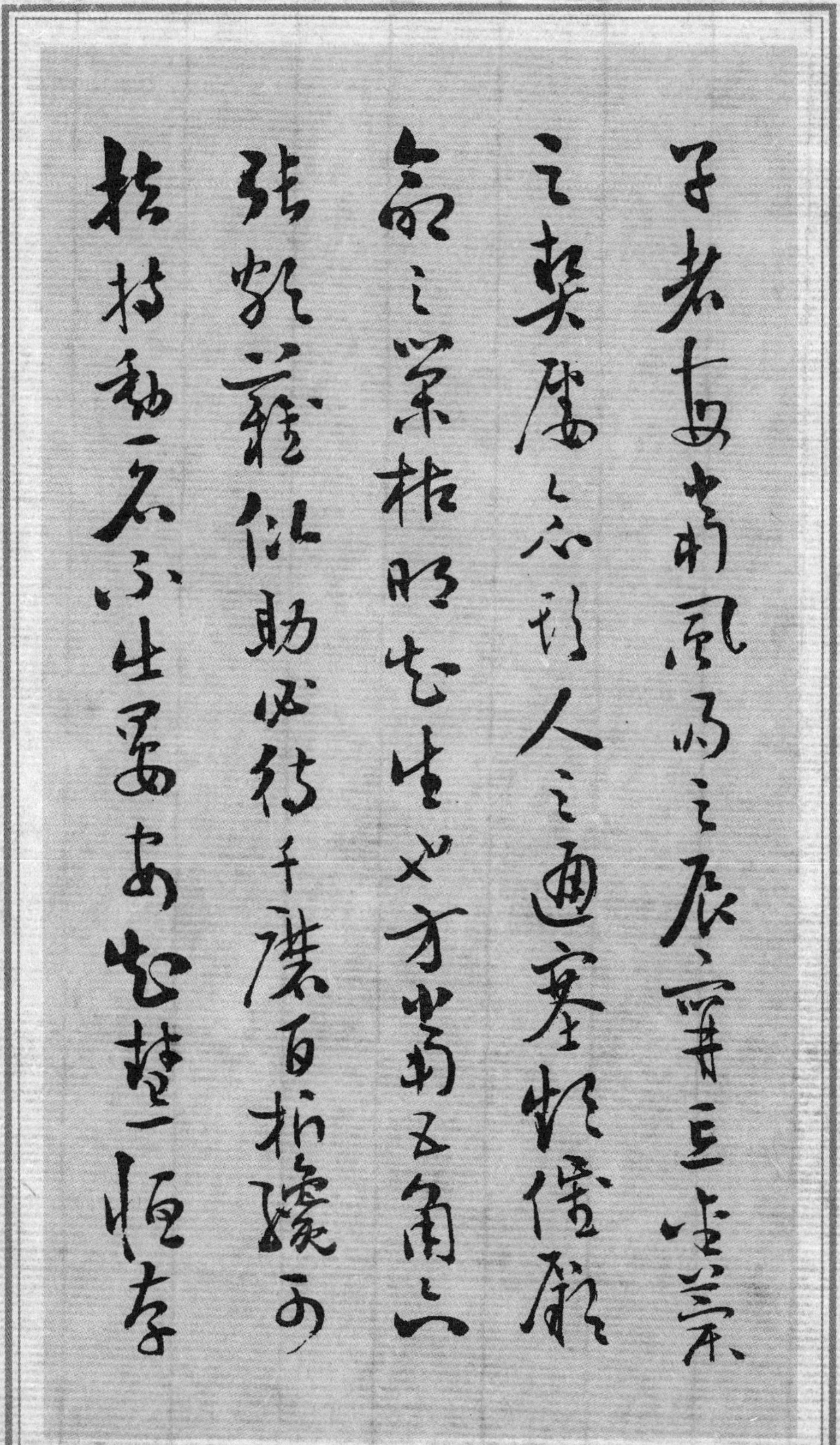

疢疾。寄語終軍居幕下，及早請纓；還教毛遂處囊中，莫遲脱穎。萬里路睽知己面，幾行書見故人心。白絹斜封，却是朱提重貺；華緘遥遞，都非素簡

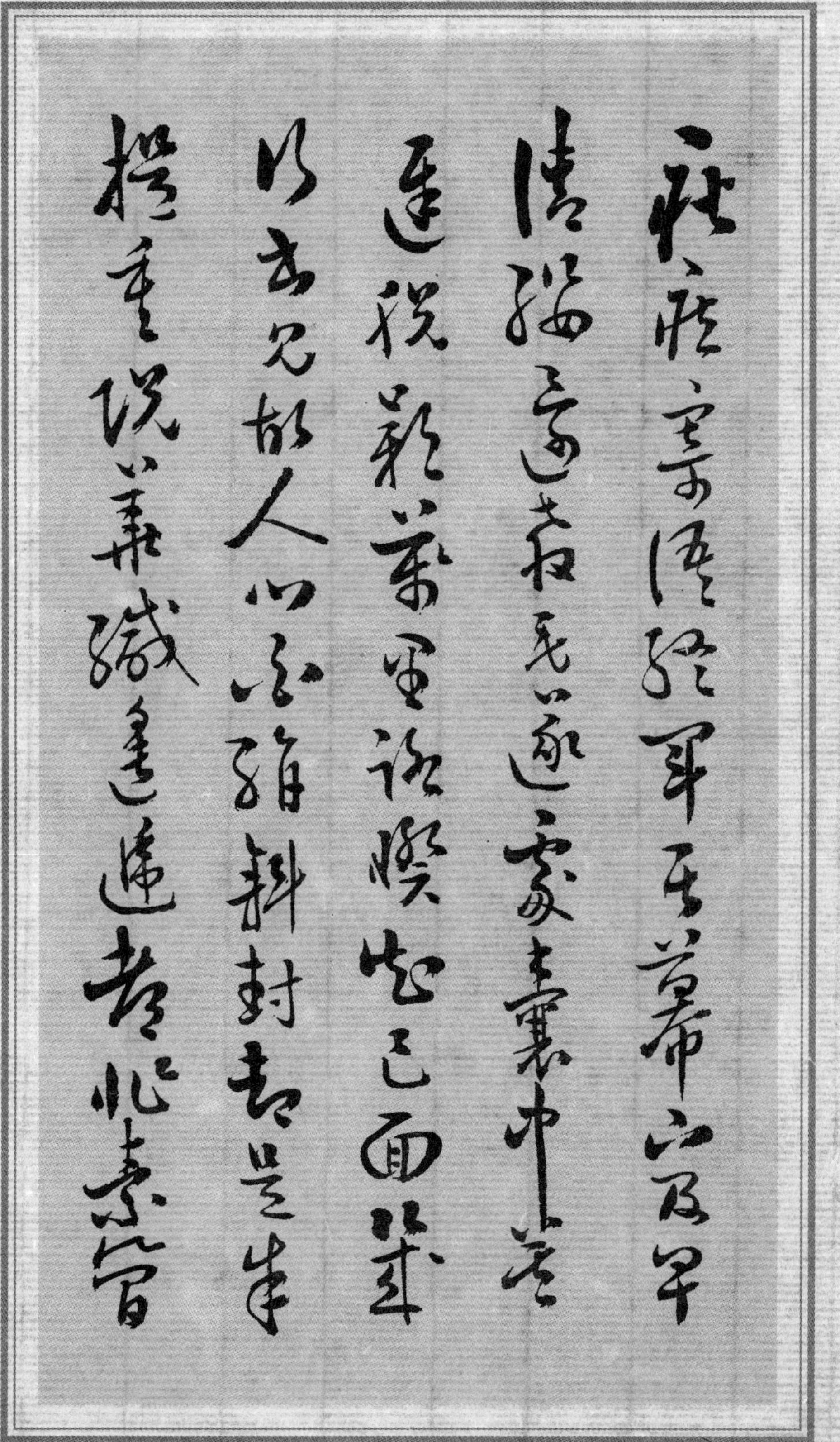

空談。生時愁向地埋，喜從天降。縱垂天之翼，鵬翅摶風；嘘曝日之腮，鯤鬐刺水。由是，策蹇入都，納貲坐監。聰明之質，何待潛修；困苦之餘，愈知激厲（發憤）。碑觀

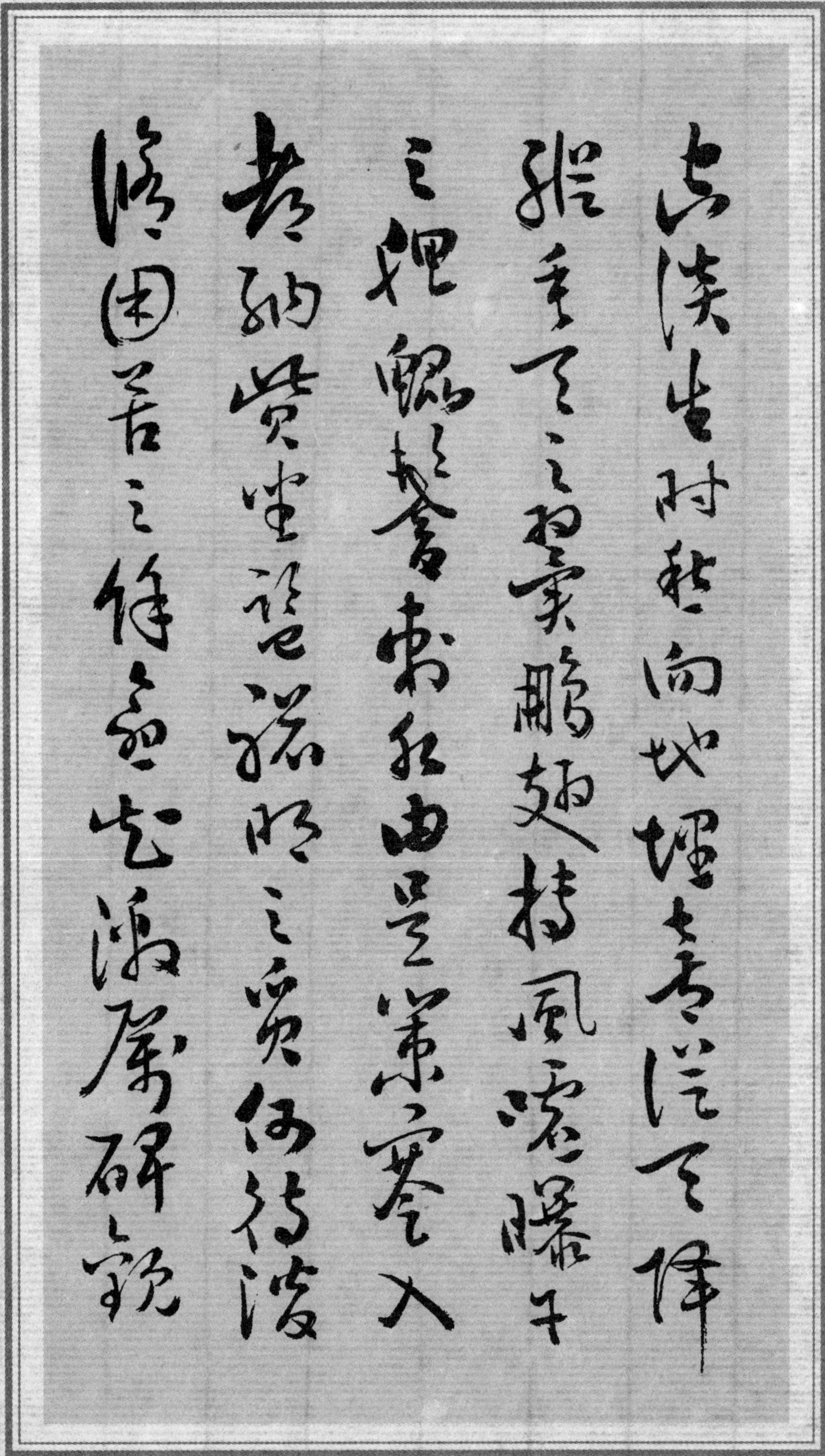

太學，鼓聽大昕。寶笈晨披，壁起達摩之影；芸編夜擁，燈分太乙之光。鐵硯磨穿，藜床坐破。名高子建，何患鄴下才多；賦就太沖，遂使洛中紙貴。吐筆花

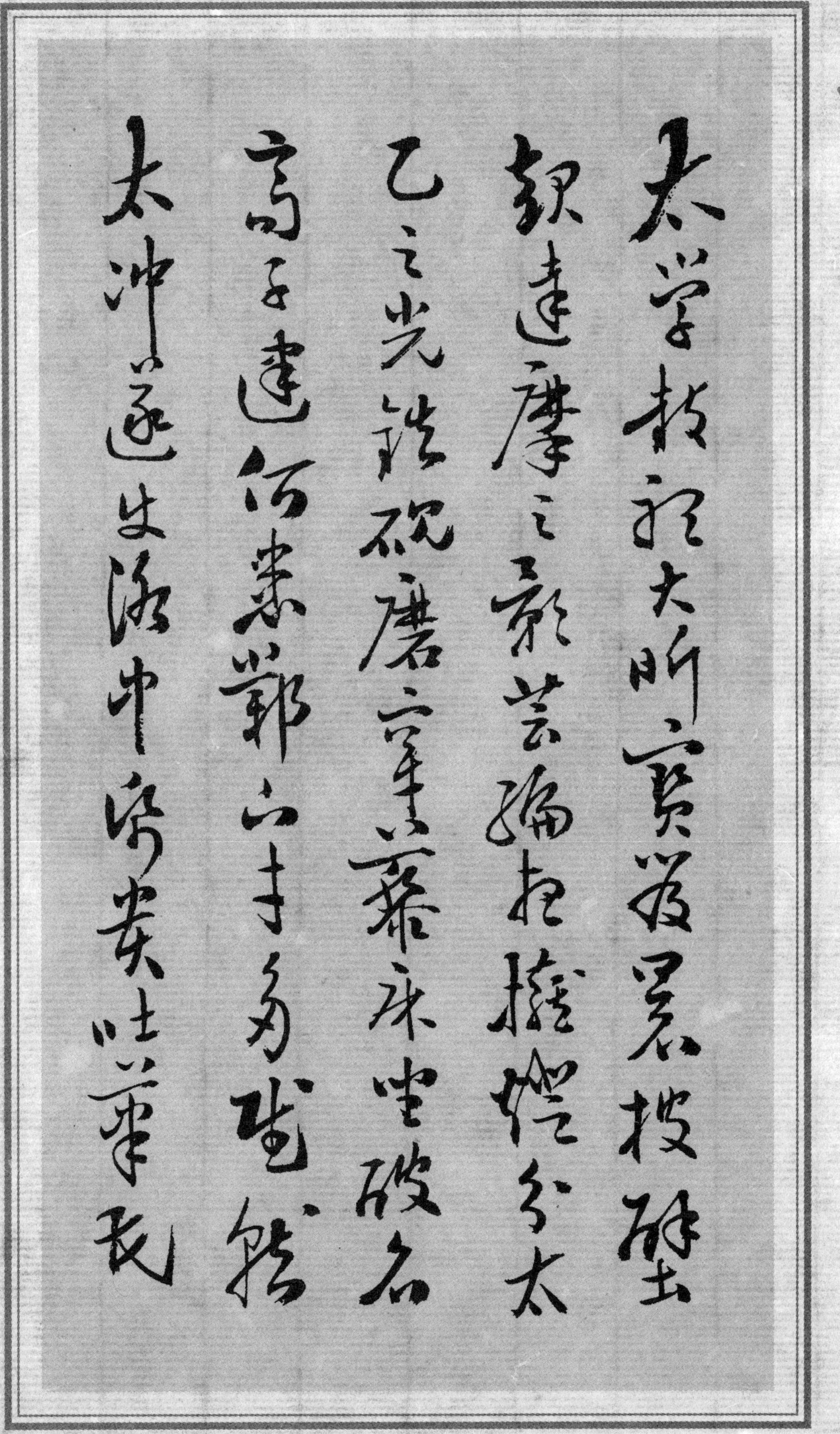

於雪案，行行宋班香〔艷〕；翻墨浪於風簷，字字韓潮蘇海。特患俗心竅少，鮮有通才；庸眼肉多，絕無卓識。未逢伯樂，徒失相於追風；不遇鍾期，孰知音於流水。適

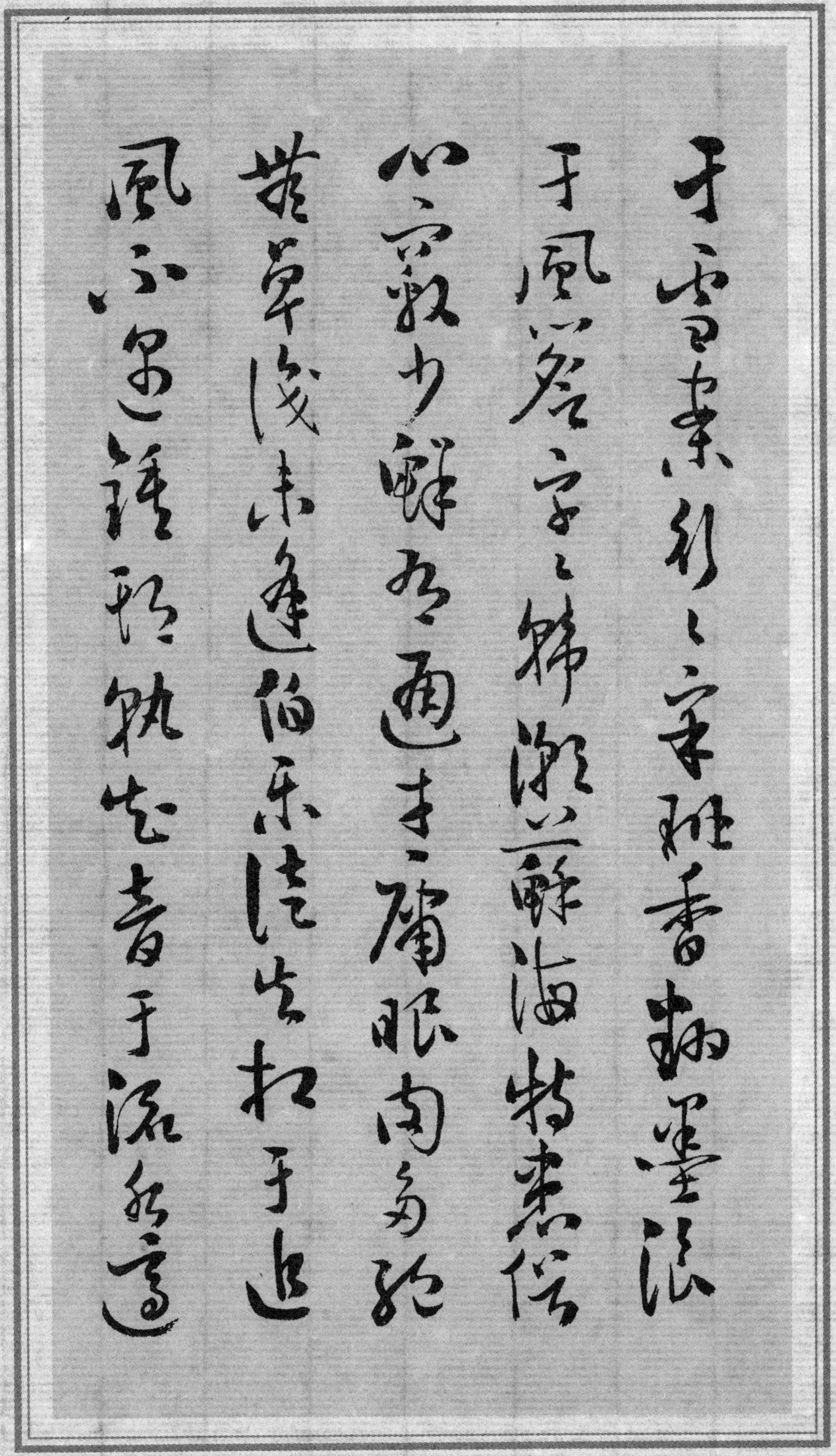

有南宮名宿，誓拔真才；東觀奇（耆）英，慎遴佳士。懸冰壺而作鑑；持玉尺以爲量。品峻風華，別具賞心之識；評高月旦，獨蒙刮目之知。觀其局勢甚超，定宜

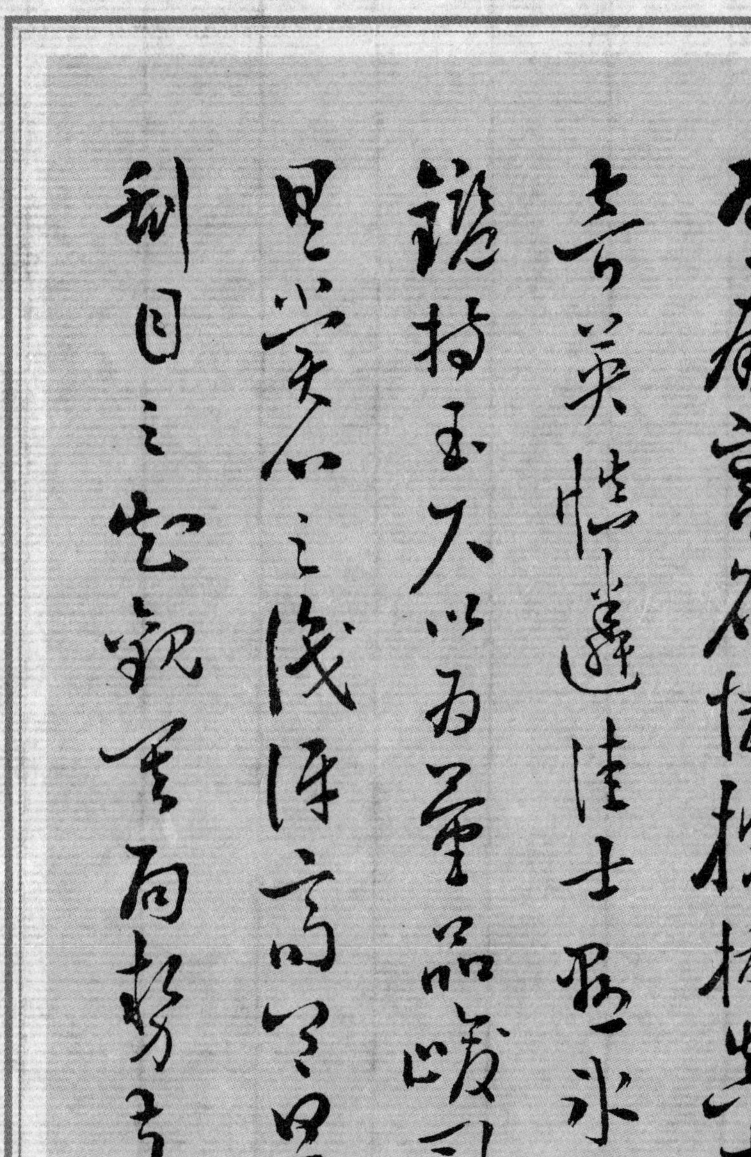

領解；惜此英華太露，僅得掄魁。由來國士，必推韓信爲無雙；忽出廷評，偏置宋祁於第二。既邀鶚薦，聲價倍增；自賦《鹿鳴》，品題益重。而生（鴻）

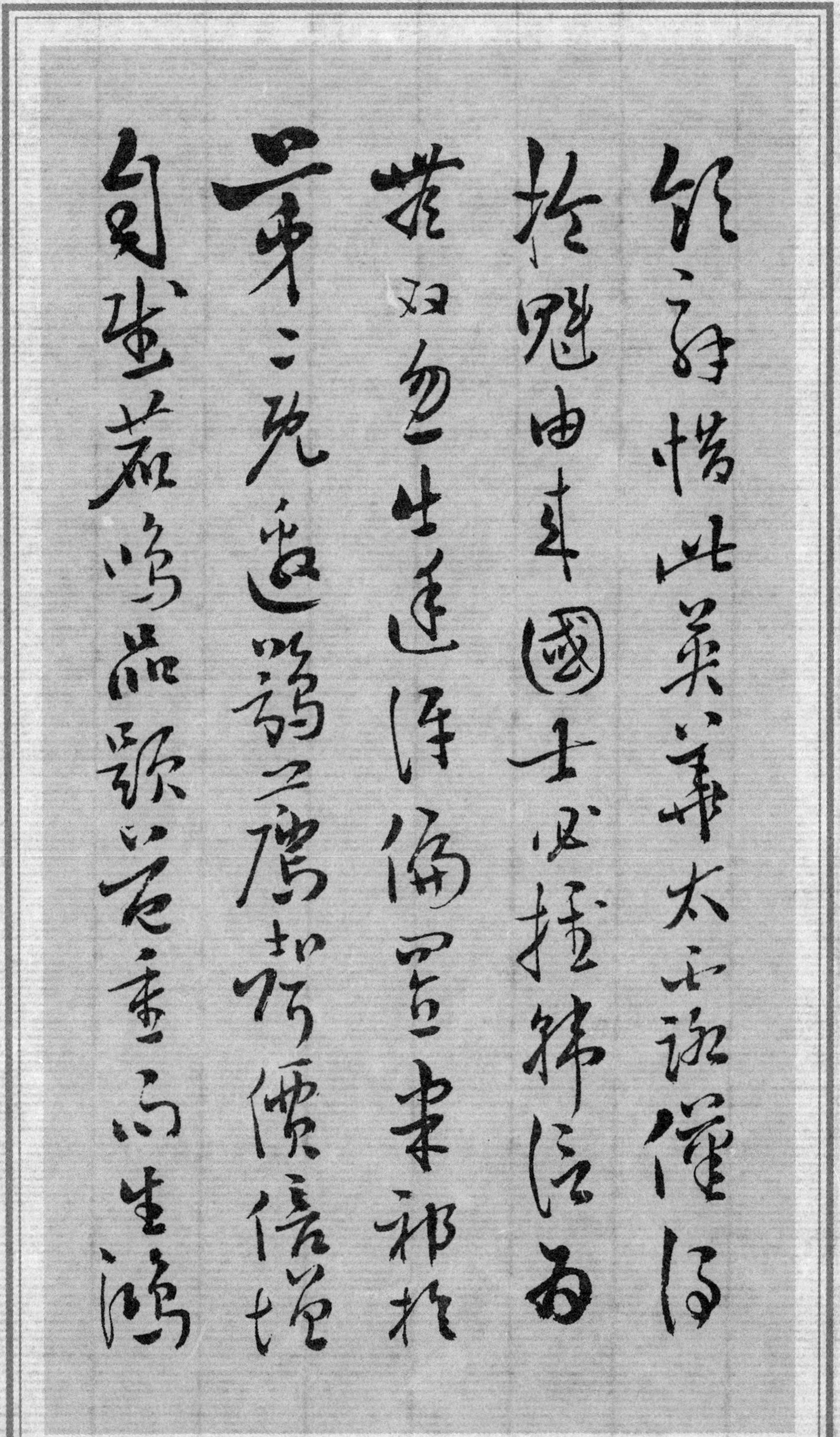

雄圖奮發，壯志激揚。單騎直馳，已向秋闈獲俊；雙雕叠中，旋從春榜題名。從此，三千擊水，九萬摶風。剪得蒼龍片甲，徑可成雲；吐來白鳳纖毫，

輒能映日。波濤生腕下，傾倒峽之詞源；星斗列胸中，仰凌霄之氣宇。敲金戛玉，未能比此聲華；陣馬風檣，不足方其敏捷。輝生寶炬，僅讓元燈；光

徹絳霄，仍聯奎耀。當明聖臨軒之日，正英雄入彀之時。金殿唱餘，袍饒緑汁；瓊林宴罷，餅賜紅綾。嗟乎，匣中銹鐵，逢薛燭以騰光；竈下焦桐，遇蔡翁

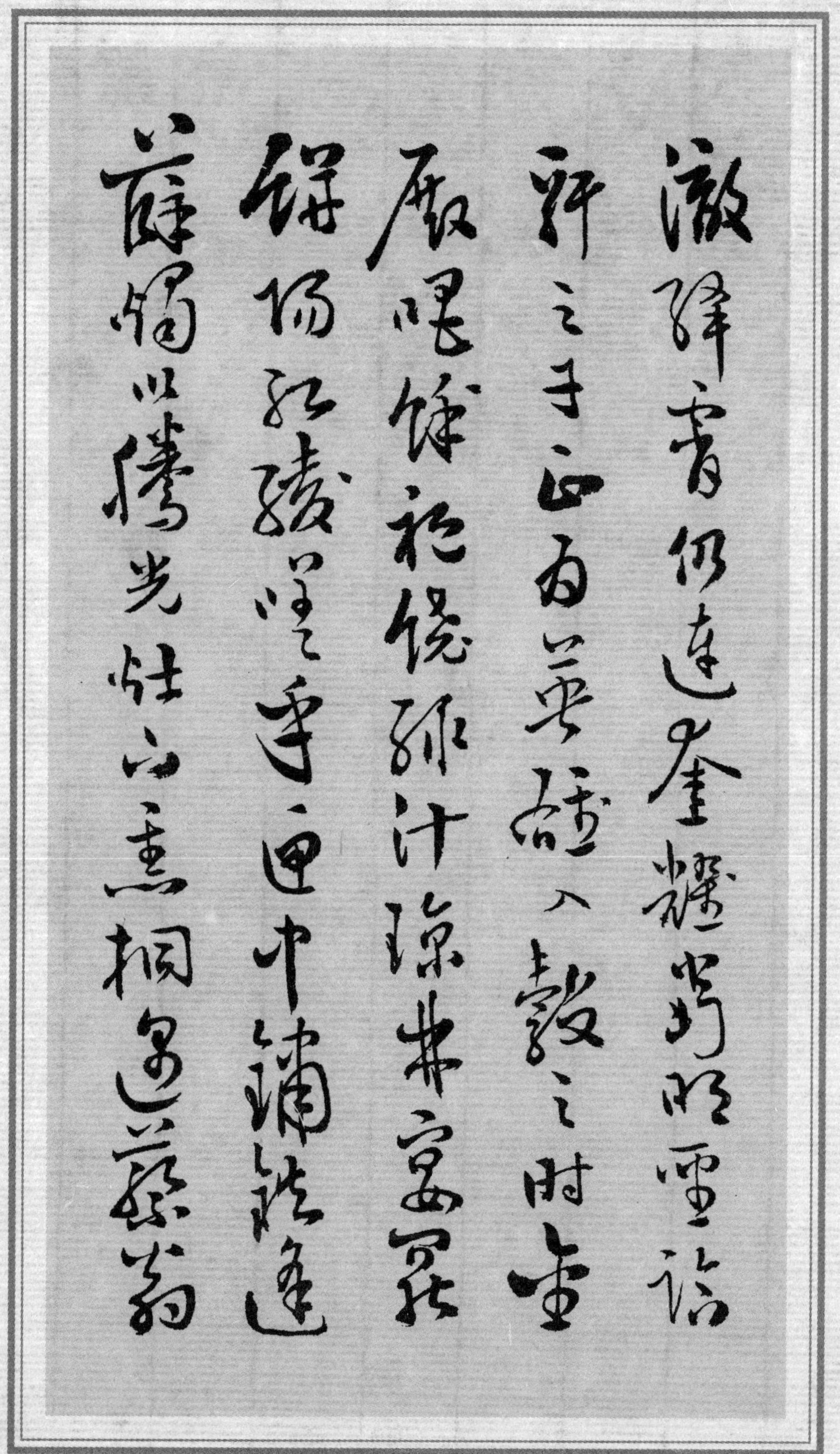

而發爆。非盈虛之無數，實顯晦之有時也。於是，報捷坭金，班參玉笋。量材任職。度器授官。朝臣薦其清華，宜居翰苑；天子嘉其英俊，特簡刑曹。磔

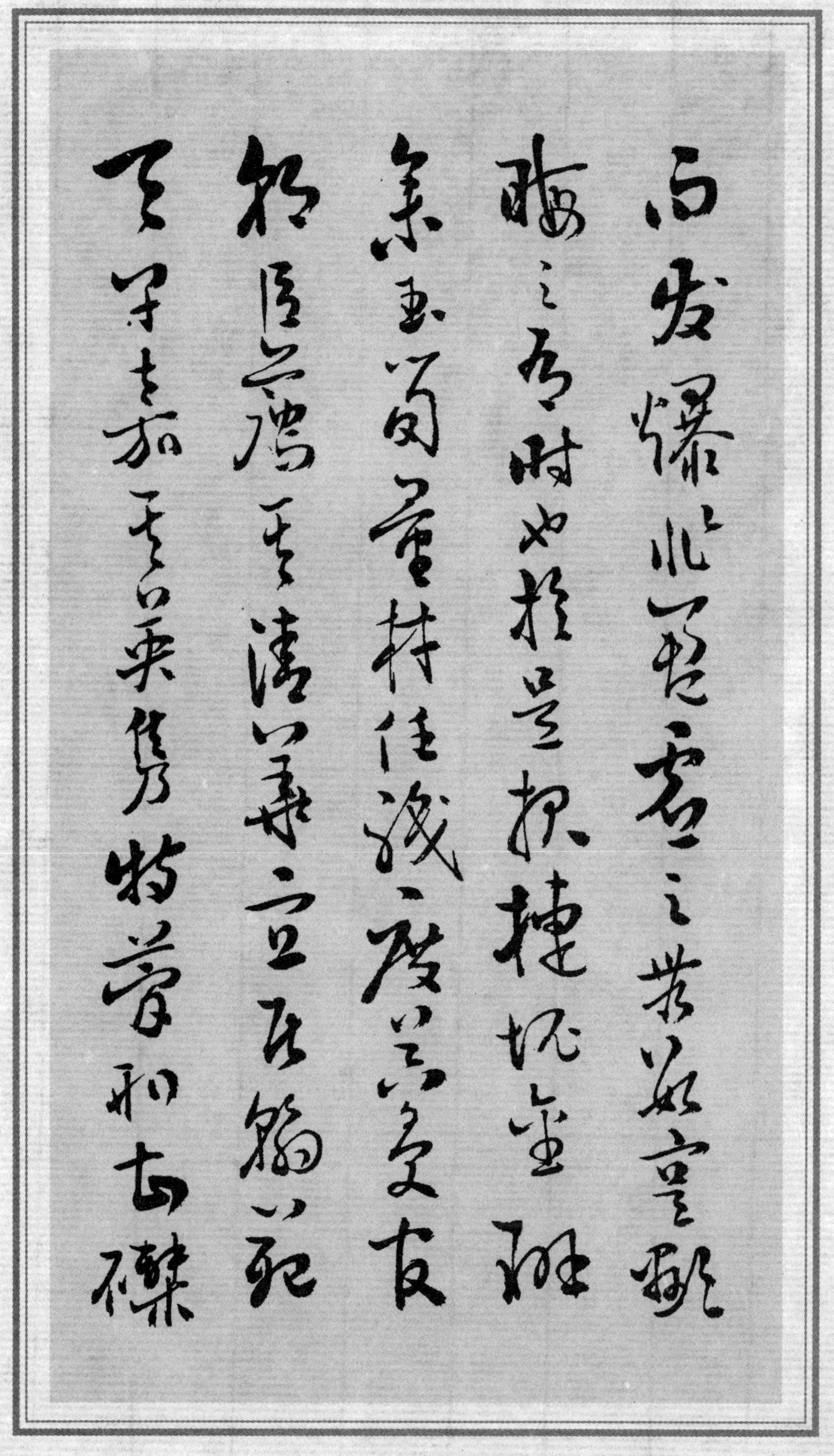

礫鼠稱老吏之才，屠龍擅妙年之譽。名傾中外，孰不識荊；聲震公卿，咸爲説項。而生思深車笠，念切糟糠。座設蓮帷，將招密友；香薰薇帳，專待情

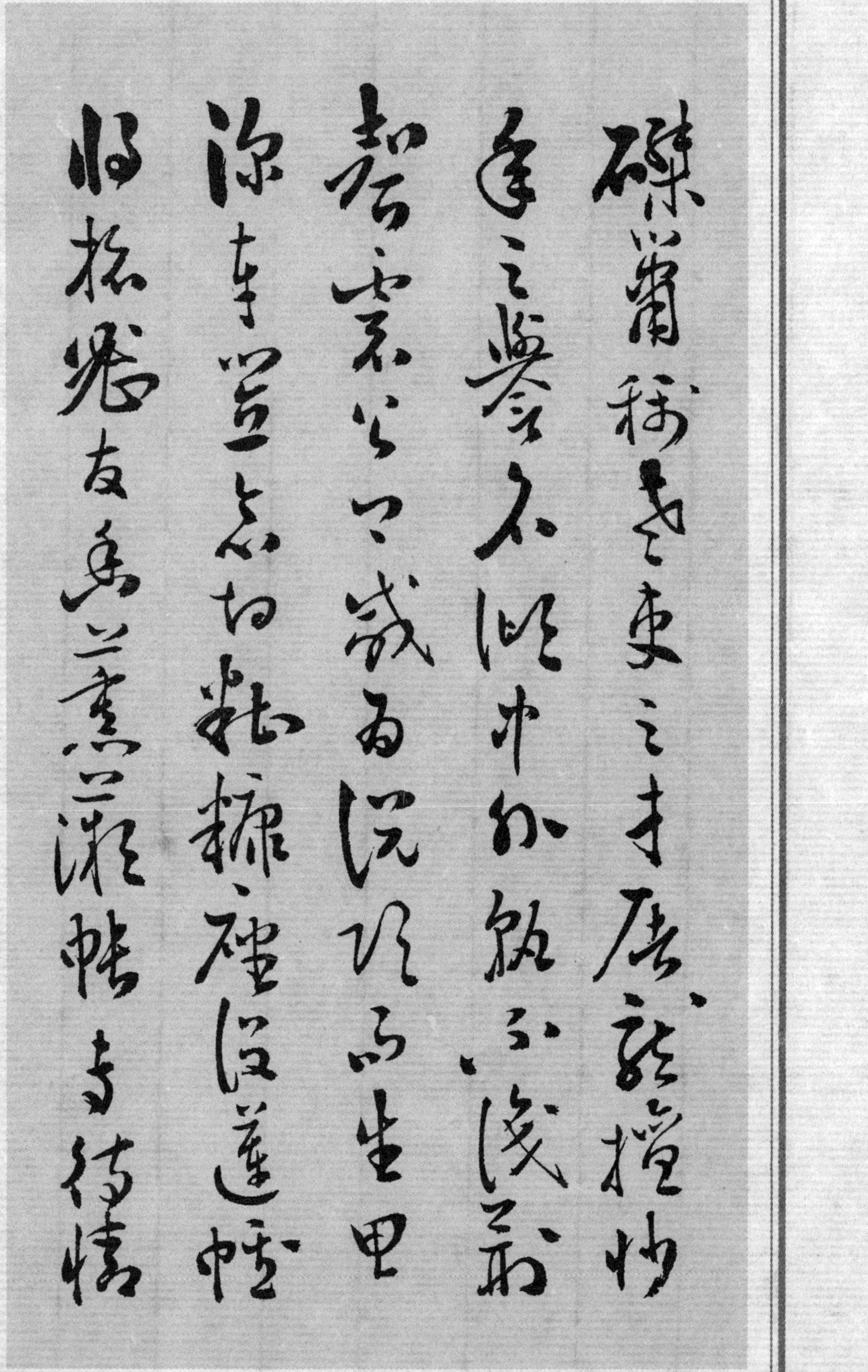

人。其如天末難通，竟睽雙鯉；江南可望，尚阻孤鴻。唯兹兩事關心，殊難釋悶；偶爾一時得志，何足誇榮。然而，世每趨炎，徑皆争捷。人當失職，縱親朋疎若

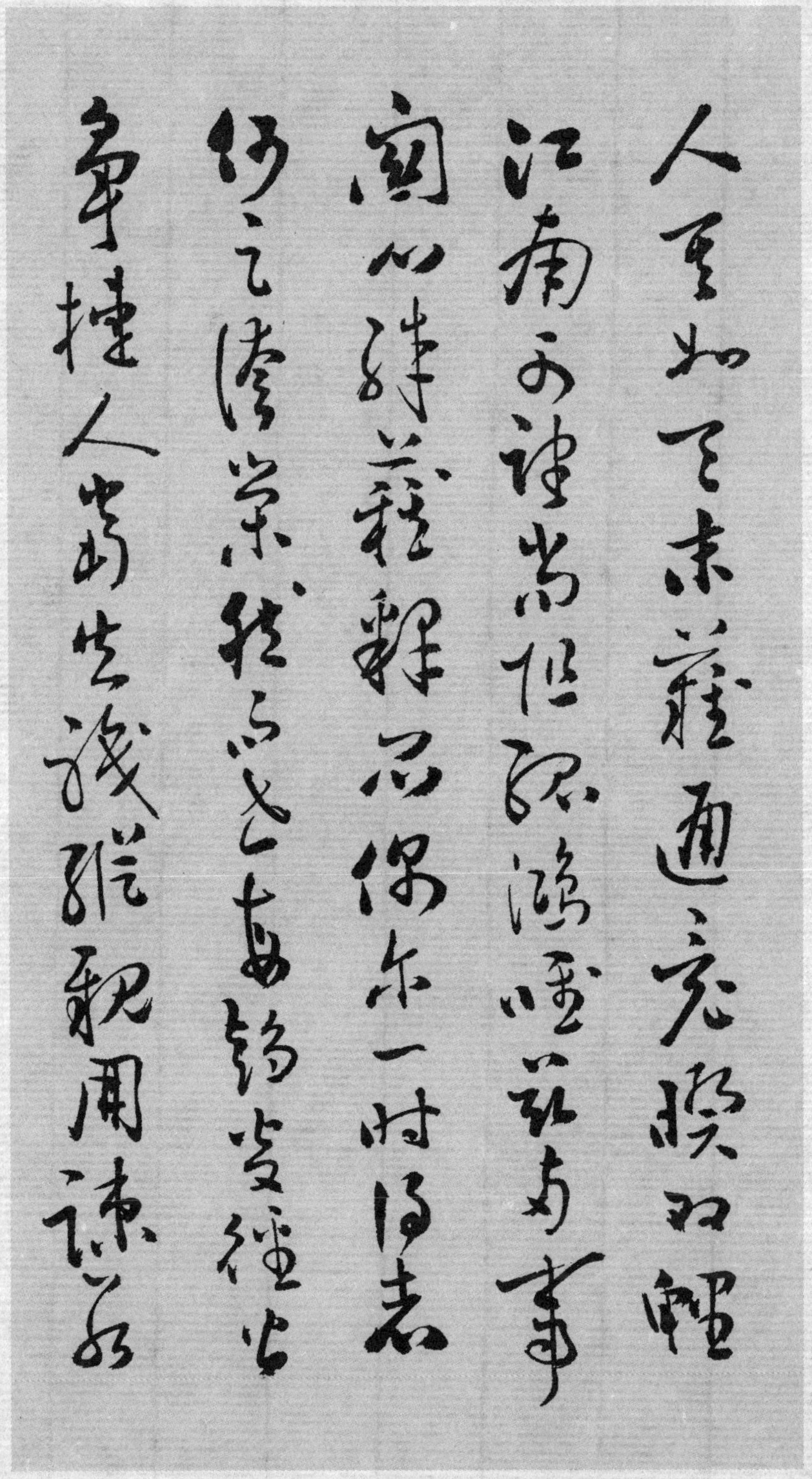

雲泥；士苟乘時，雖秦越視同骨肉。獨不見五陵裘馬，輻輳京華；萬國冠裳，肩摩魏闕。其稱碩學，號鴻才，户盡鄒枚，家俱庾鮑。及睹左思之撰，士衡

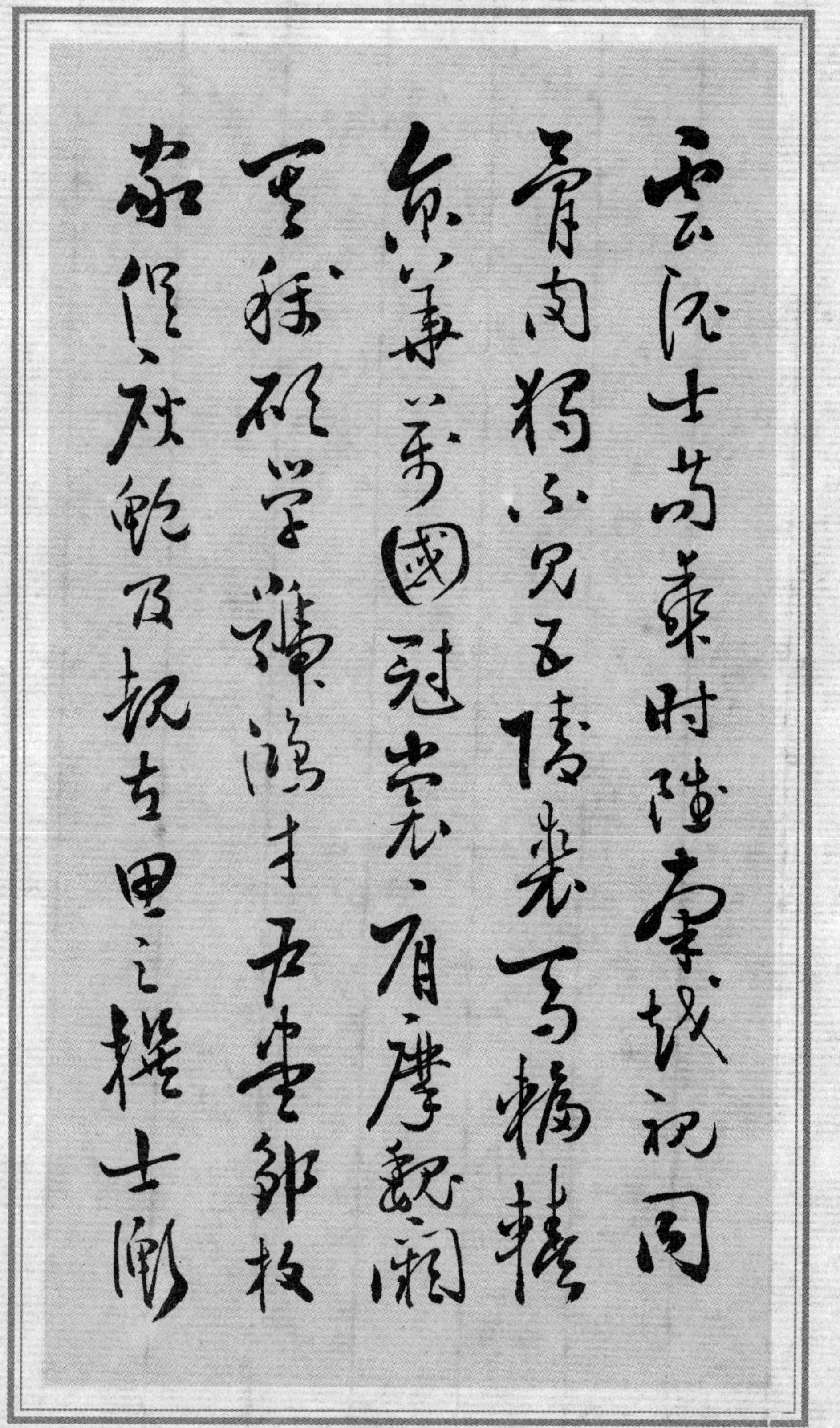

爲之輪心；見崔灝之題，太白從而斂手。咸謂竇生，奇才豪放，古藻紛披。有譽其文體喬皇，燭天起雲霞之色；有賞其詩詞雄健，擲地成金石之聲。

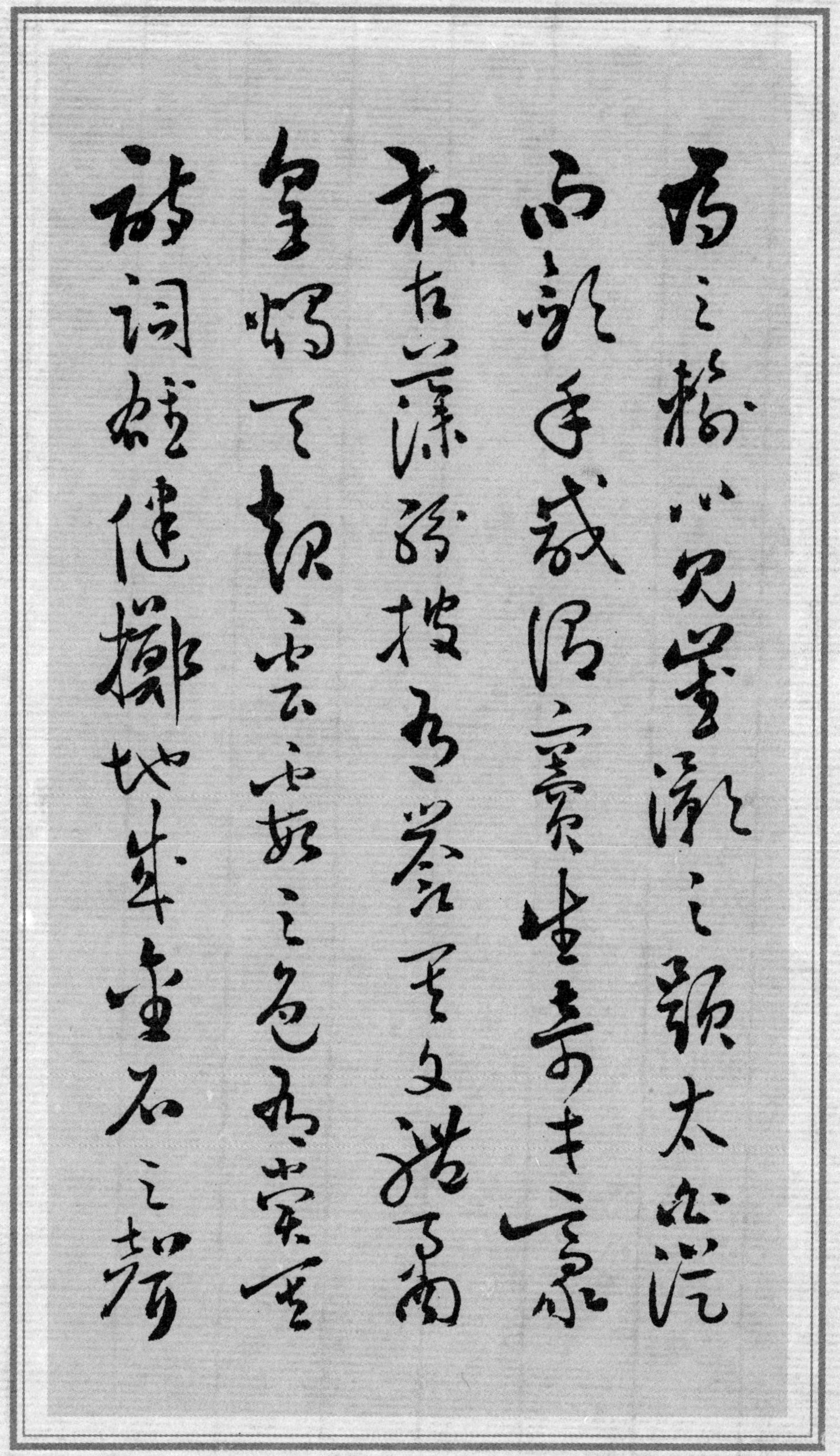

乃致乞碑諛墓，輒不絶門；買賦希恩，屨常滿户。而我獨怪其困守蓽門之日，厄居甕牖之時，猶是斯人也，動説瘦寒酸子，見譏大雅之林；猶是斯

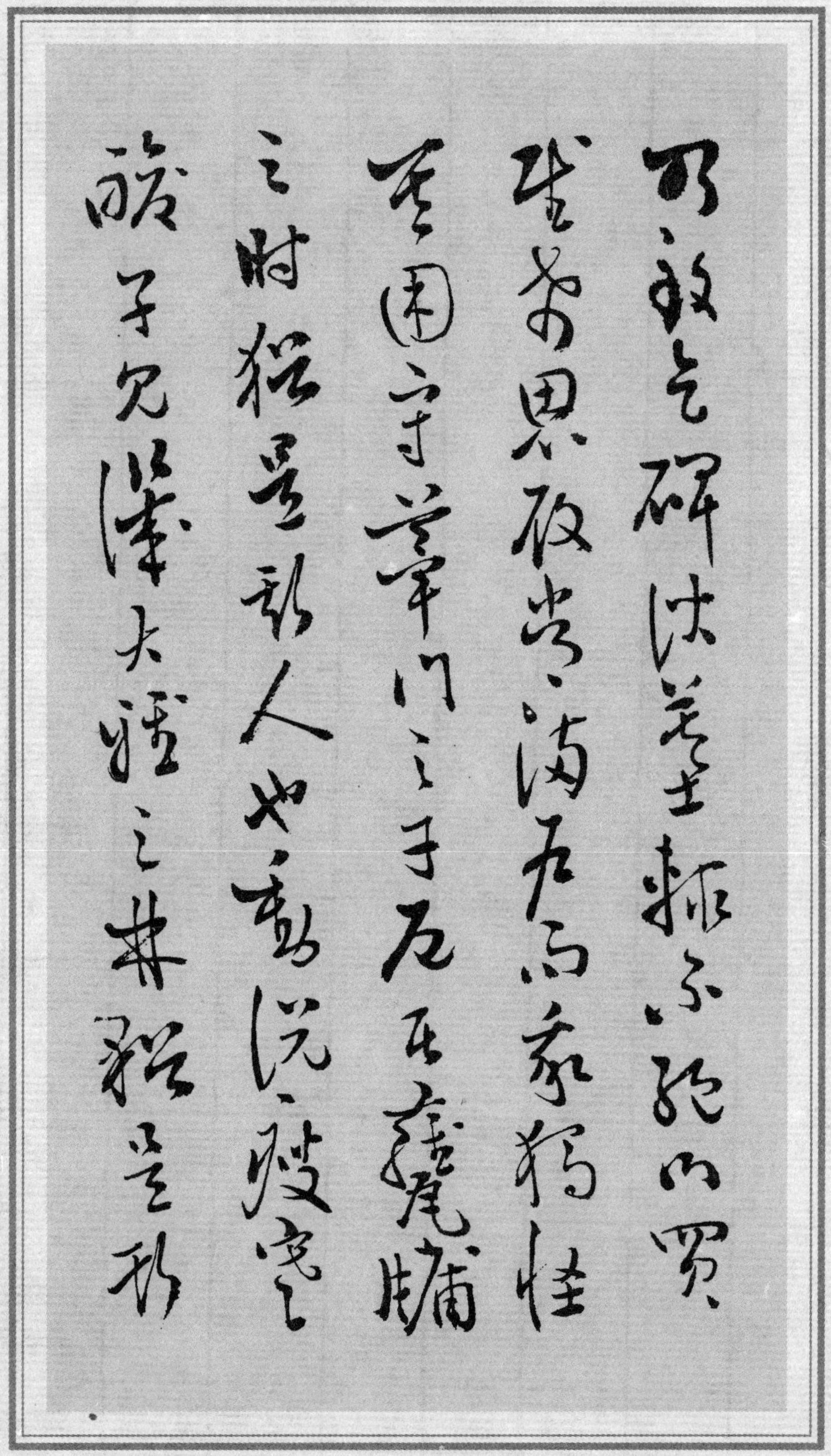

文也，輒云庸淺膚辭，共抵小巫之局。時命既分窮達，文章亦判榮枯。然龍勺鷄彝，不登清廟明堂，直與盤匜無異；渾金璞玉，未上燕臺

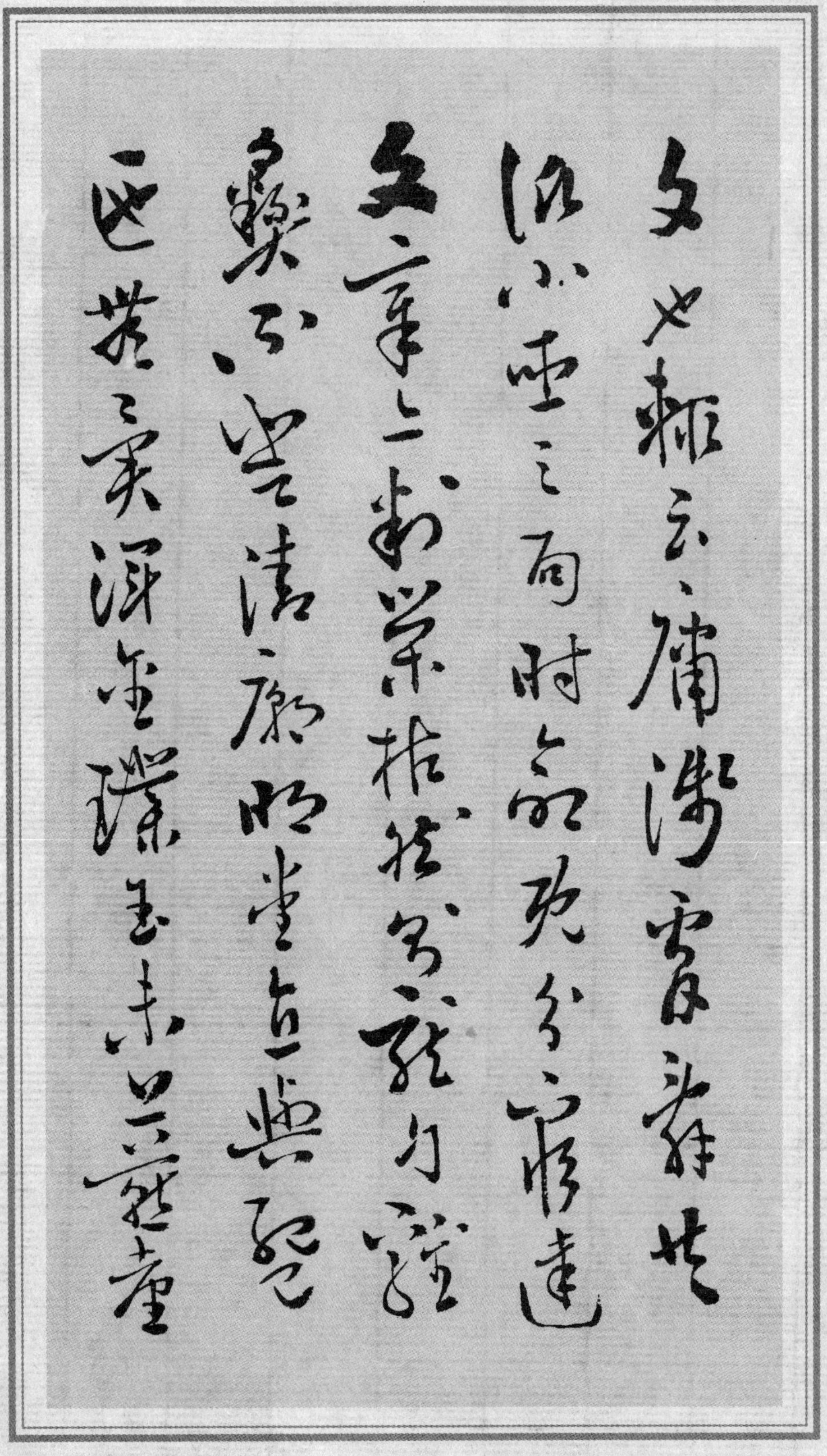

吳市，竟同瓦鑠何殊。辨英豪於童稚之年，孰是慧心相得；識將相於風塵之內，斷非俗眼所能。亦何怪乎，奇花吐艷，每從錦上增華；獸炭霏紅，莫向雪

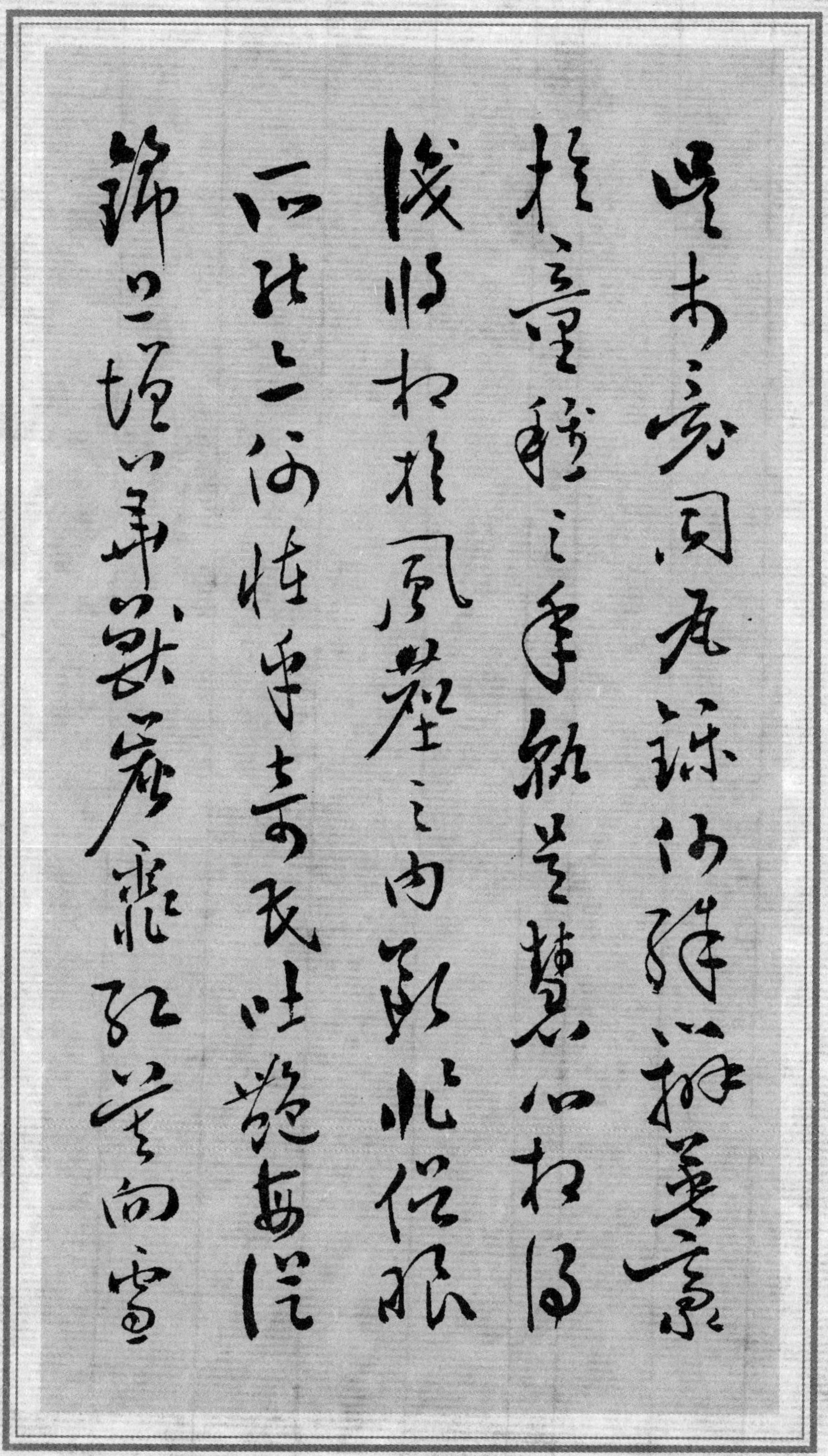

中送暖耶。時有蘭臺貴客，芸閣要人。共羡少年騰達，名重選樓；素聞新貴鰥居，姻求戚婉。雁奴魚婢，名刺盈襟；氏媒參妁，年庚滿袖。或云

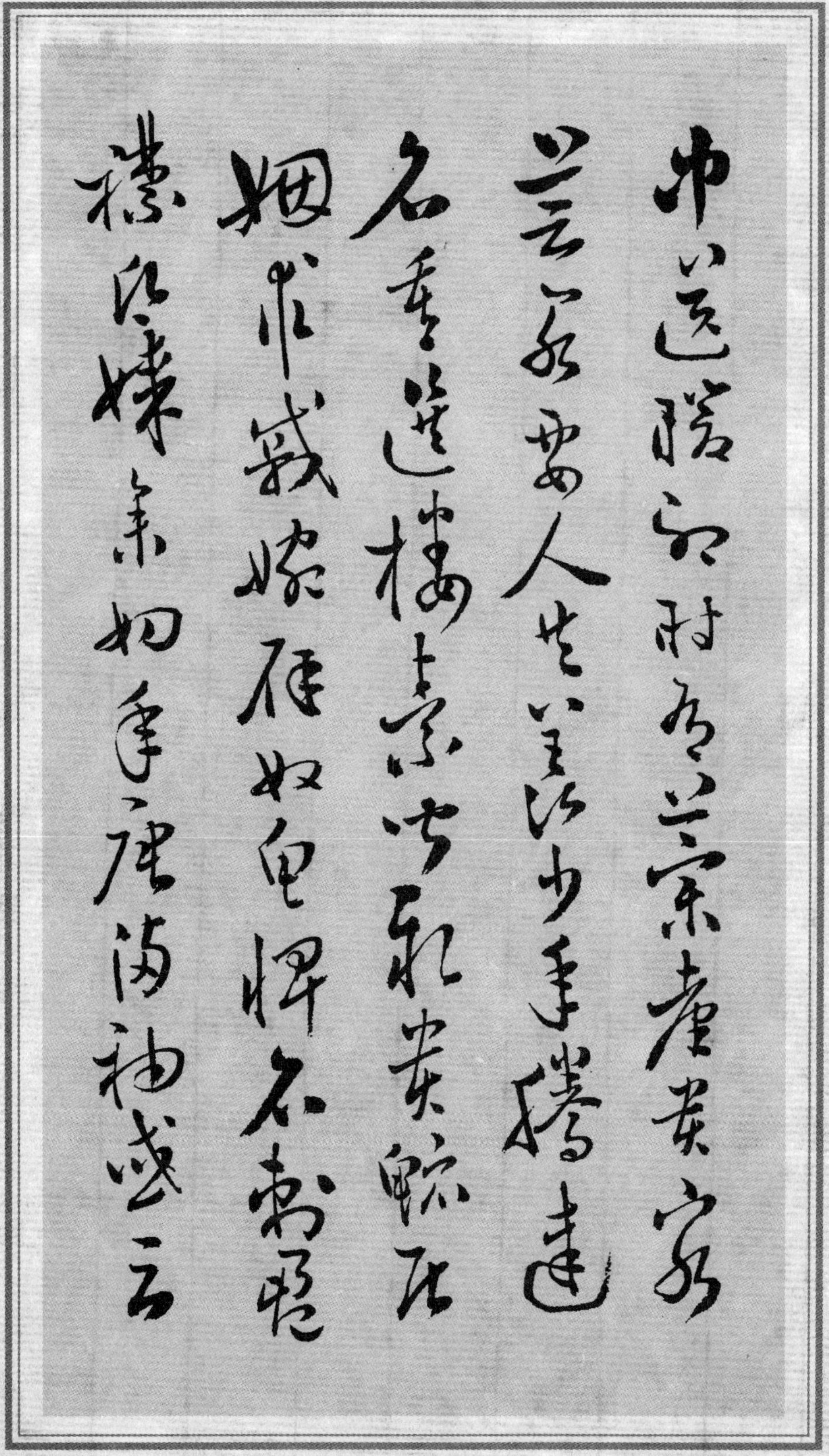

齊子未歸，或謂號姨待聘。貌皆傾國，德盡宜家。謂當桃李之辰，願結絲蘿之誼。乃生(生乃)遜謝高情，敬辭盛意。富貴我所自有，姻緣不待人謀。

齊子未歸或謂號姨待聘貌皆傾國德盡宜家謂當桃李之辰願結絲蘿之誼乃生遜謝高情敬辭盛意富貴我所自有姻緣不待人謀

昔年章子出妻，莫望鸞膠再續；今日使君有婦，何煩蛇足重添。因是，覩物興懷，觸情增感。花飛別苑，艷艷何存；柳植故園，青青猶在。官居清

昔年章子出妻莫望鸞膠再續今日使君有婦何煩蛇足重添因是覩物興懷觸情增感花飛別苑艷艷何存柳植故園青青猶在官居清

職，何嫌署冷於冰；人感離情，但覺衾寒若鐵。臨曉鏡獨望彩鸞，見雕鞍專思駿馬。遥憐玉臂，朗受清輝；遠憶香鬟，亂籠薄霧。春愁似海，不

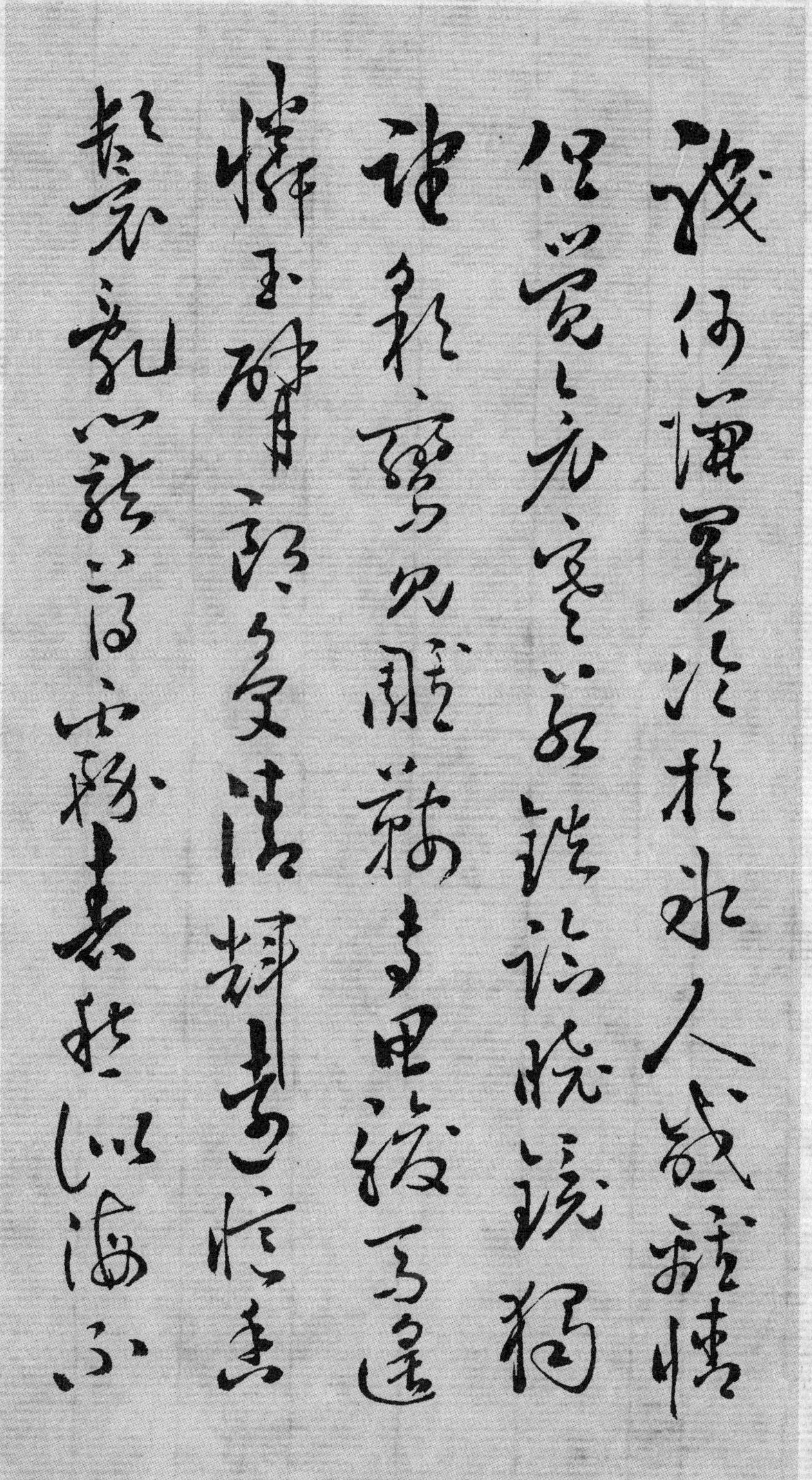

知底事難消；夜度如年，只爲個人不在。爾乃遽覓遺簪，輒求敝袴。馬蹄馳去，使煩一介之勞；雁足傳來，書抵萬金之貴。姑時髮封内梱，足裏中庭。

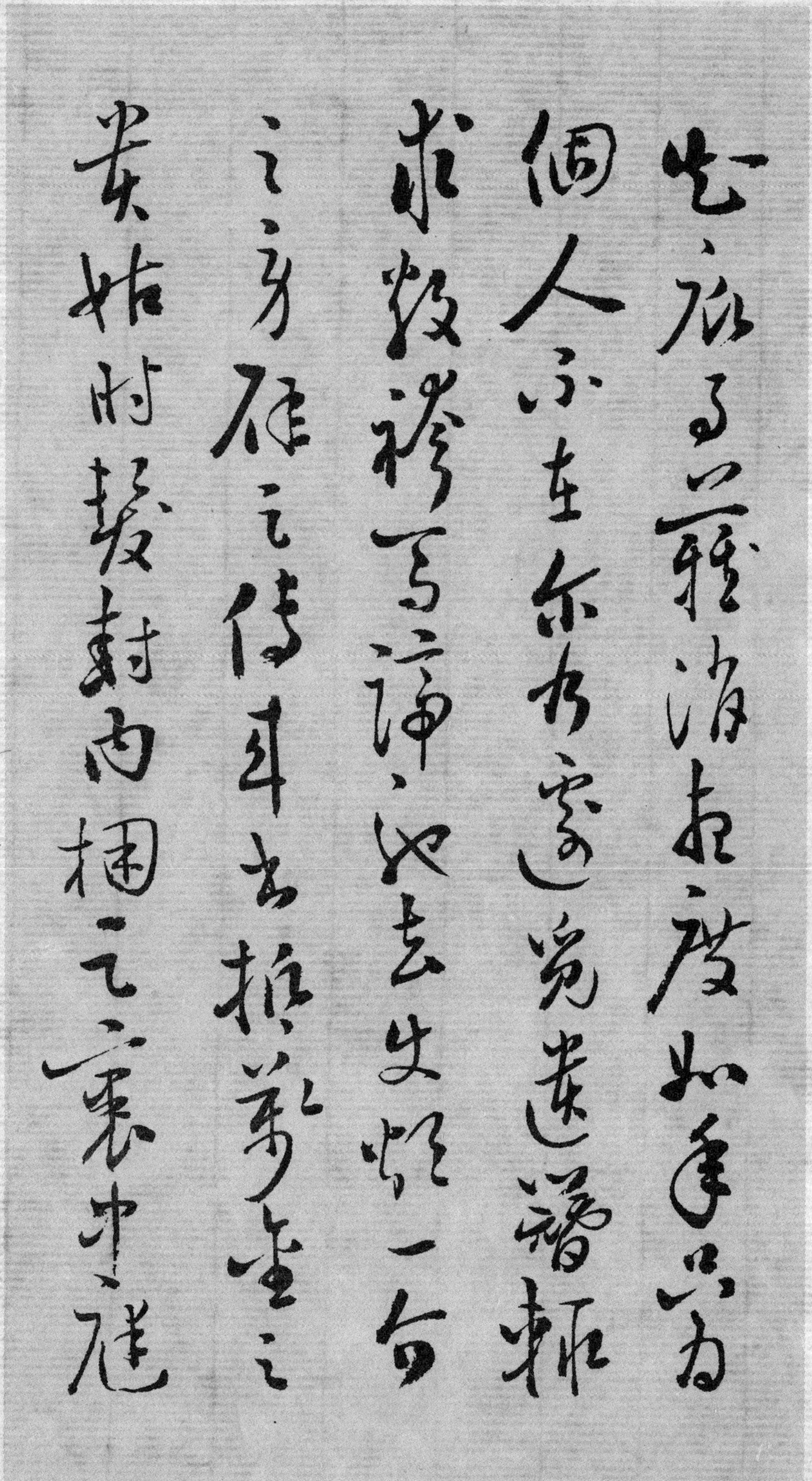

只虞陌上投金，桑筐早折；或欲盤中織錦，絲軸久空。幸當藜藿充時，聊支塵釜；要識綺羅香處，豈在蓬門。正是鵑啼暮樹，歷歷含悲；何期鵲

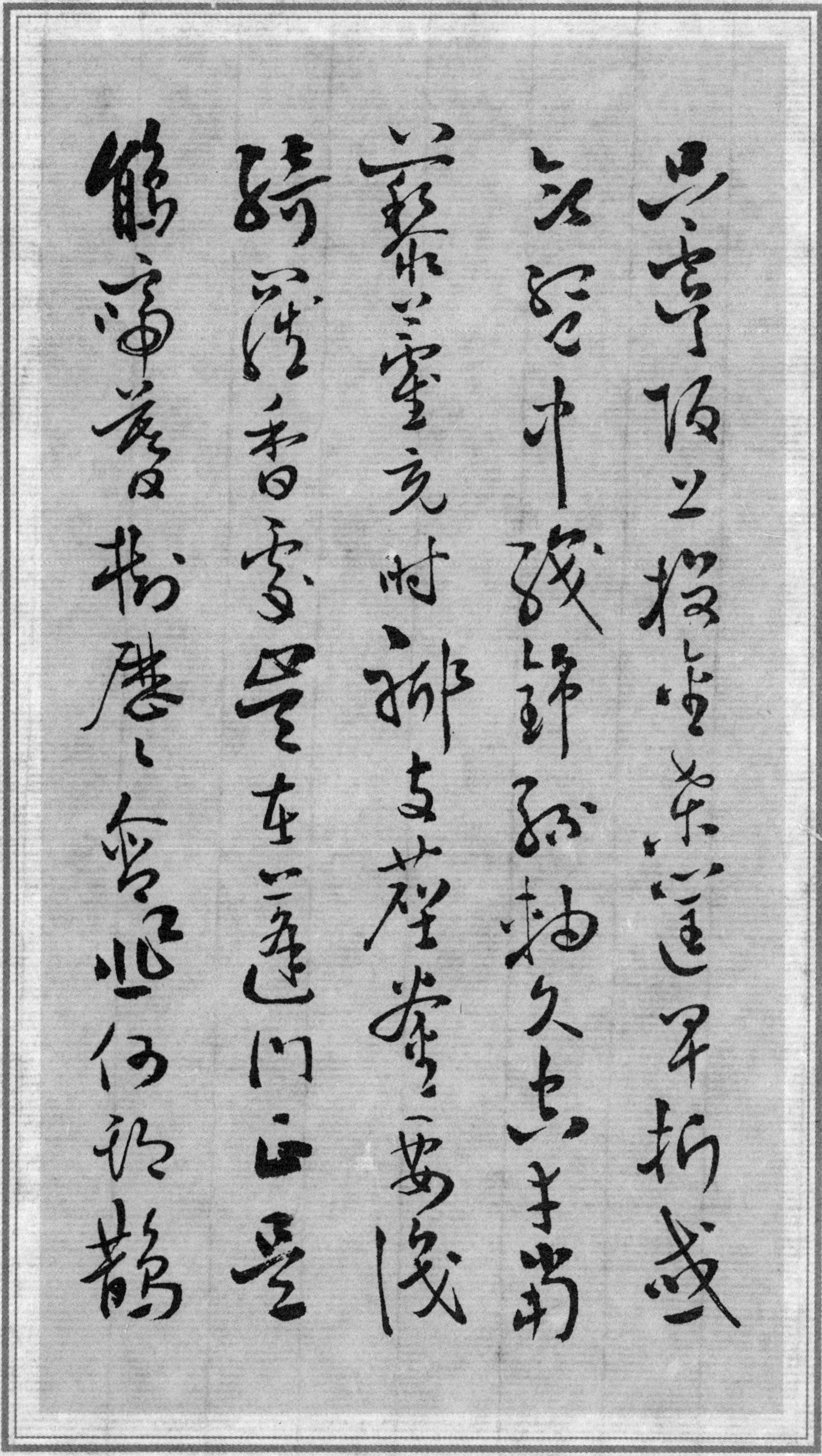

噪晨檐，聲聲送喜。一封雁帛，傳自天街；五色鸞箋，報來仙府。枝頭爛漫，倏開及第之花；砌畔青葱，悉茁合歡之草。時則喜集門闌，榮詩閭里。鞠衣

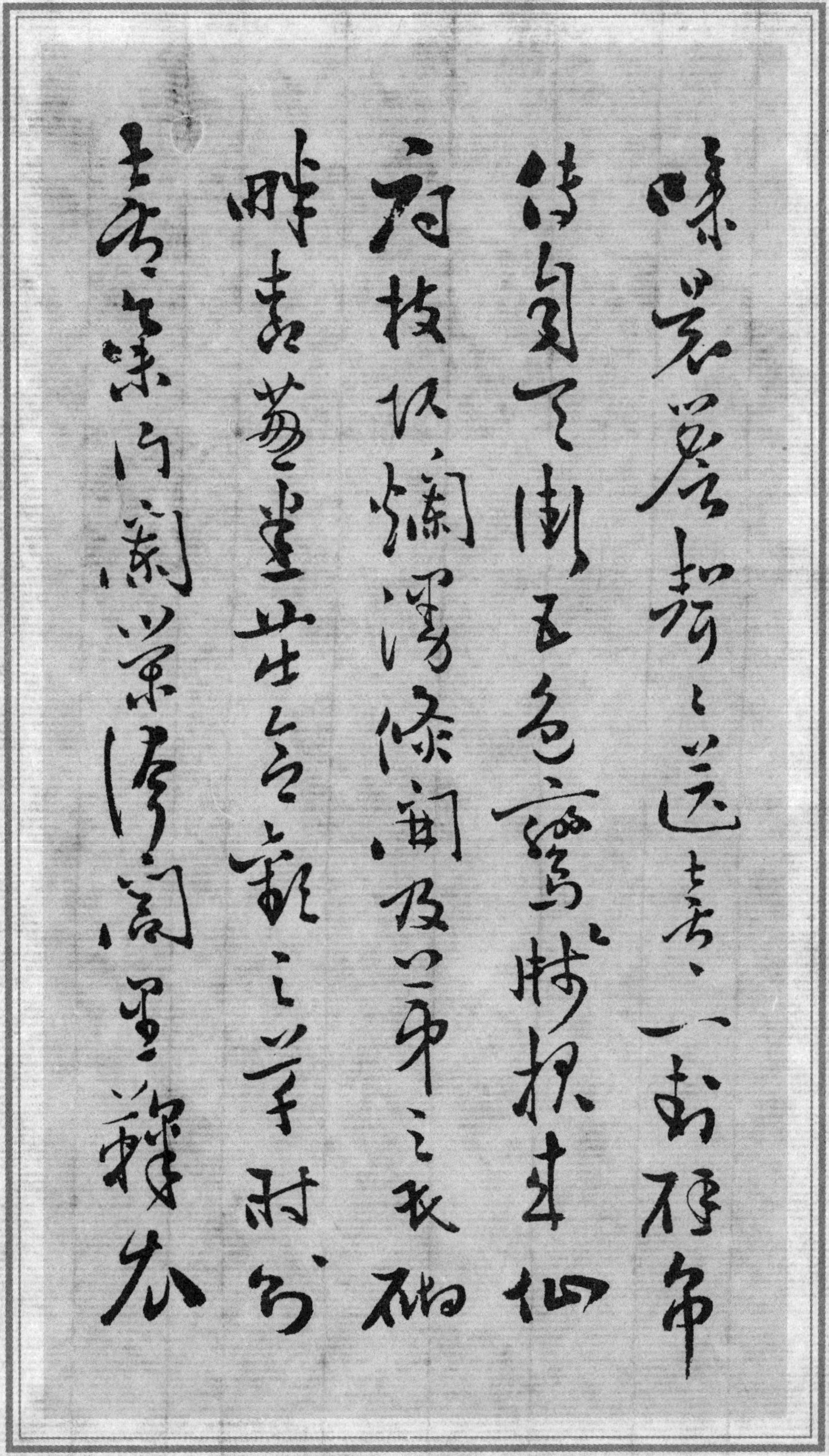

耀日，咸知王渾令妻；瓊佩鳴風，共識高柔愛婦。乃即南浮畫艦，北馭綵軒。旁觀尚屬情移，當局能無色喜乎。時賓生側身皇路，已列鵷班；翹首江

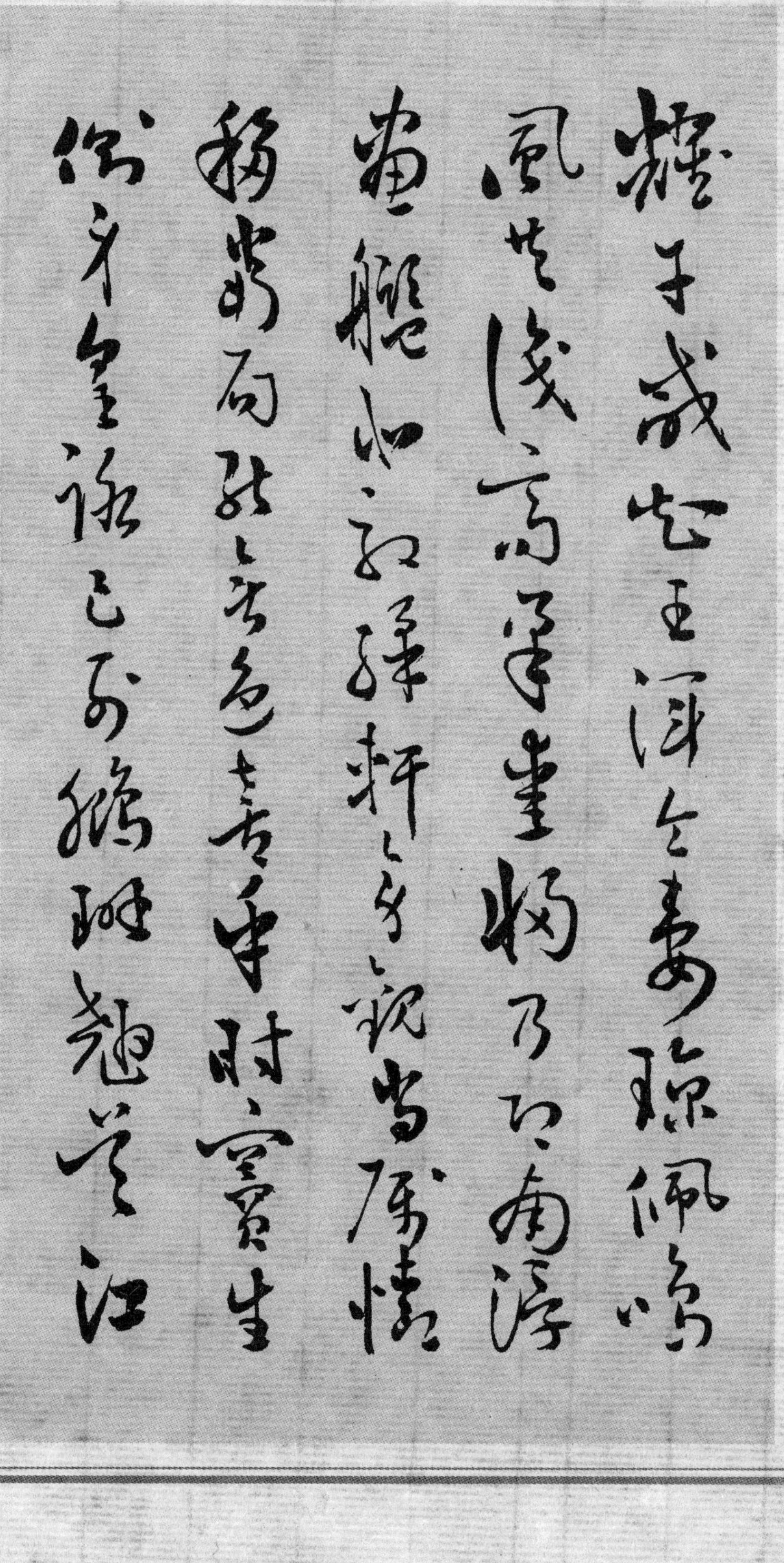

鄉，每縈鶴夢。世事未知何日了，家書難定幾時還。望眼巴巴，離腸戚戚。只望香車速至，稍慰私衷；豈知玉詔頻頻，難辭王事。恭承嚴旨，追勘程史

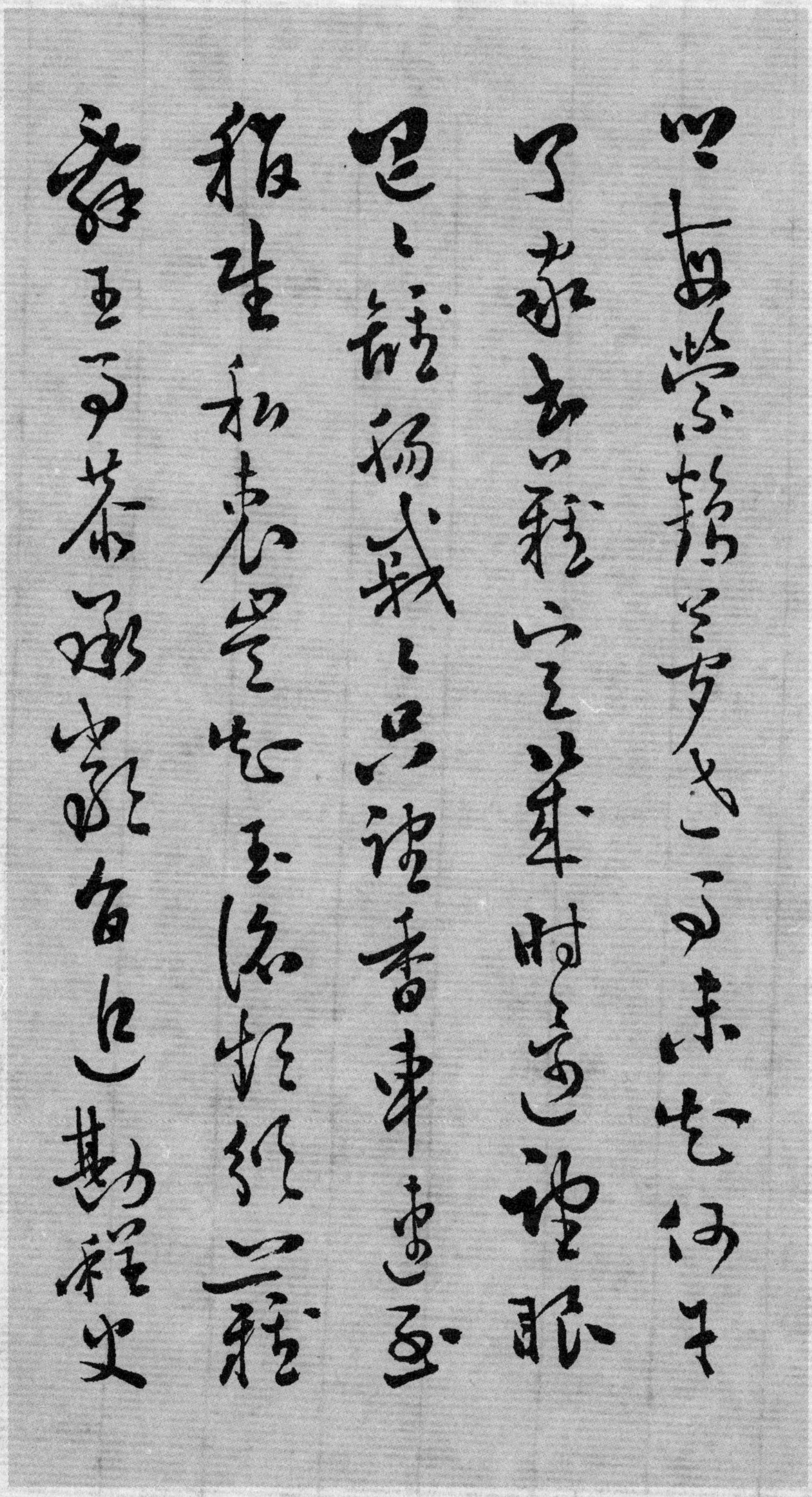

從亡；悋奉密綸，分鞠齊黄餘黨。在諸臣深文鈎隱，羅織殊多；在竇生委曲求全，平反不少。牘如山積，而决若水流；案比鐵成，而明同鏡徹。條陳信讞，

建白無私；蠹定爰書，貼黄不諱。嗟乎，明刑有典，豈肯殺人媚人；定判難移，追計知我罪我。却幸天顔有喜，頓改苛條；素知臣意無他，竟蒙温

旨。獄無冤抑，悉合前猷；官使量遷，再觀後效。尋移棘寺，法（洊）入柏臺。椒口方開，即思鋤秀；篁身纔挺，便欲彈蕉。遭群小居於內訌，降殊恩命其外補。身

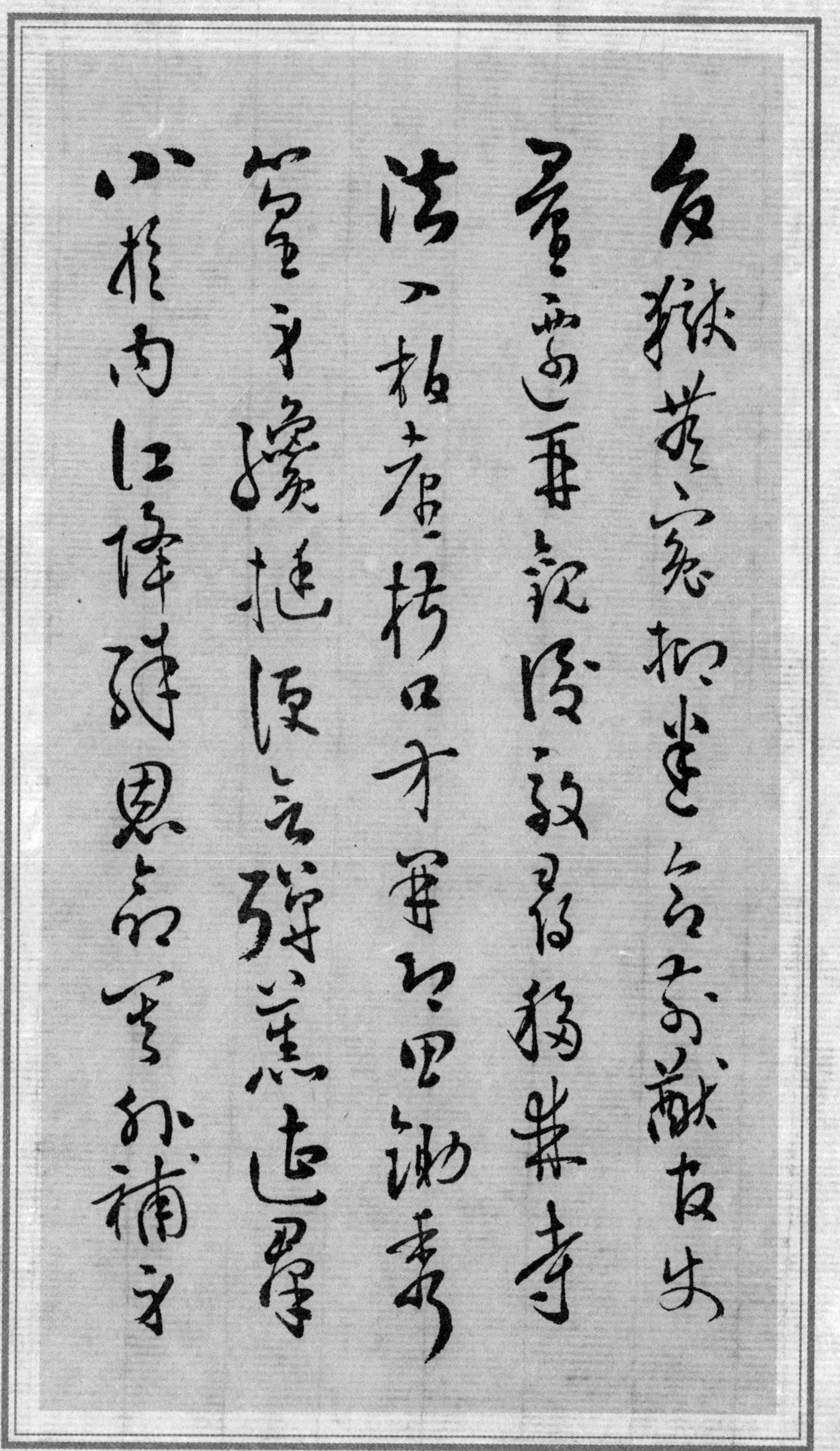

辭北闕，持綵節以游巡；職帶西臺，被繡衣而出按。烏來集暑，驄去埋輪。驪馬高車，津吏知爲題柱客；獬袍鶴蓋，關官識是棄繻生。及經駐節名區，却

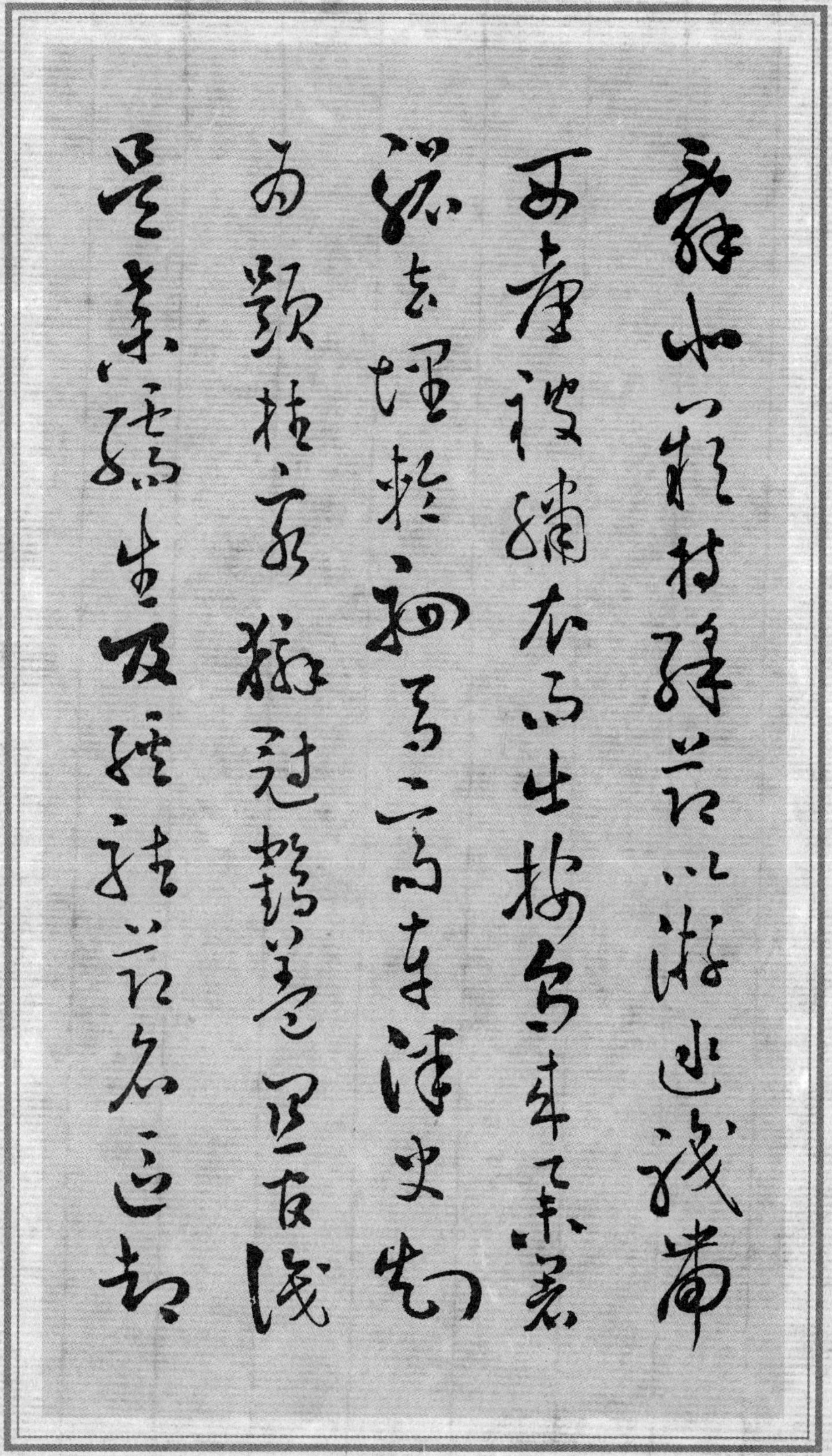

是稱戈舊地。傷哉關郊寥落，鷄犬無聲；城市蕭條，舟車絶迹。歲物無情人暗换，年華有待我重來。悲不勝悲，痛定思痛。回憶流亡之苦，凋敝何堪；自

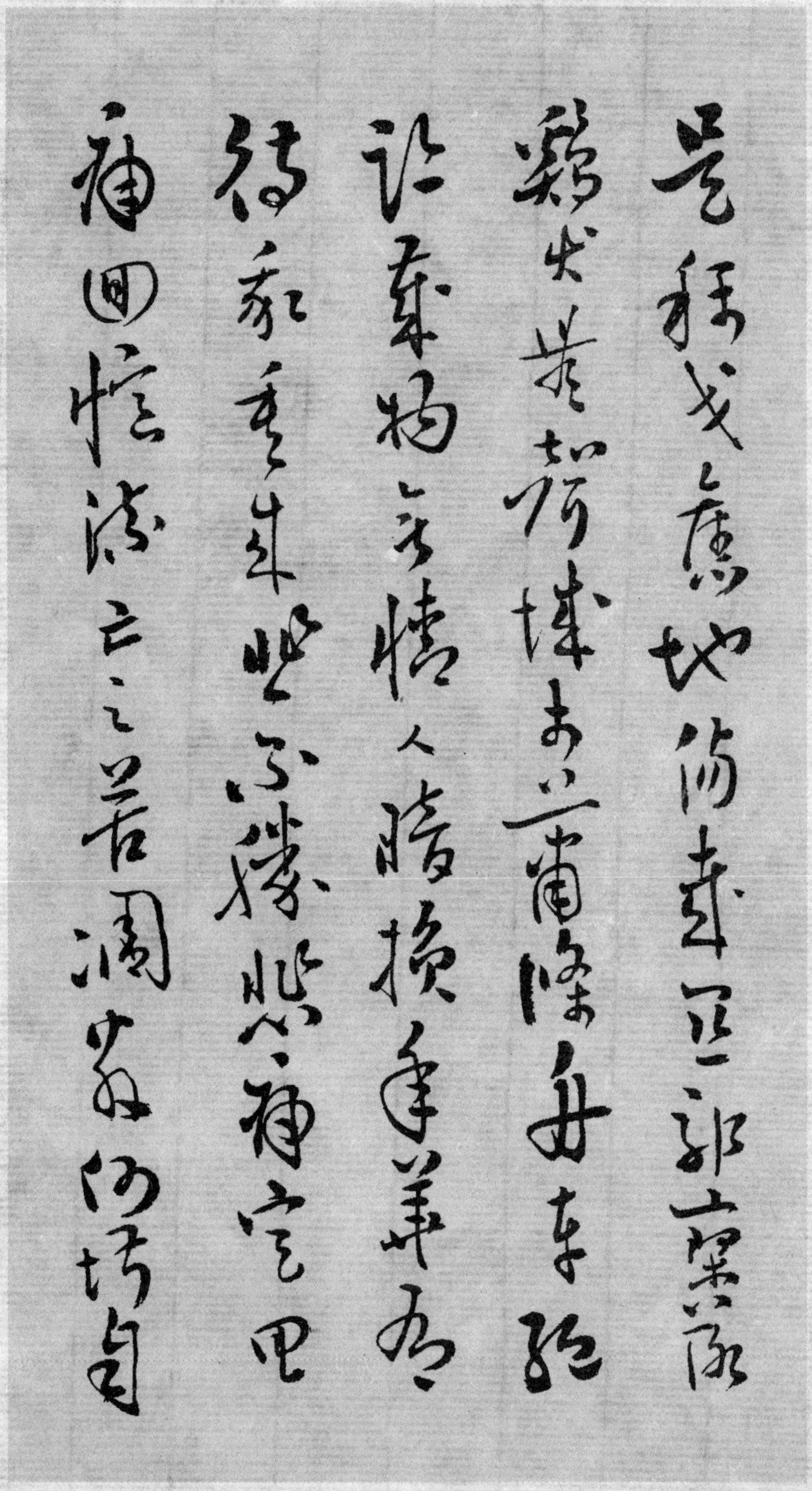

遭蹂躪之傷，瘡痍未復。第見沈戈尚紫，遺鏃猶紅。聽四野之悲風，人烟寂寂；對連旬之陰雨，鬼火熒熒。草盡云黄，地無不赤。林寒落照，鴉尋隴上莩骨；

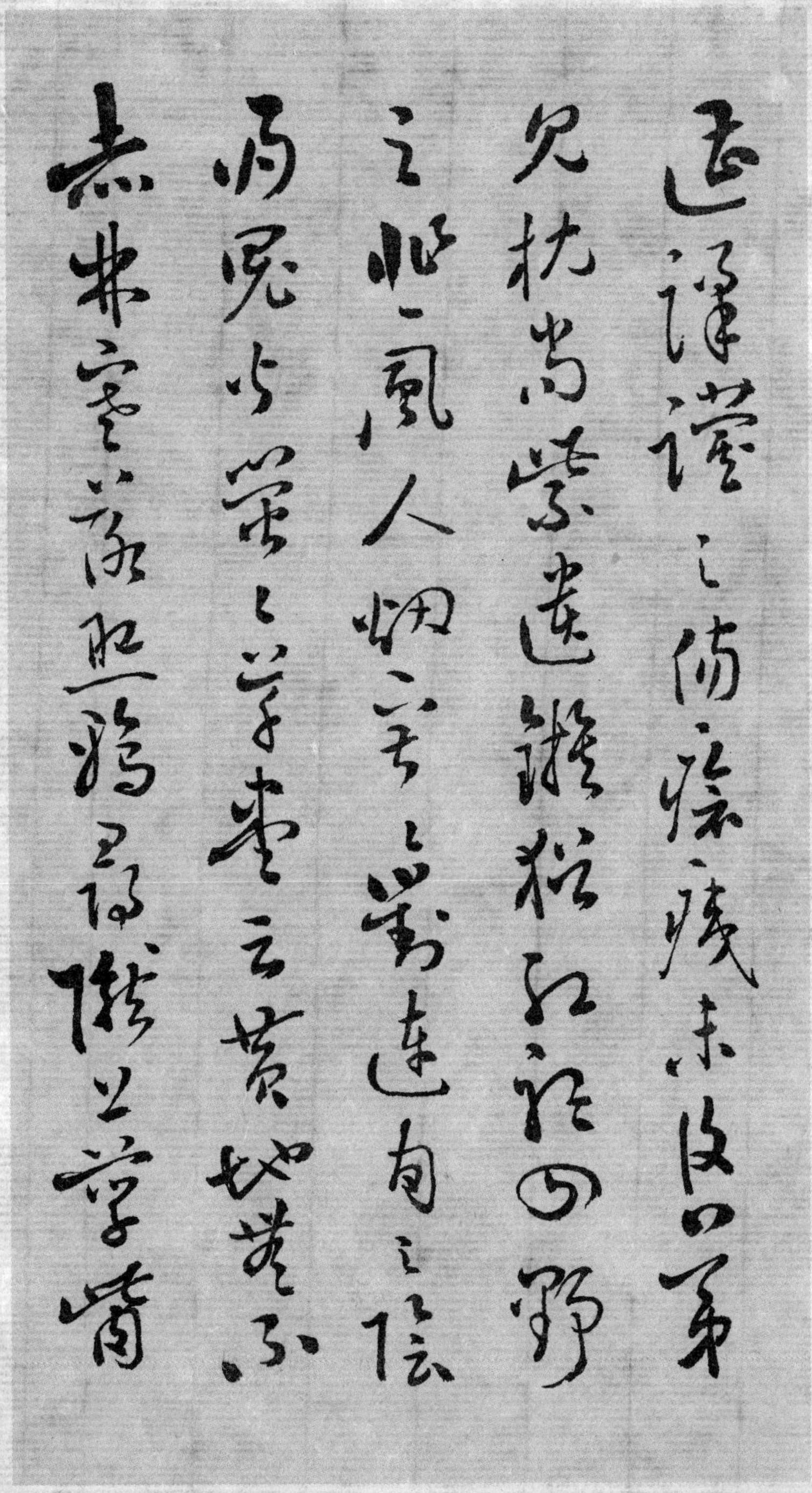

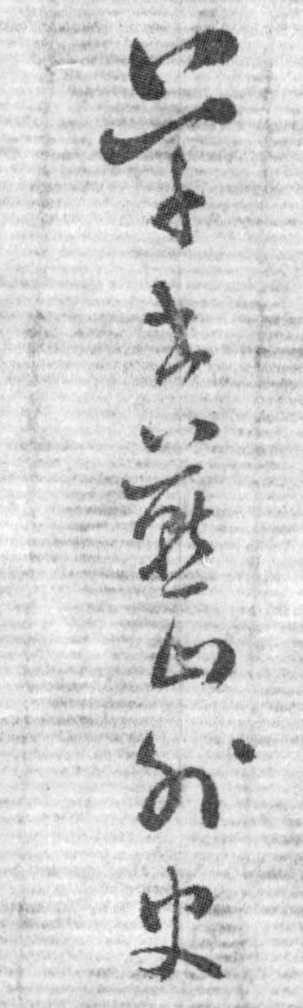

露冷荒原，蔓繞河邊戰骨。加以大軍之後，頻值凶年；極亂以來，盛流疫氣。餓向西山比比，吊從東郭紛紛。晝夜陰嗥，鬼猶求食；往來野哭，人各招魂。劇

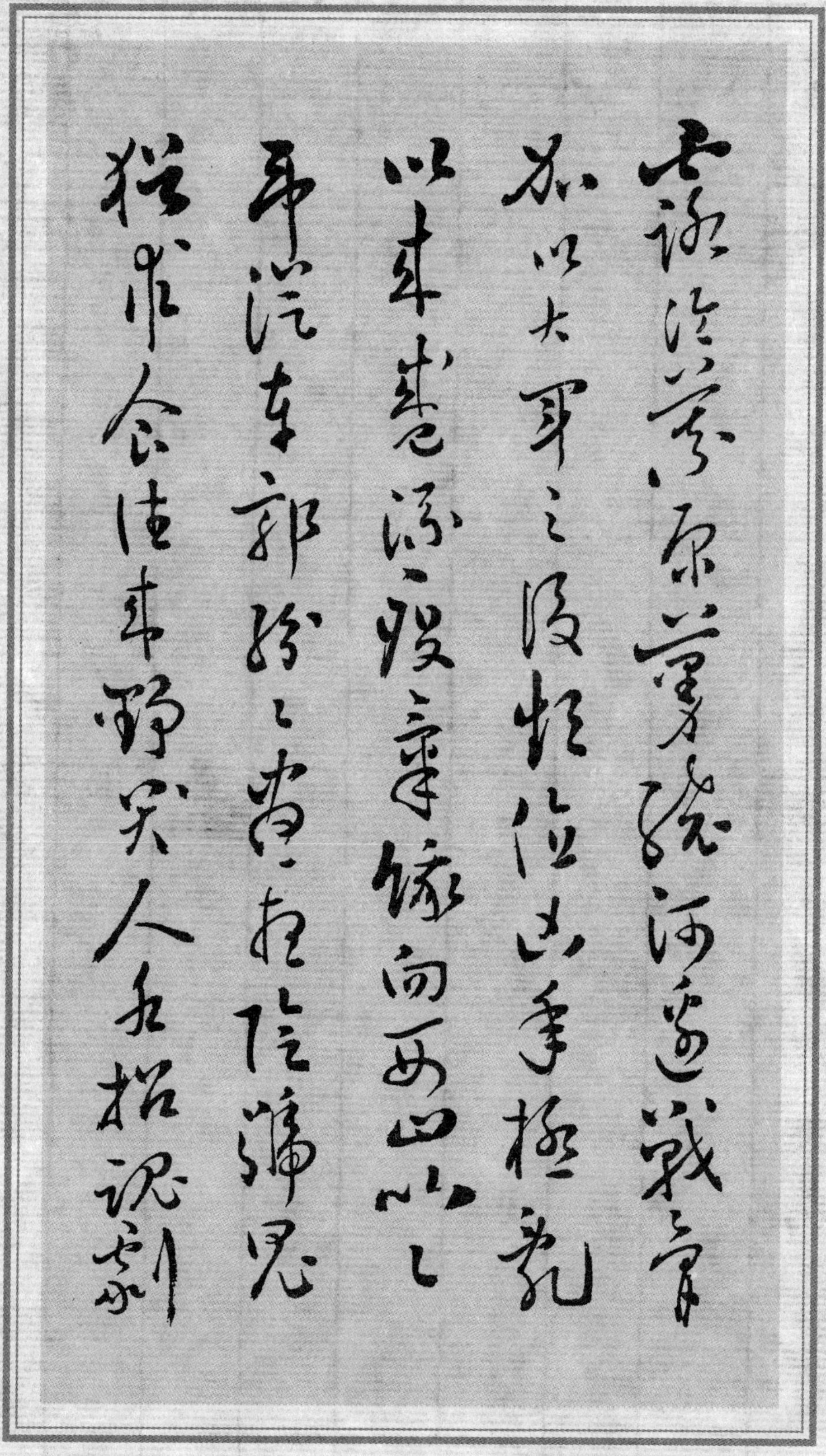

憐億萬生靈，沈於孽海；安得大千世界，渡以慈航。生乃率命屬僚，咸輪額俸，建盂蘭之冥會，超兵燹之幽魂。廣轉法輪。普施斛食。萬花飛舞，誦來梵

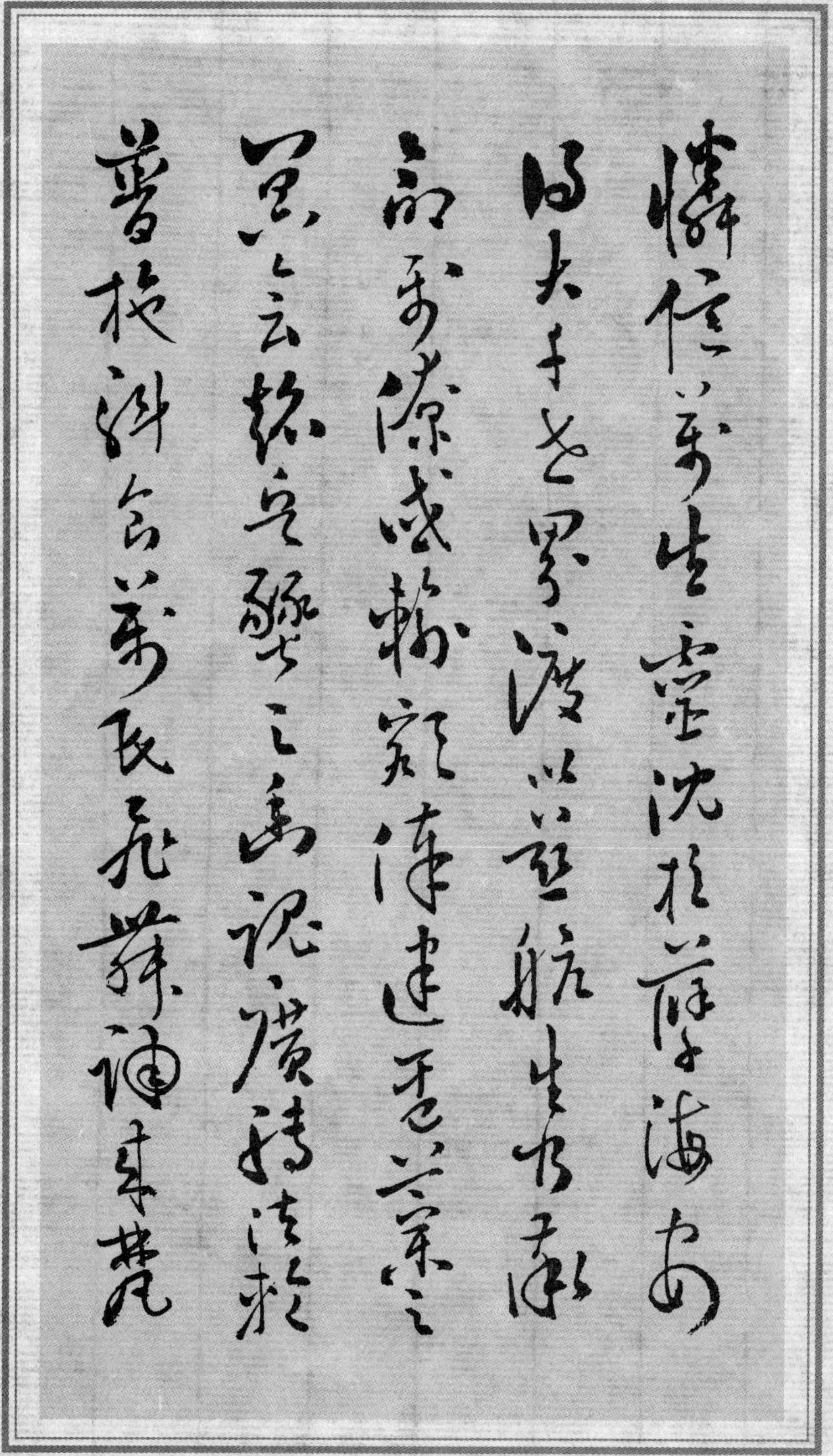

唄之書；七寶裝嚴，現出瑜珈之座。所祈水澄湯鑊，火滅刀岡。入森羅盡睹慈顏，寬冥獄莫教變相。凶終夭折，浩劫皆超；宿孽前冤，沈魂畢渡。特是諸因果

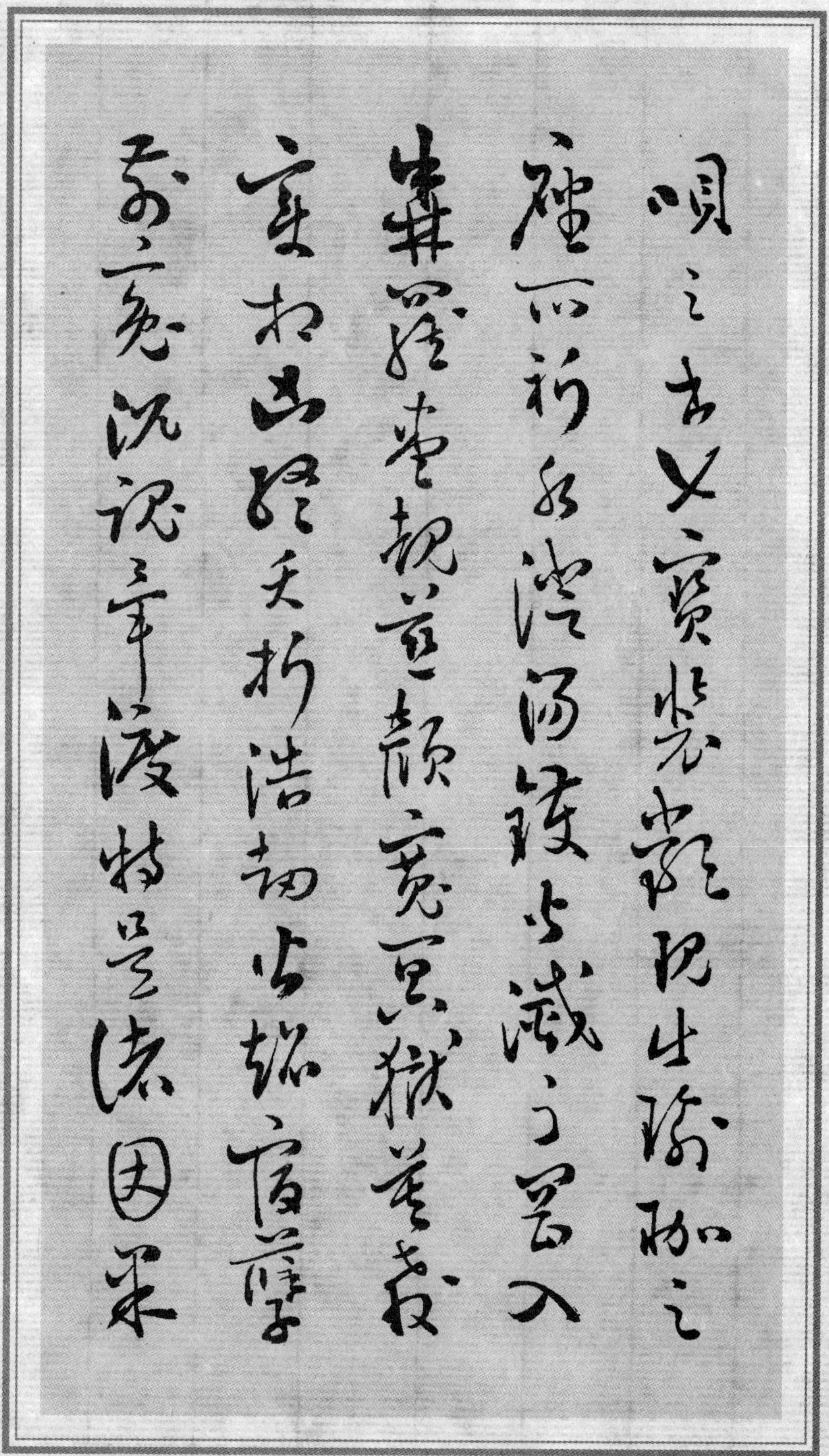

事，不到拈花會上，邈矣無憑；豈知大歡喜人，偏從選佛場中，猝然相遇。此中有偉人焉，龍藏魚穴，頭角非常；鶴立鷄群，羽毛自異。乍聞聲咳，何來白馬

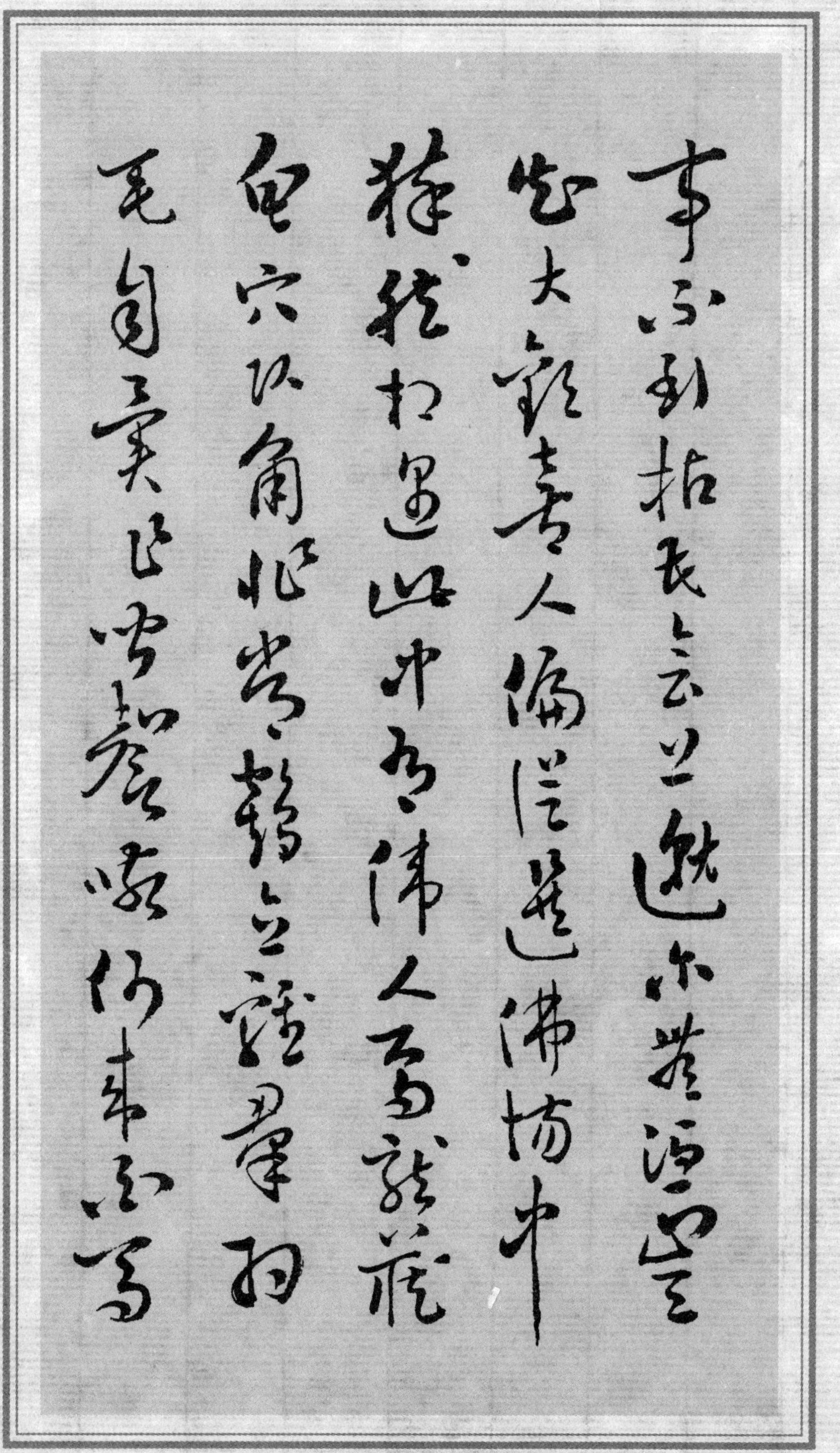

高僧；及審音容，即是黃衫俠客。吁，自慚瑞鵲，未從楊館投環；孰料神龍，先向延津化劍。十年作合，曾同術以同方；一旦相逢，忽異言而異服。敢問素心之女(侶)，請

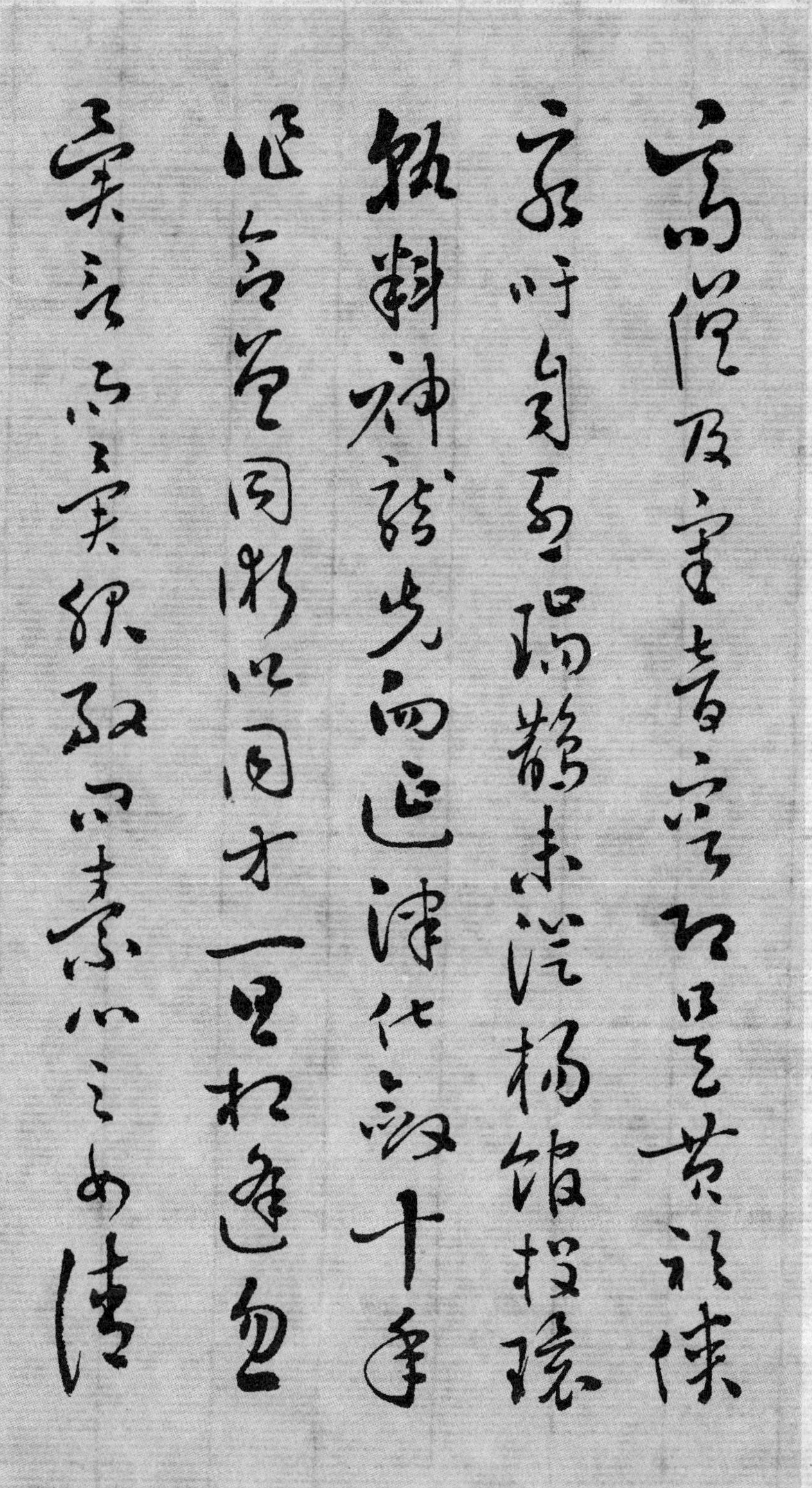

詳祝髮之由。馬子以爲，不言則已，言恐驚人；見事即爲，事非切己。忝有葭莩之戚，網(妄)罹桎梏之灾。釁起蛇杯，纔興市虎。納瓜田之履，即涉嫌疑；拾飯釜之

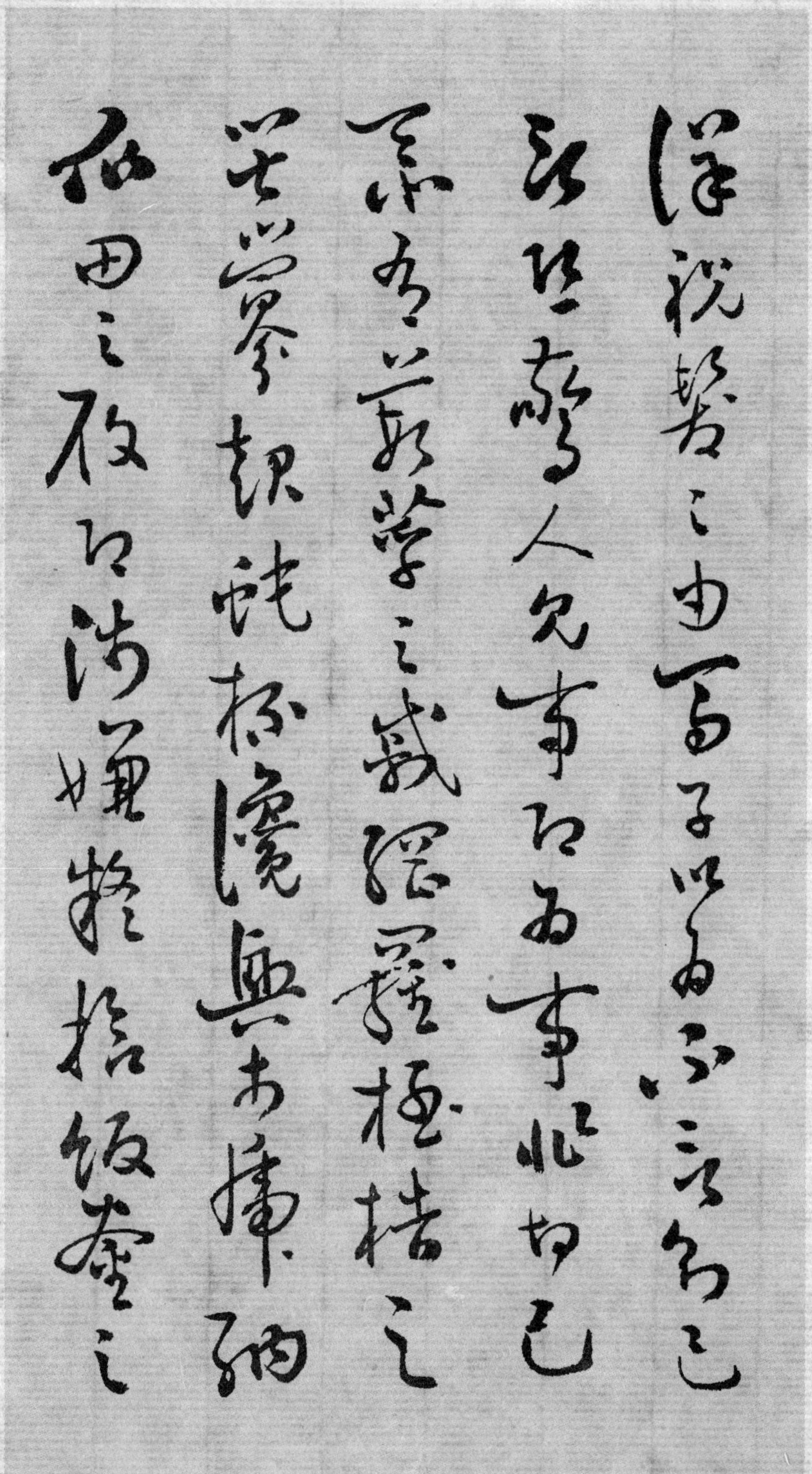

塵，輒遭眾毀。陳平盜嫂，浪得此名；曾子殺人，實無是事。不過鷄鶩争食，偶屬雀穿；詎知鷸蚌持强，竟遭鴟嚇。酷吏聞其豪富，加鍛煉而誣服良多；

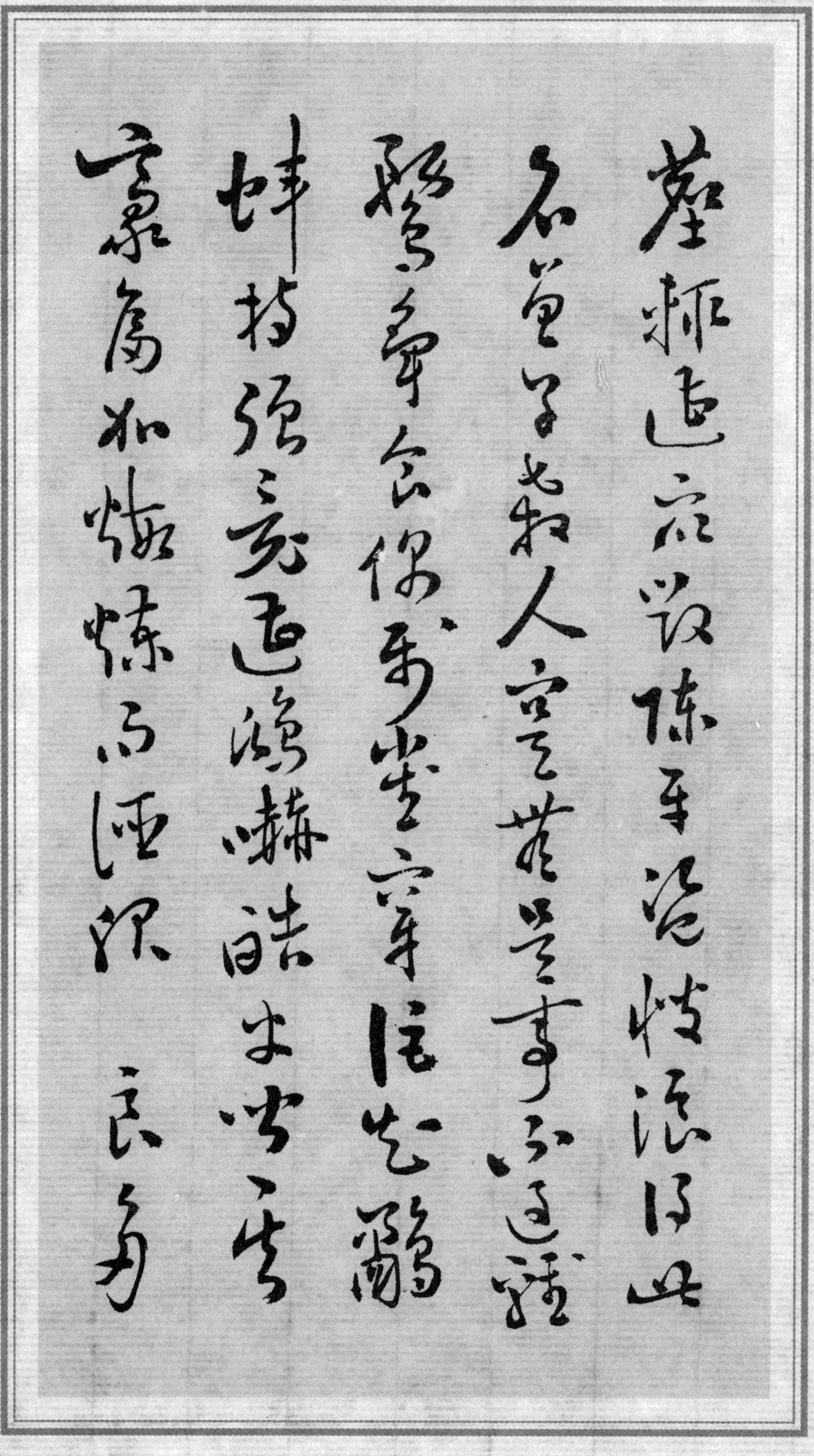

罪人畏此淫刑，進苞苴而誅求無厭。慘加三木，横索千金。未滿貪心，不使脱生於鴻網；何由滅口，反令瘐死於狴牢。當此凶鋒莫遏，暴焰難消。六月飛霜，孰訟賤

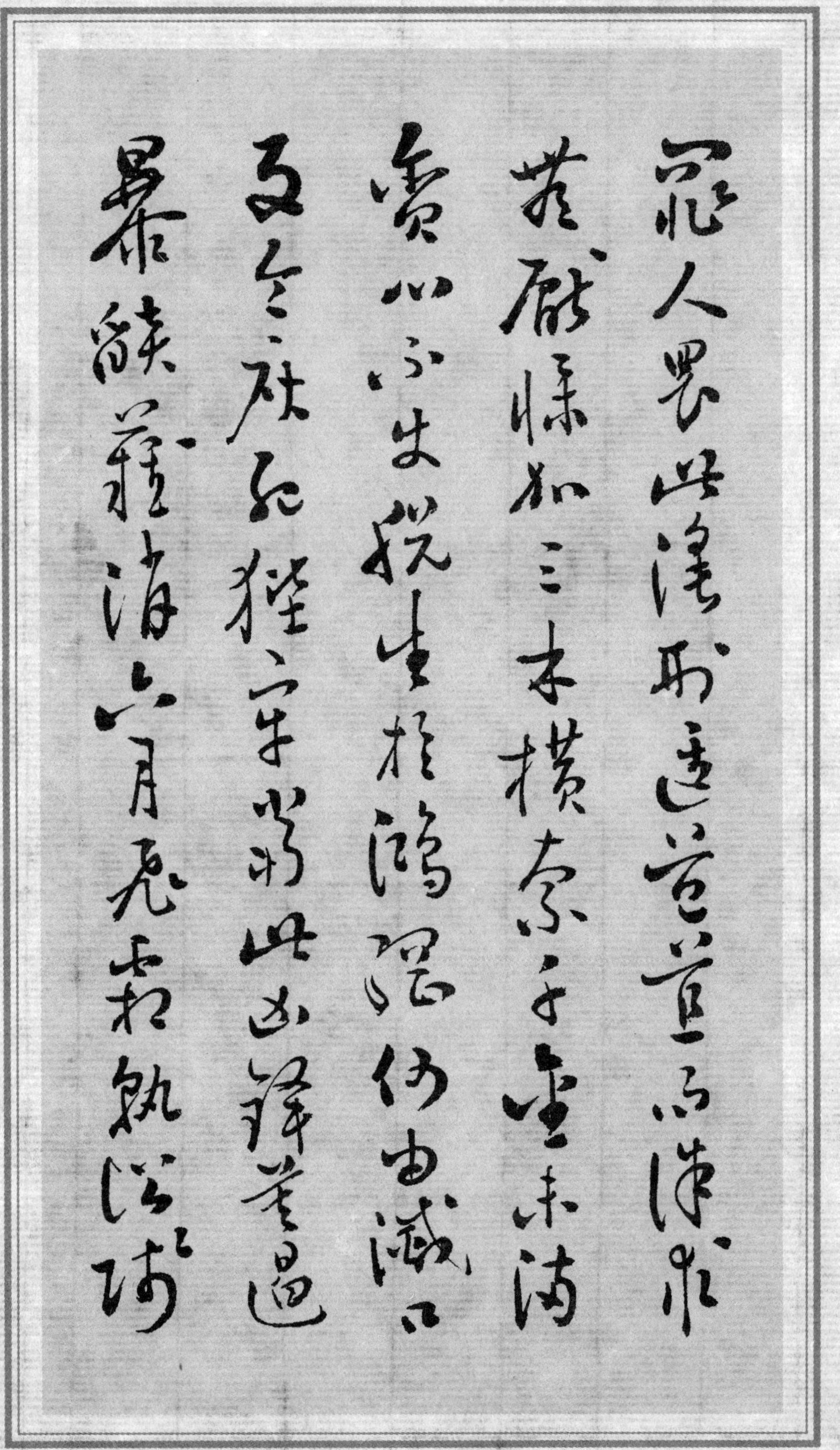

臣之枉；三年絶雨，疇鳴孝婦之冤。僕也，耳畔生風，鼻端出火。恨生飄瓦，怒起虚舟。登百雉之城，飛行而逝；試十年之劍，磨礪以須。影閃白虹，魂迷翠帳；光流赤

電，血濺鴛樓。未幾，三星（司）飛星火之章，九閽下雷霆之詔。關津移檄，大索奸人；都市懸金，嚴搜刺客。此時，邏兵叠起，追騎分馳。函谷鷄鳴，孰曉田文

早出；河橋馬渡，誰知宋典微行。僕時亡（命）黔中，避仇稷下。入天（與）屠沽雜處，出隨傭販同行。所虞橋畔友人，猶知豫讓；還恐市中女子，仍識韓康。因而，立散

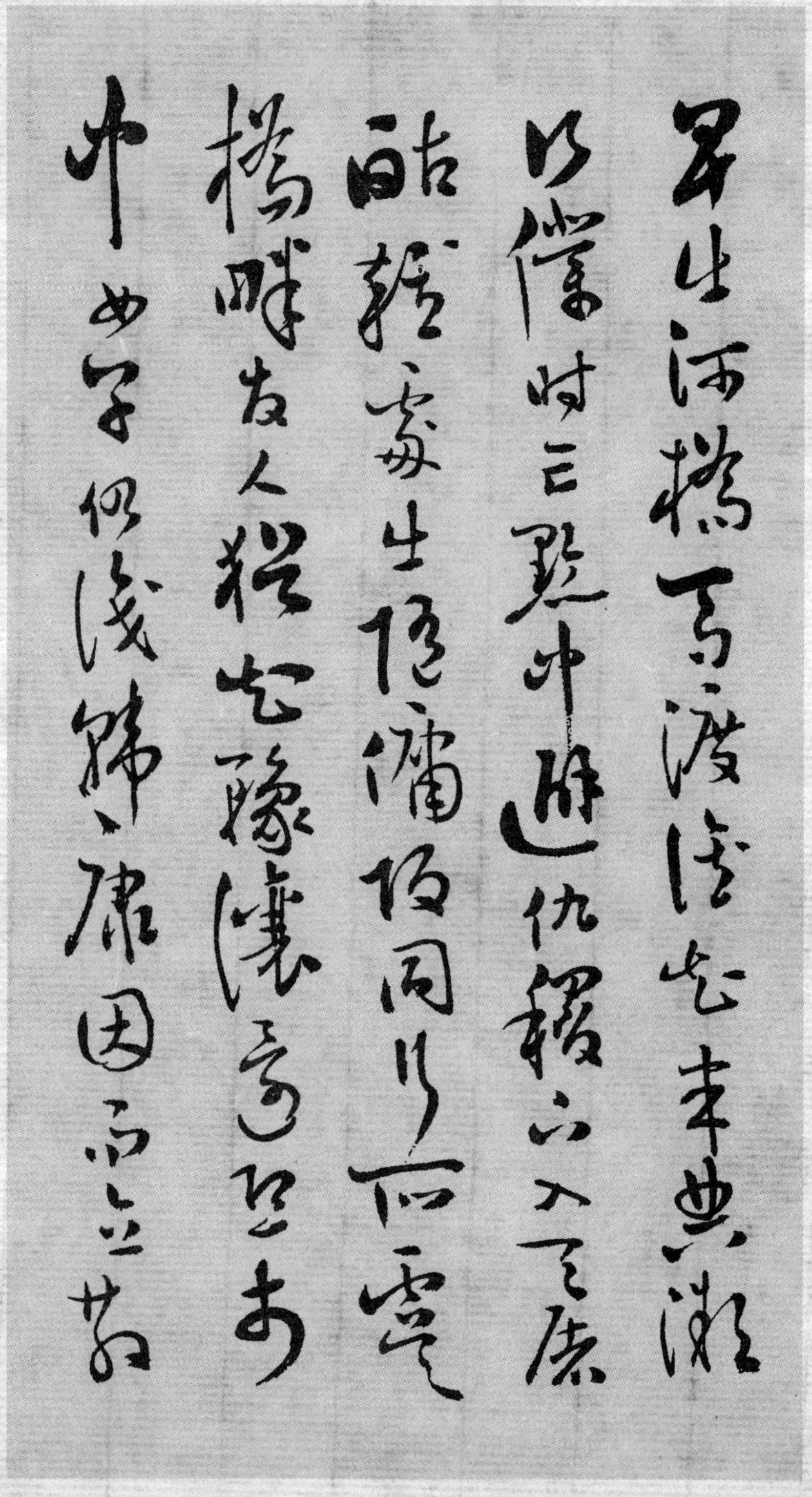

家資，棄同敝屣；盡遺世事，隱作浮屠。未盡殺機，焉知戒律。匕首之光冷洌，猶藏經篋之中；髑髏之客模糊，尚擲禪床之上。斯時，言者快心，聞之咋舌。始

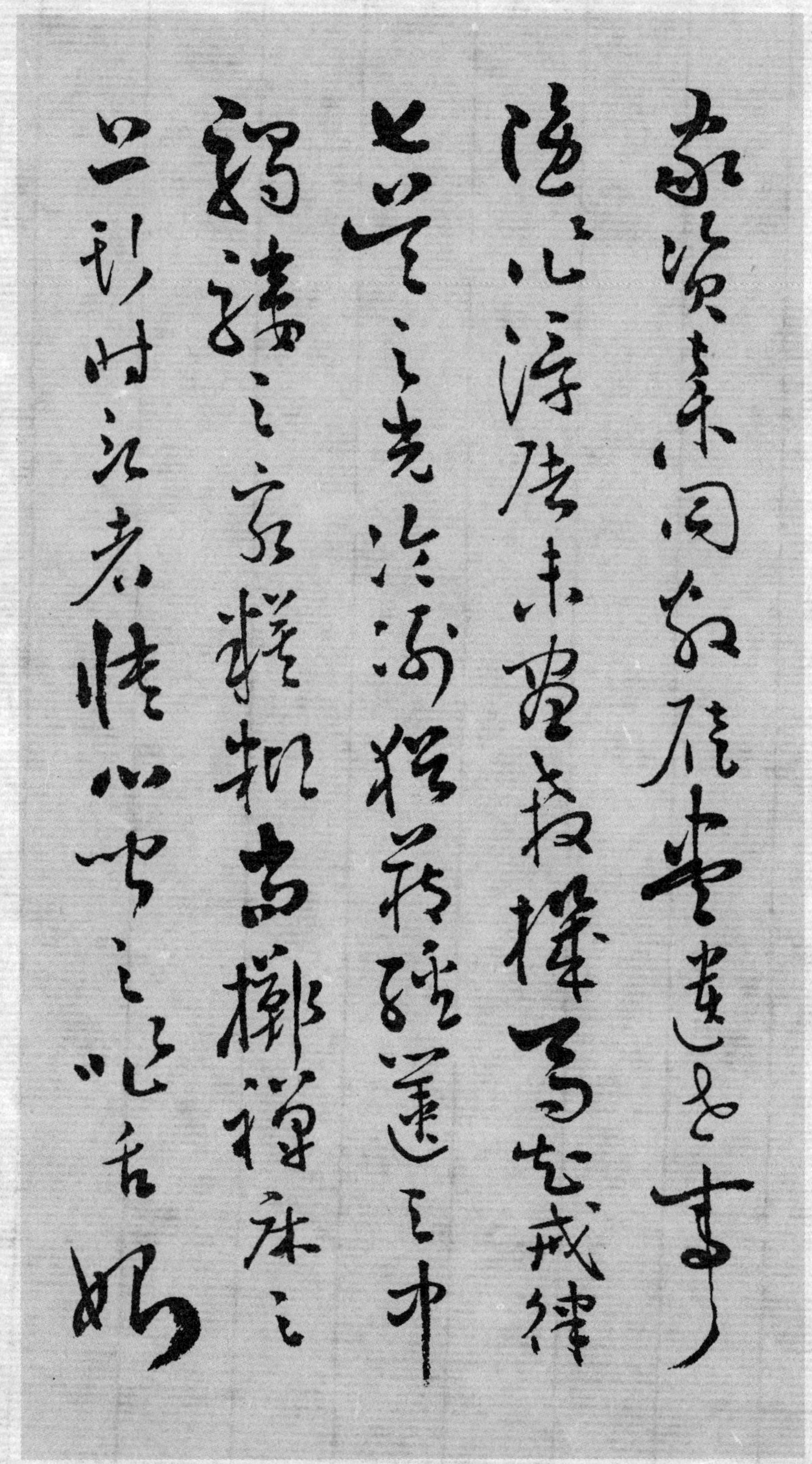

知奇男子忠肝義膽，非關好事之心；纔曉大丈夫冷面熱腸，不作欺人之語。洎乎事竣香壇，人歸梵宇。龍宮斂采，只剩智珠；獅座韜輝，惟留慧劍。入蓮花之

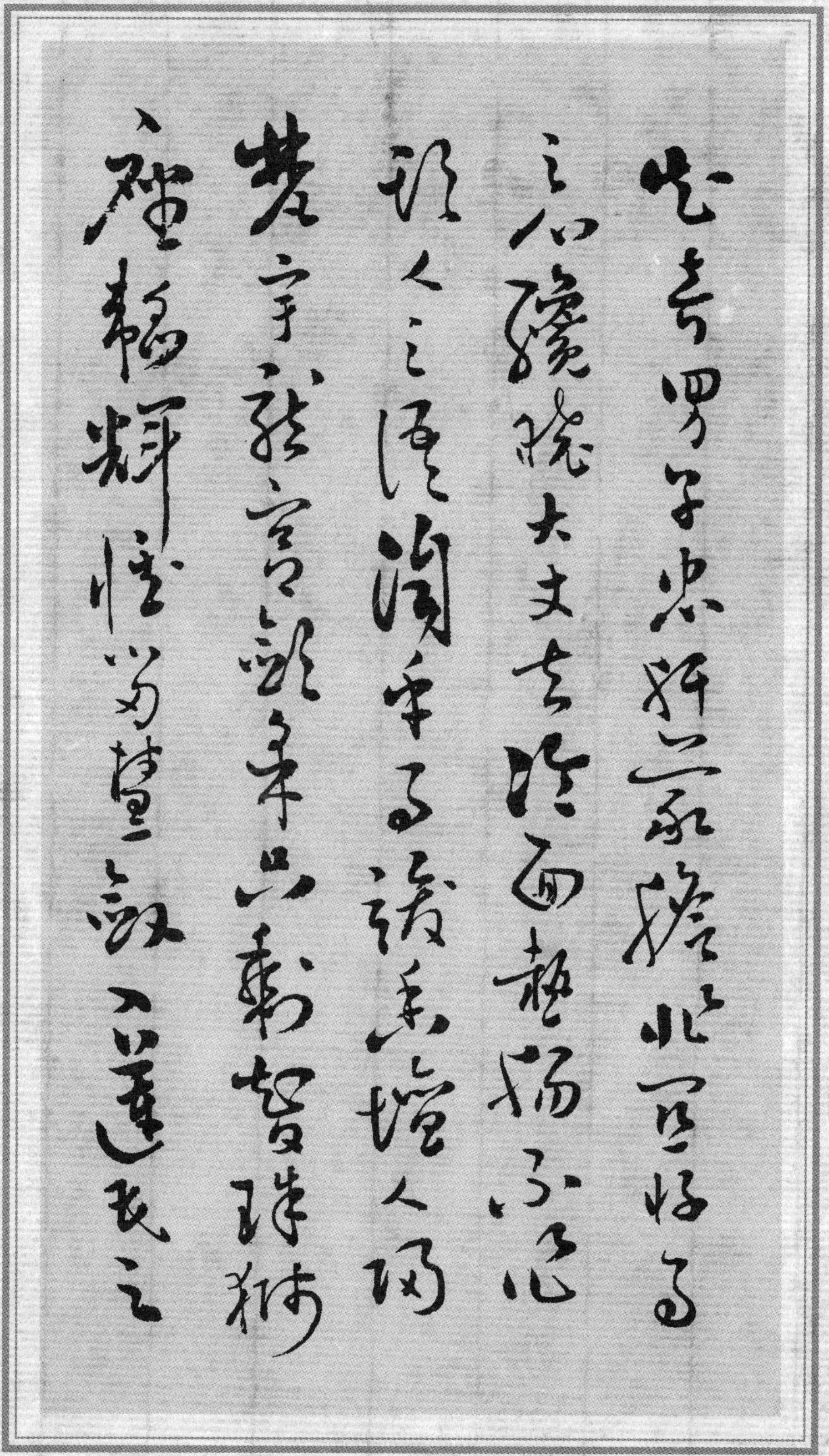

幕，喜遇伯桃；傾桑落之樽，欣逢公謹。謝世間事，無煩彈貢禹之冠；成方外交，仍得結王生之襪。半僧半俗，莫著形骸；何主何賓，渾忘爾汝。蓋至是

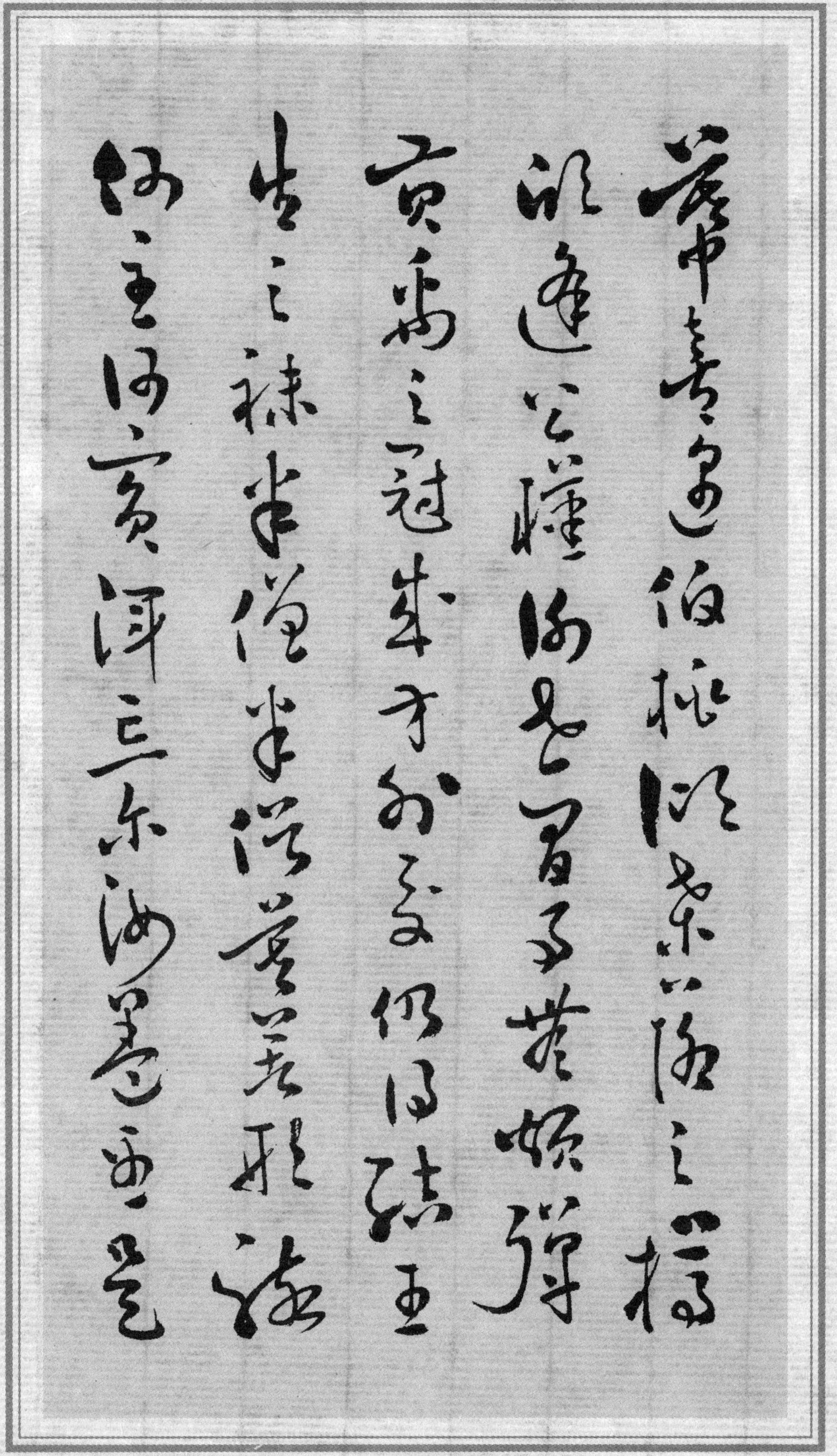

而驚座之人始遇，樂已無窮；居無何而專房之寵復來，喜尤莫罄。前者，致書遥遞，遣使專迎。玉宇光寒，曾向霓裳邀月姊；銀河影淺，從教羅襪度星妃。

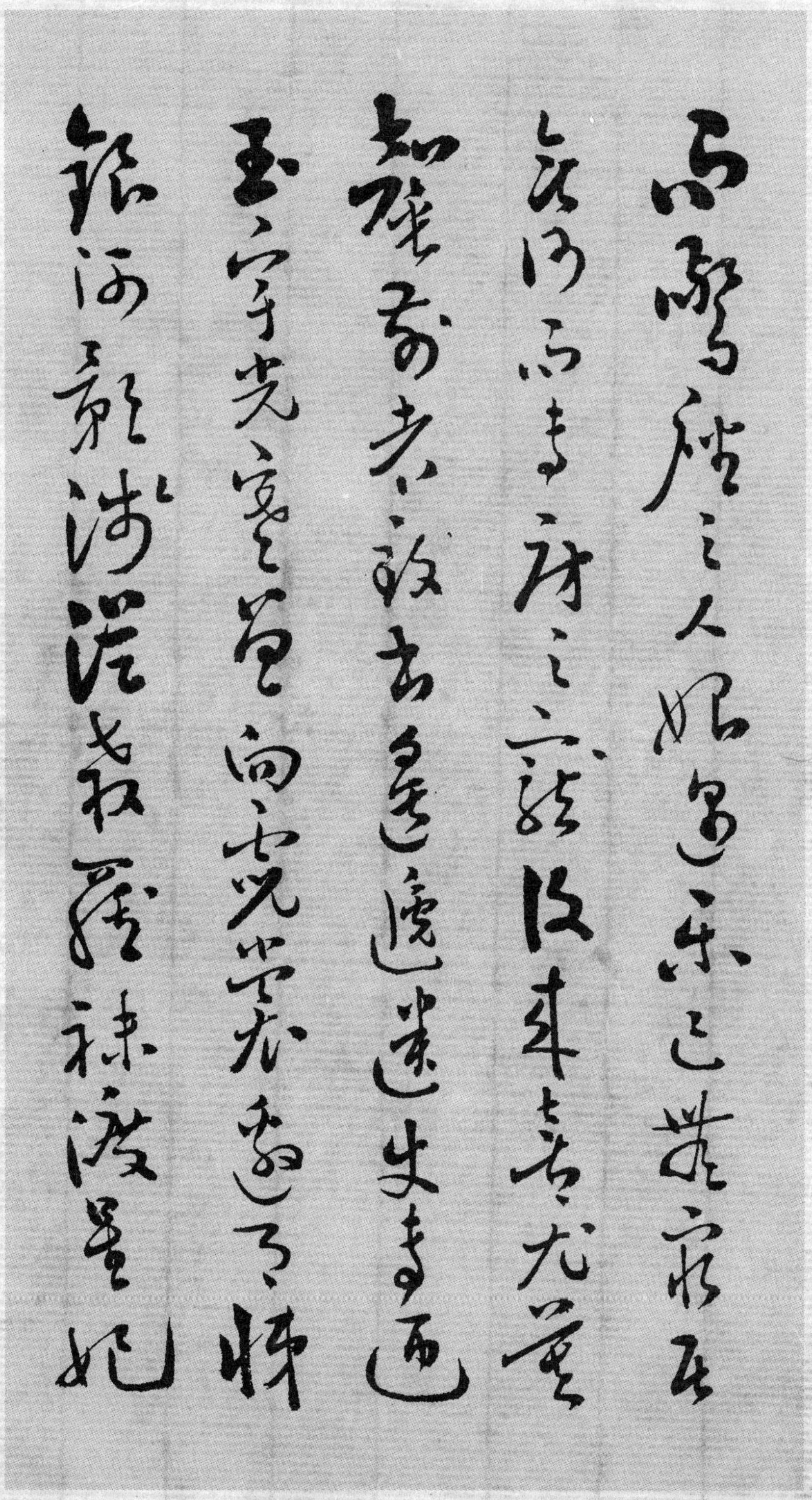

乍經驛吏申聞，齊排綵仗；旋見閽人入報，早降華輿。嗟乎，俠骨嬌顏，恍獲蔡侯兩佩；高朋淑女，宛逢韓起雙環。爾乃紵投同志，裳整合歡。岸柳初

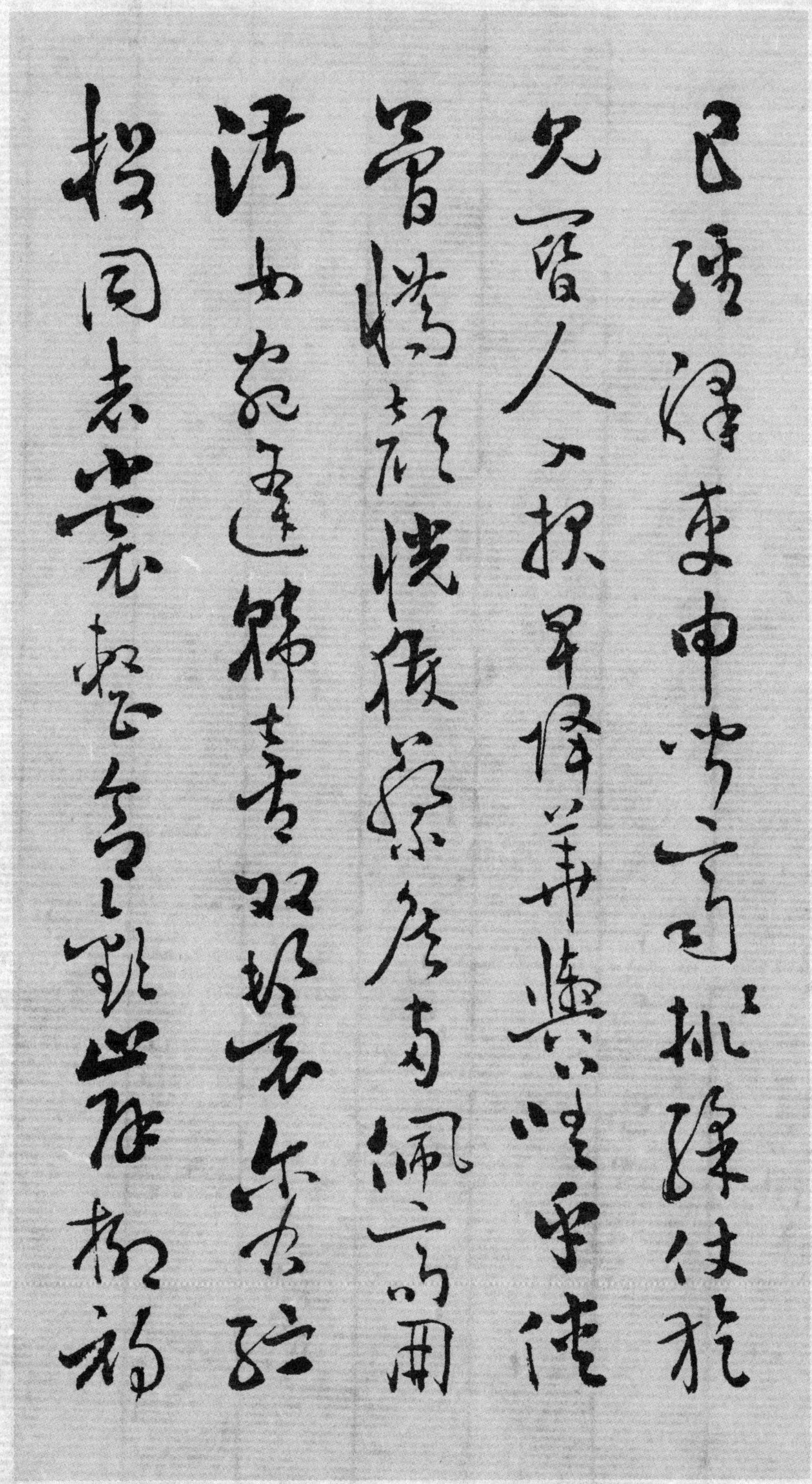

舒，即向旗亭賭曲；嶺梅乍放，還從官閣裁詩。披謝墅之春風，追陪弦管；賞庾樓之秋月，嘯傲江山。爰知名宦風流，本是清閑拔俗；況得高人星聚，尤爲瀟

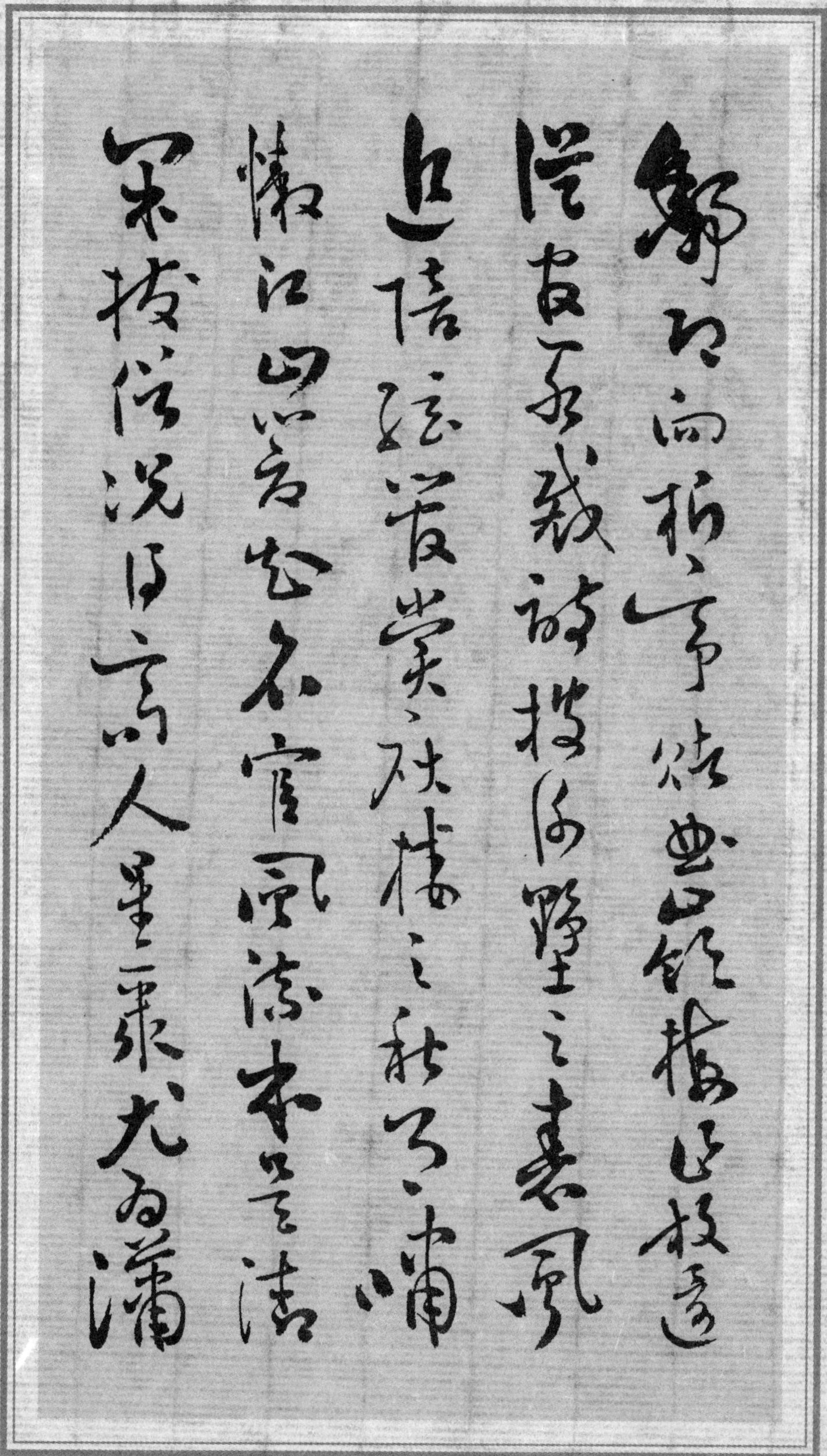

灑出塵者矣。唯是生與姑也，雖是天緣，終嫌野合。馬子乃謂，論交有道，孟曰取友必端；娶妻如何，詩云匪媒不得。蒙君不棄，乞協帝乙之占；愧我無能，願效蹇

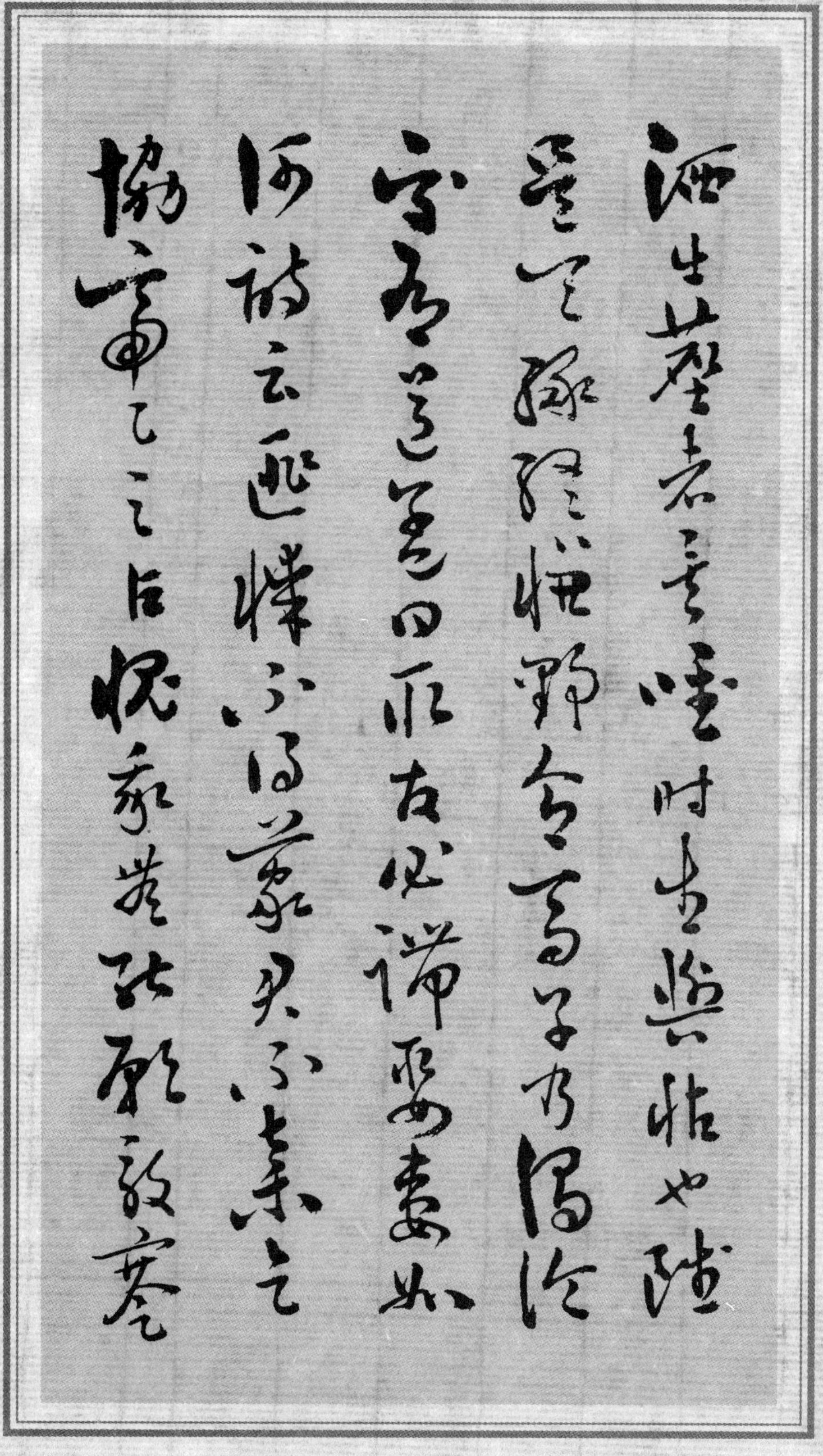

修之力。於是，卜云其吉，文定厥祥。婚乃從新，人惟求舊。事悉咄嗟可辦，功皆旦夕能成。頃見愚叟移山，秦皇鞭石。茁壺中之草木，瞬息回春；環海上之

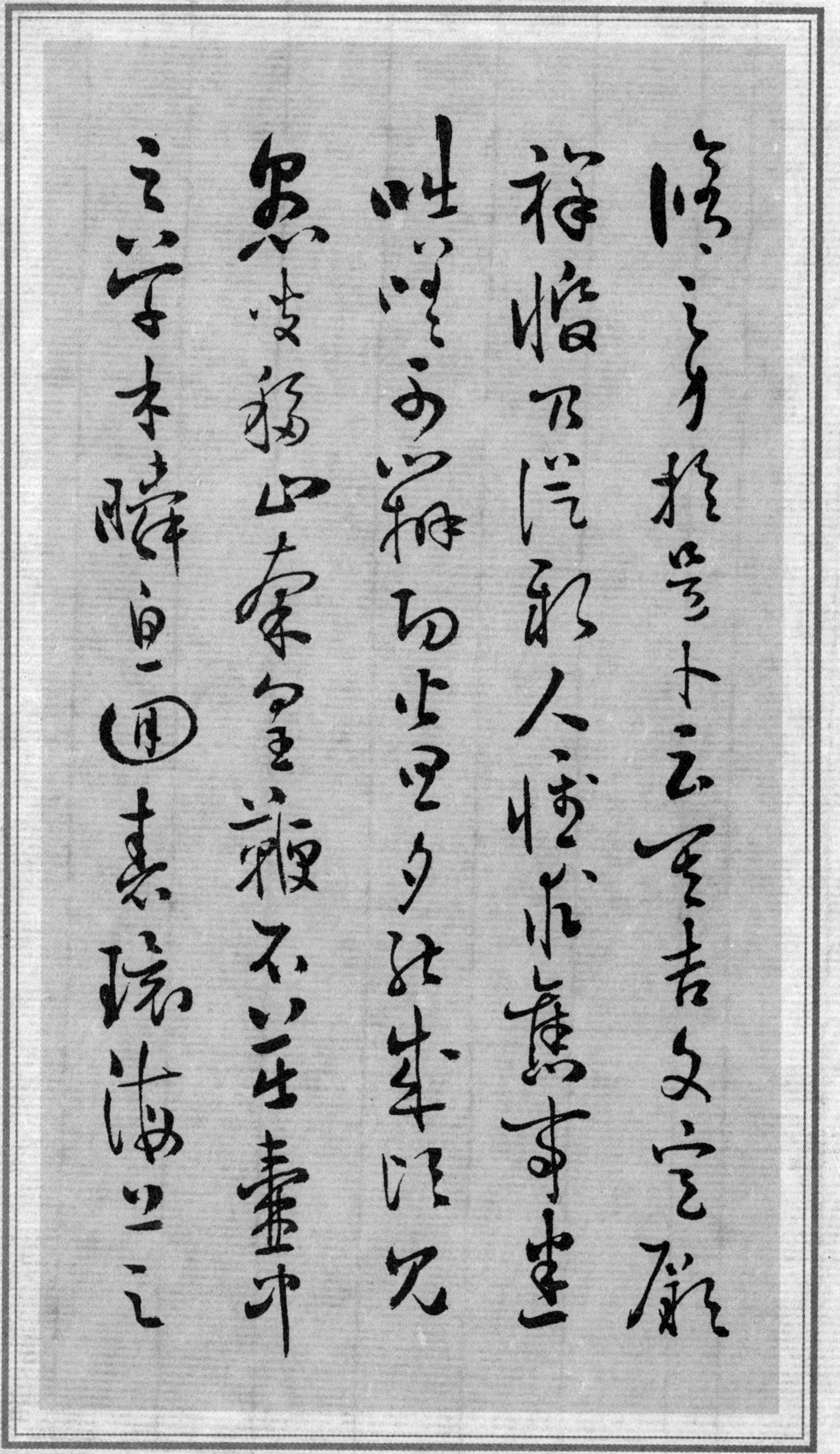

之樓臺，須臾成市。無何，諦觳盈(門)，貂蟬滿座。屏開孔雀，幛設金鷄。篆香裊就祥烟，樺燼團成瑞靄。俟鯖荀膾，開吉地之華筵；龍笛鸞笙，奏鈞天之雅

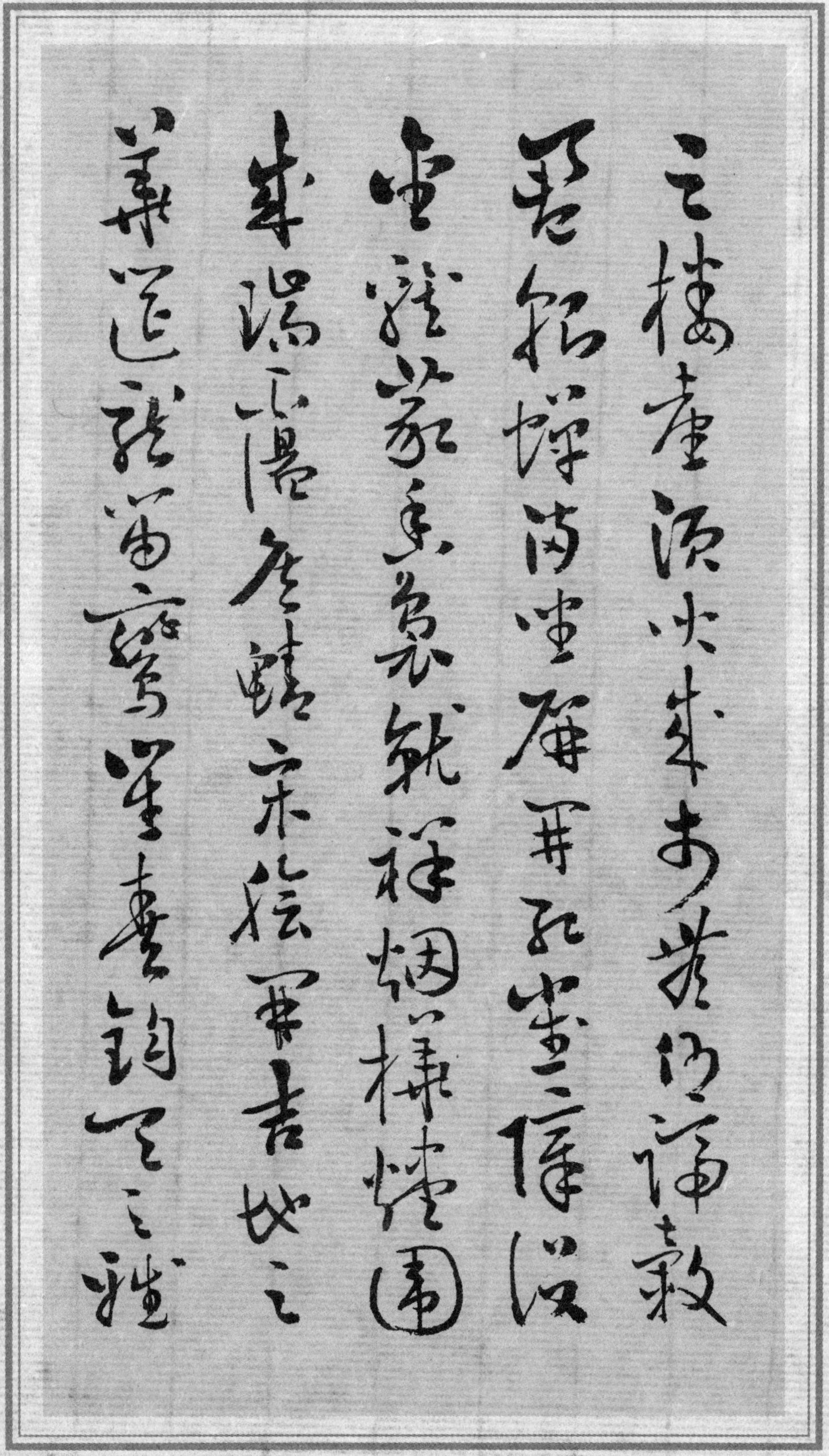

響。照出絳河鵲影，燈明五色雲中；催來銀海鼉聲，蕊放萬年枝上。一則風儀俊雅，洵是仙郎；一則妝束端凝，允爲神女。玉山映彩，珠浦聯輝。觀華族之洞房，

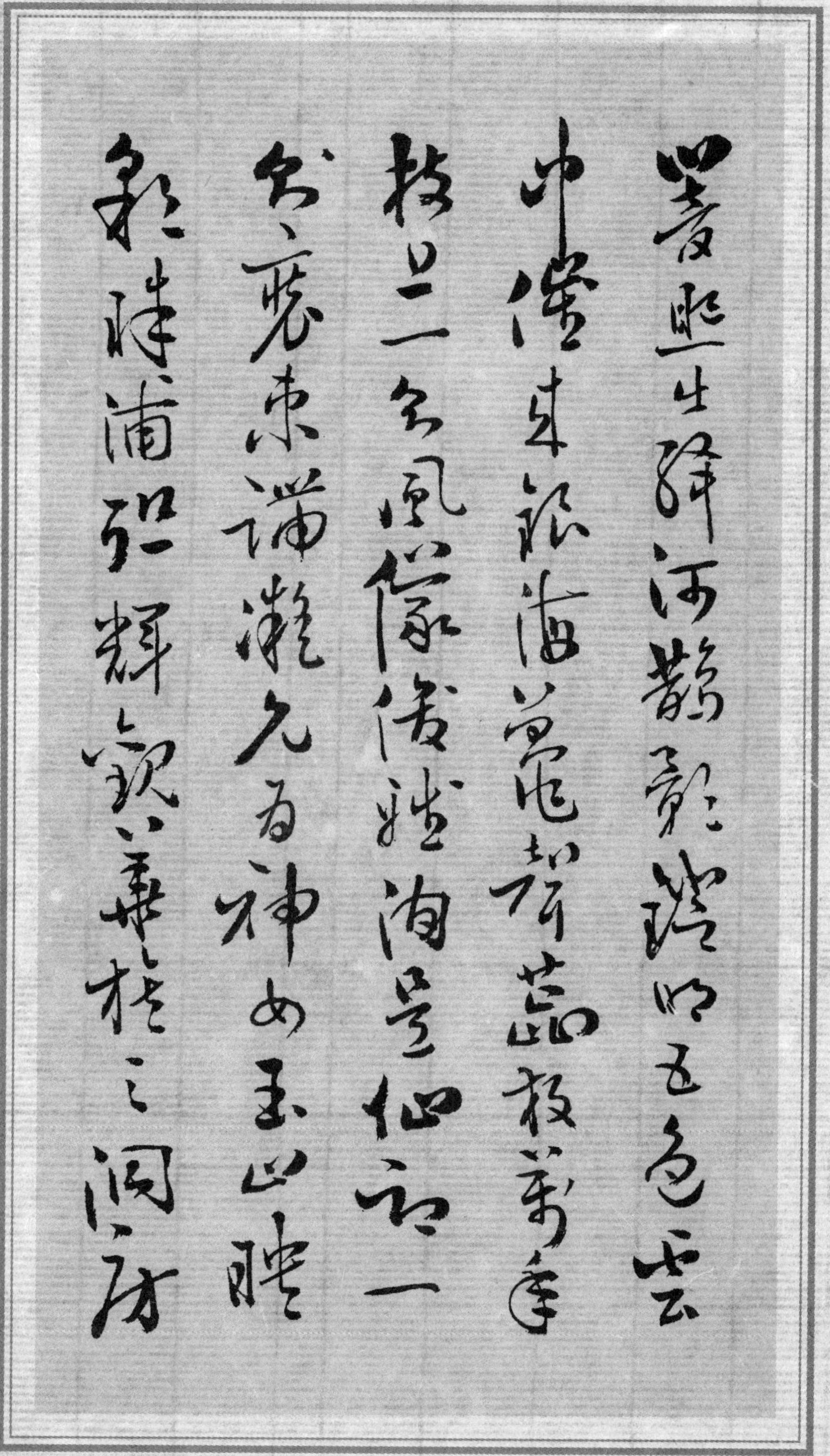

另成氣象；睹貴人之花燭，異樣風光。更喜好夢方長，良宵未短。床聯翡翠，居然乍對新人；褥隱芙蓉，却是更逢舊物。烟深玉暖，露重花濃。此時之綽

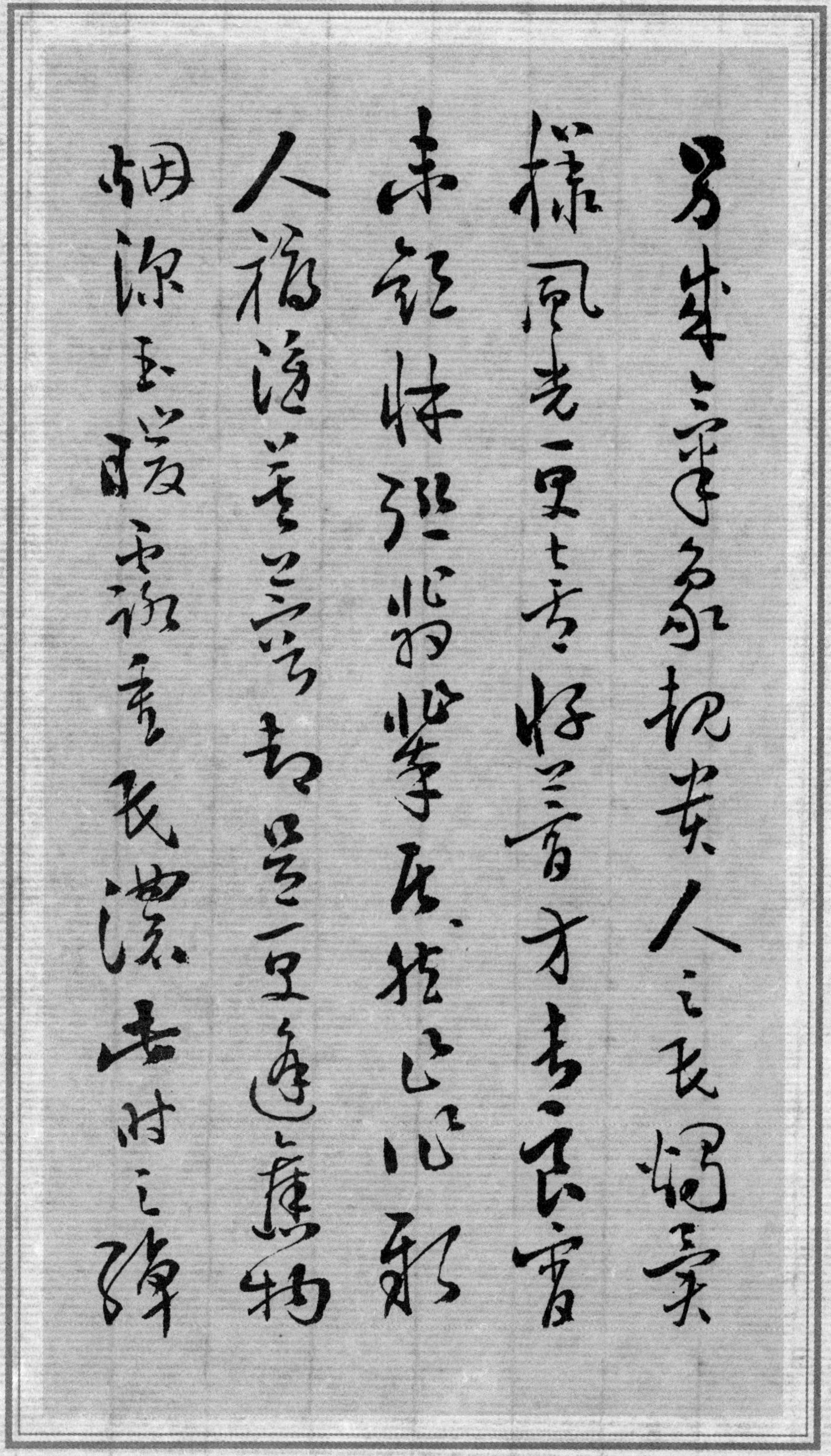

約柔情，千金難買；往日之愁魂怨魄，一筆都勾。既而，桂孕珠胎，蓮成華井。三歲爲婦，一索得男。素知麟角初生，原鍾瑞氣；豈料鷄頭新剥，未釀甘漿。夜夜長唬，

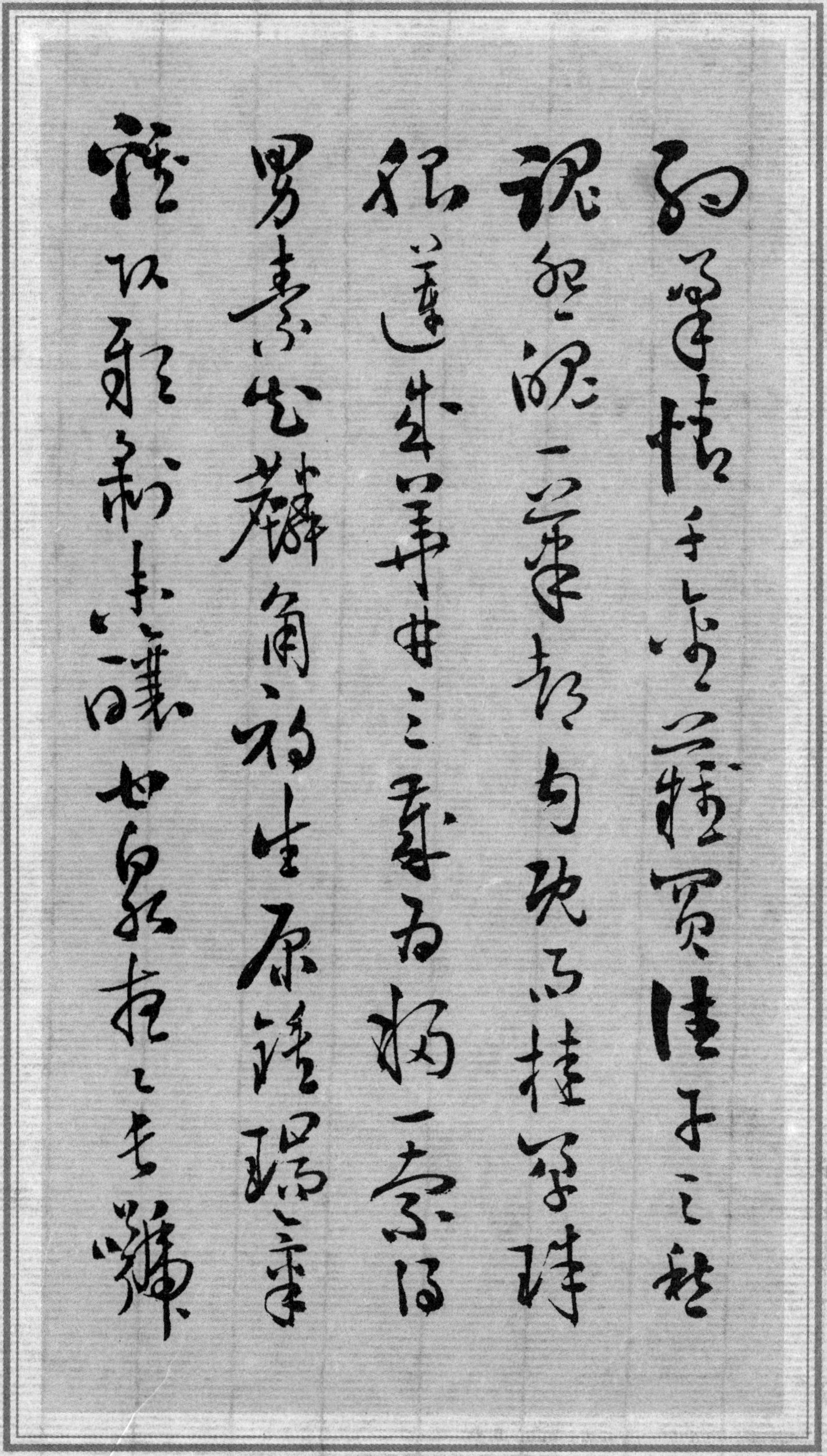

朝朝待哺。紫胞乍脱，無由璋弄床中；黄口何依，徒自珠擎掌上。情深舐犢，安能穀待於菟；計切飼雛，轉欲負煩蜾蠃。何圖孽侶重逢，惡緣復值。落英飄

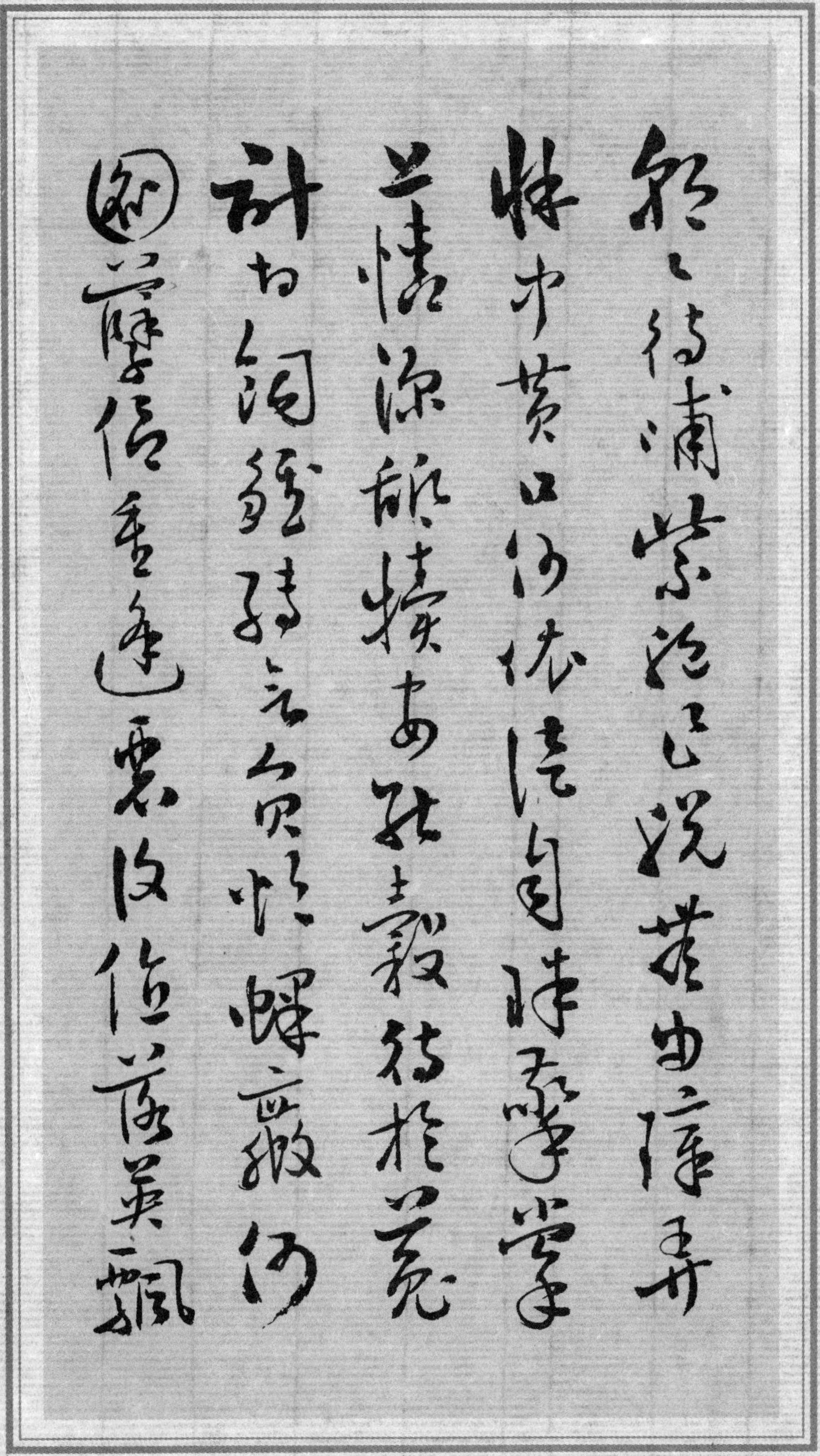

至，當年溷內之花；行潦流來，昔日覆盆之水。緬茲乳母，即是髮妻。甚屬駭心，那堪回首。世事無憑難逆料，人生何處不相逢。嗚呼，噫嘻！有故而去

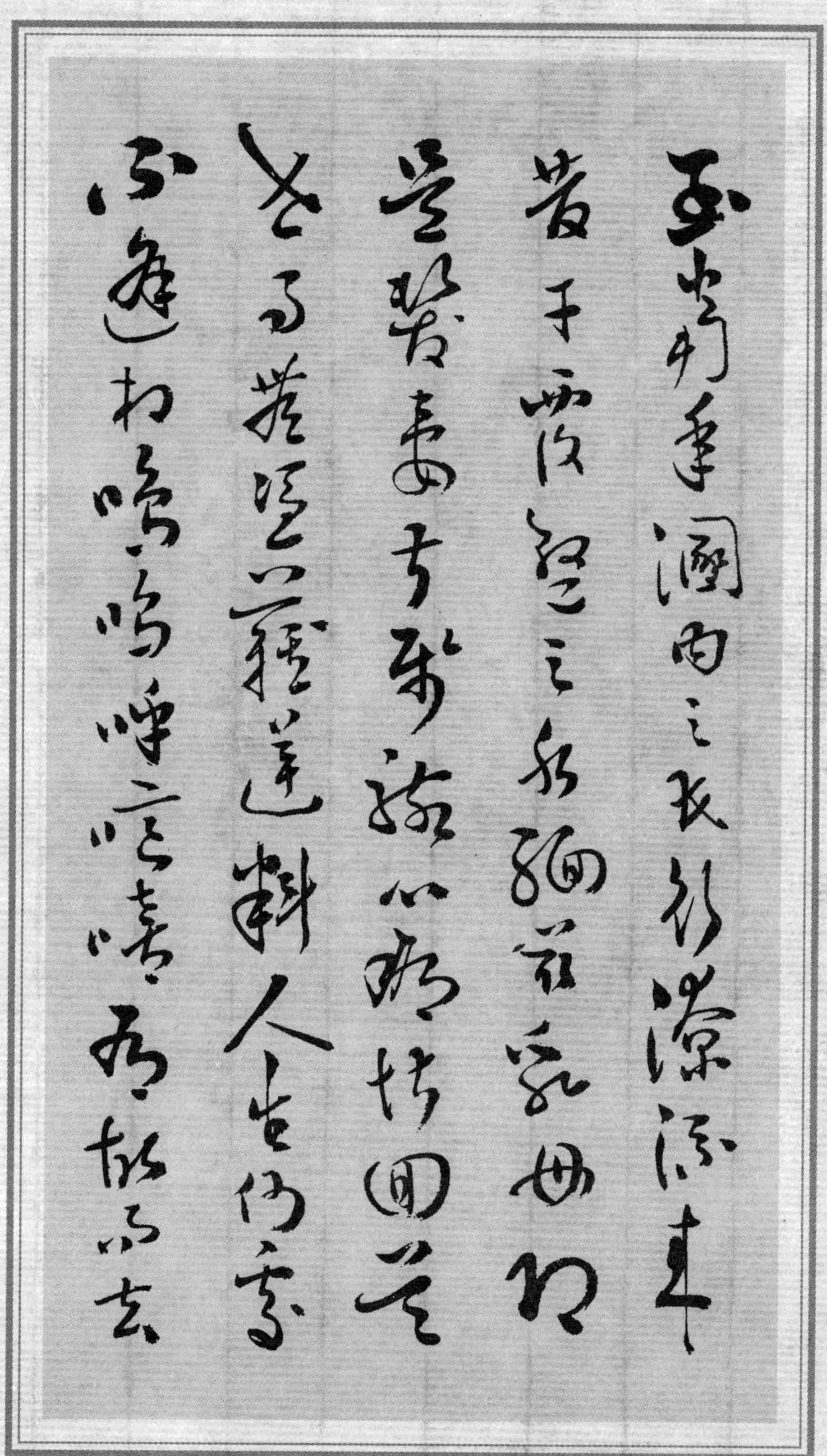

矣，胡爲乎來哉。蓋其後夫配軍某者，因遇赦而還家，忽遭疴而斃命。曾生一子，彌月即殤；纔事二夫，經年復喪。稍有殘膏剩粉，頃見消磨；徒爲野草閑花，

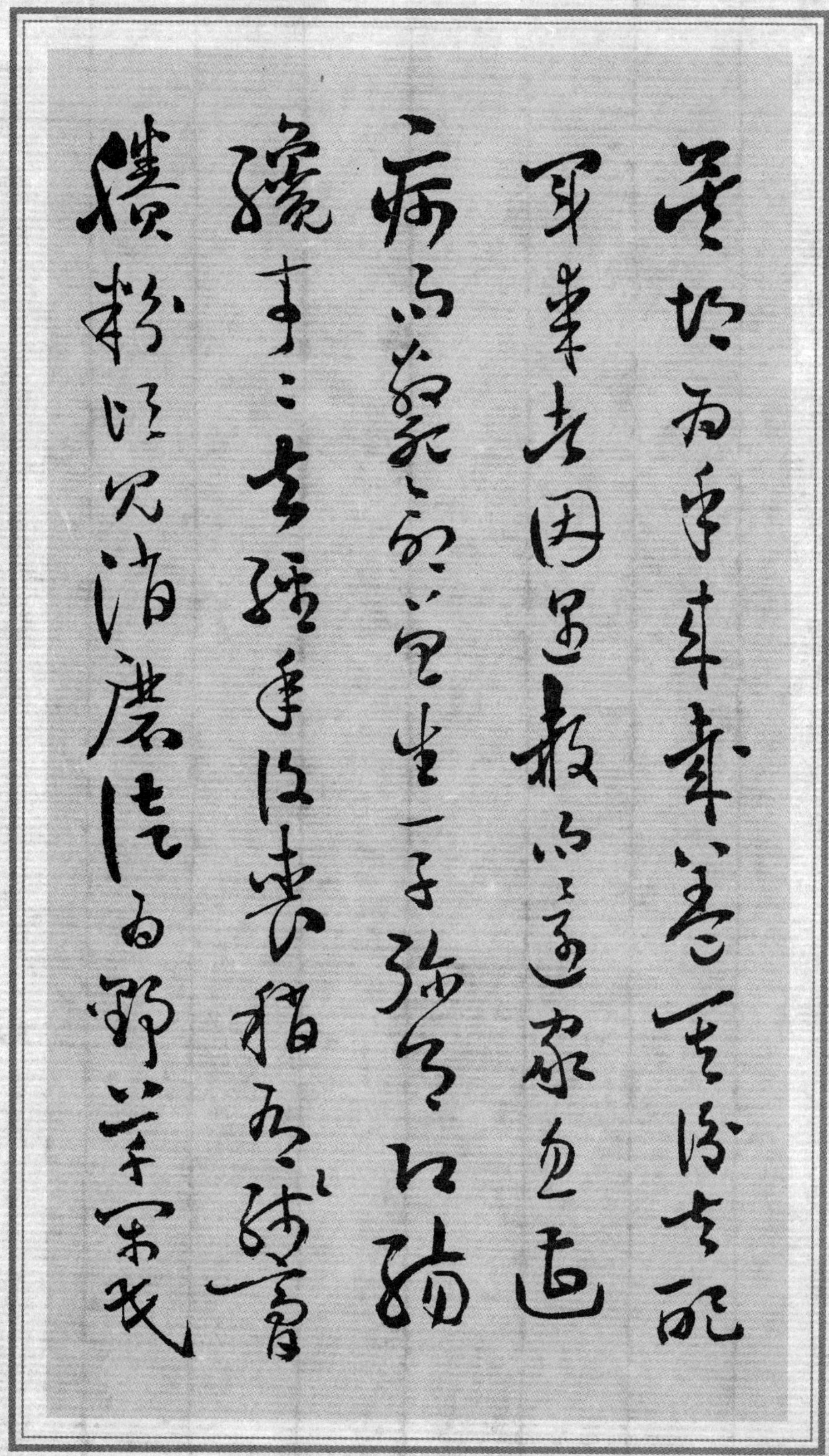

終歸飄泊。總之，風情蕩發，水性濫流。未必潔身，漫邀名於守寡；無由裹腹，聊托業於撫嬰。只馬雙鞍，仍發喪林之嘆；一瓜兩蒂，徒勞抱蔓而歸。昔當玉粒艱難，

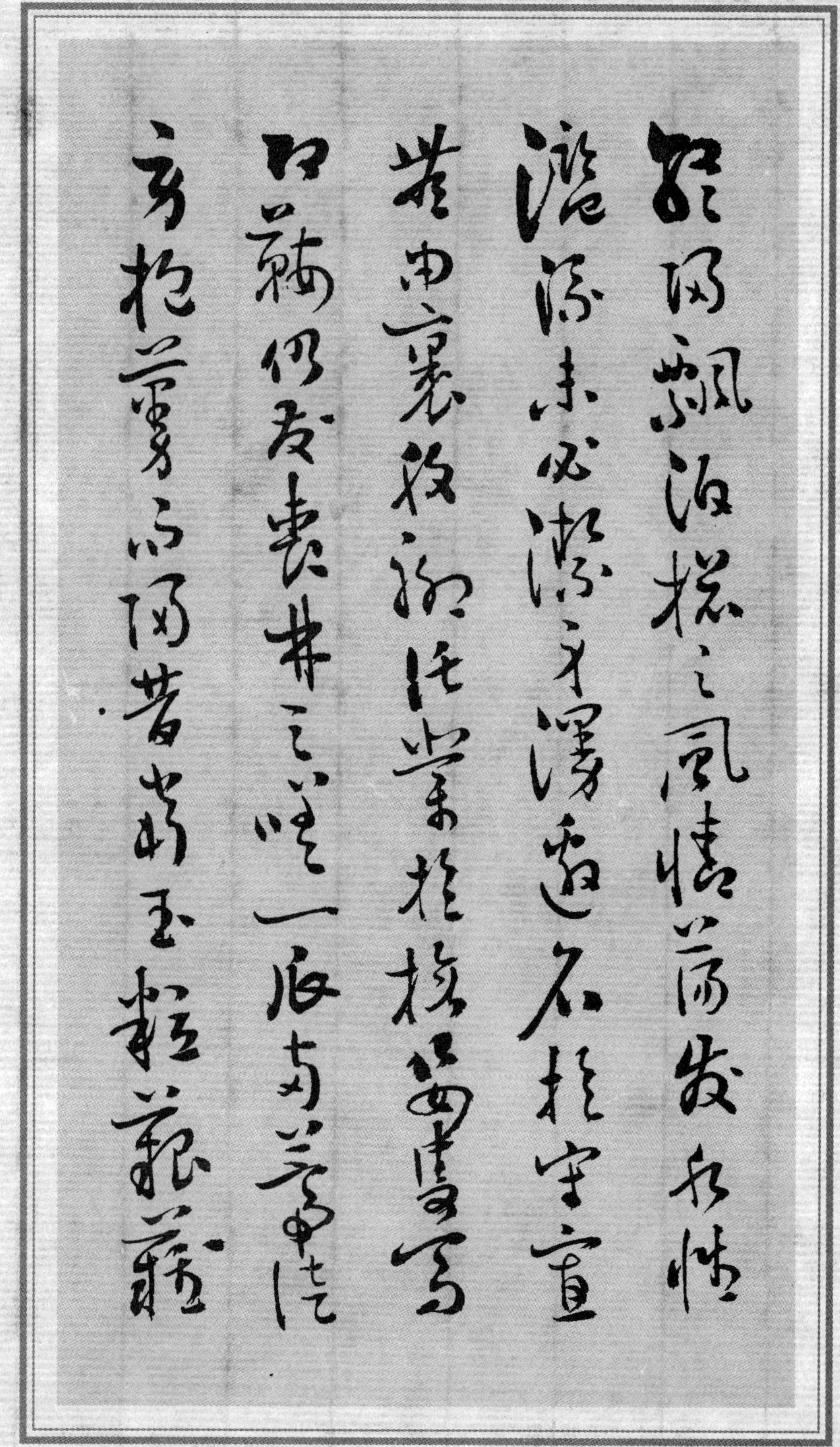

掉頭不住；今見金閨貴重，搖尾乞憐。自慚舊行難堪，只説望君垂念。并謝前言是戲，但求恕妾無知。嗟乎，事不等閑，計何相左。比之花落，樹頭榮而樹底殘；

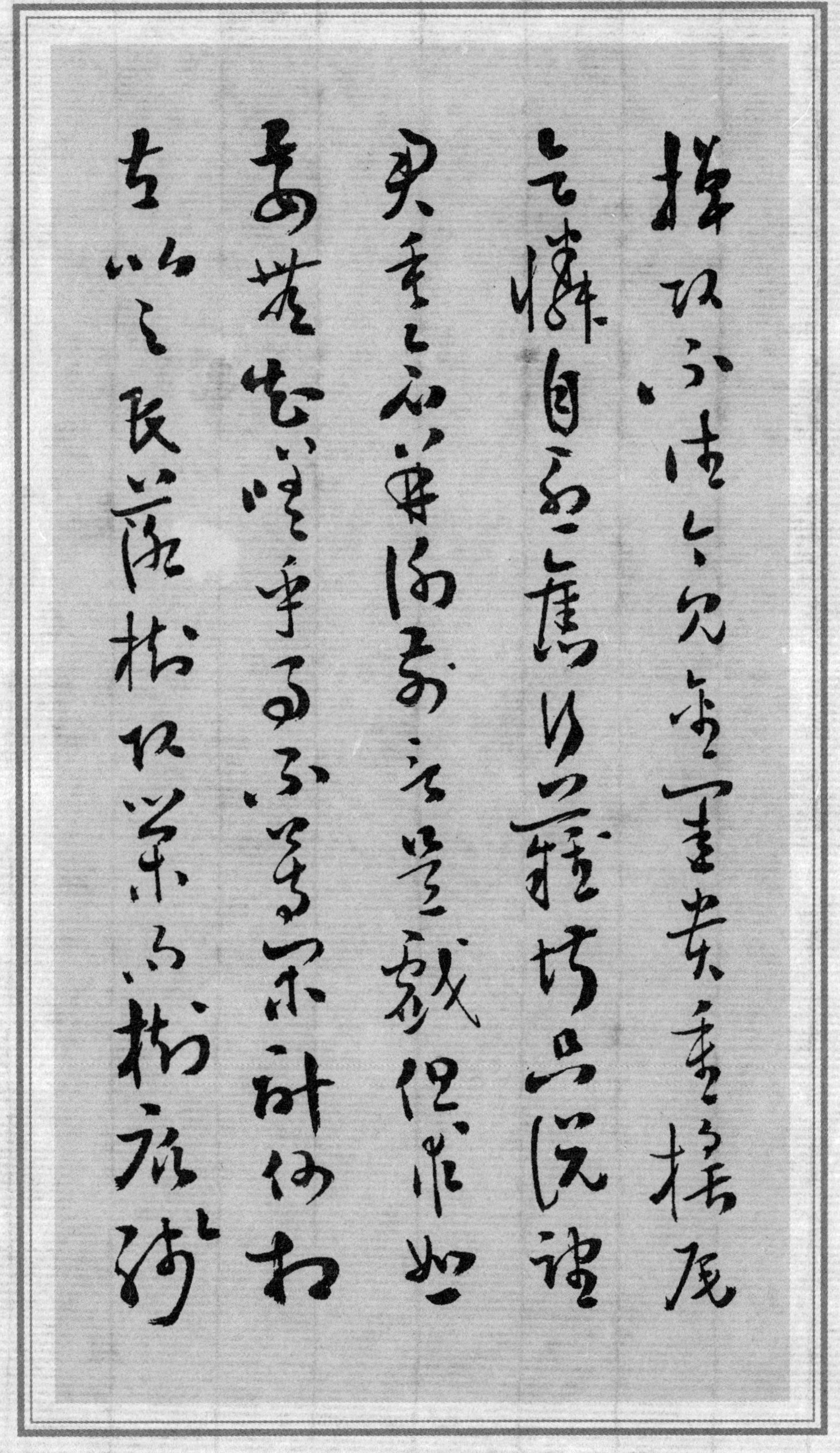

譬彼泉流，山中清而山外濁。言之醜也，嗟何及哉。幸而生素涵容，勿修舊怨；姑尤豁達，莫計前愆。往不追歸斯受。第是薰蕕異器，涇渭分流。粉剩脂零，祇遺羞

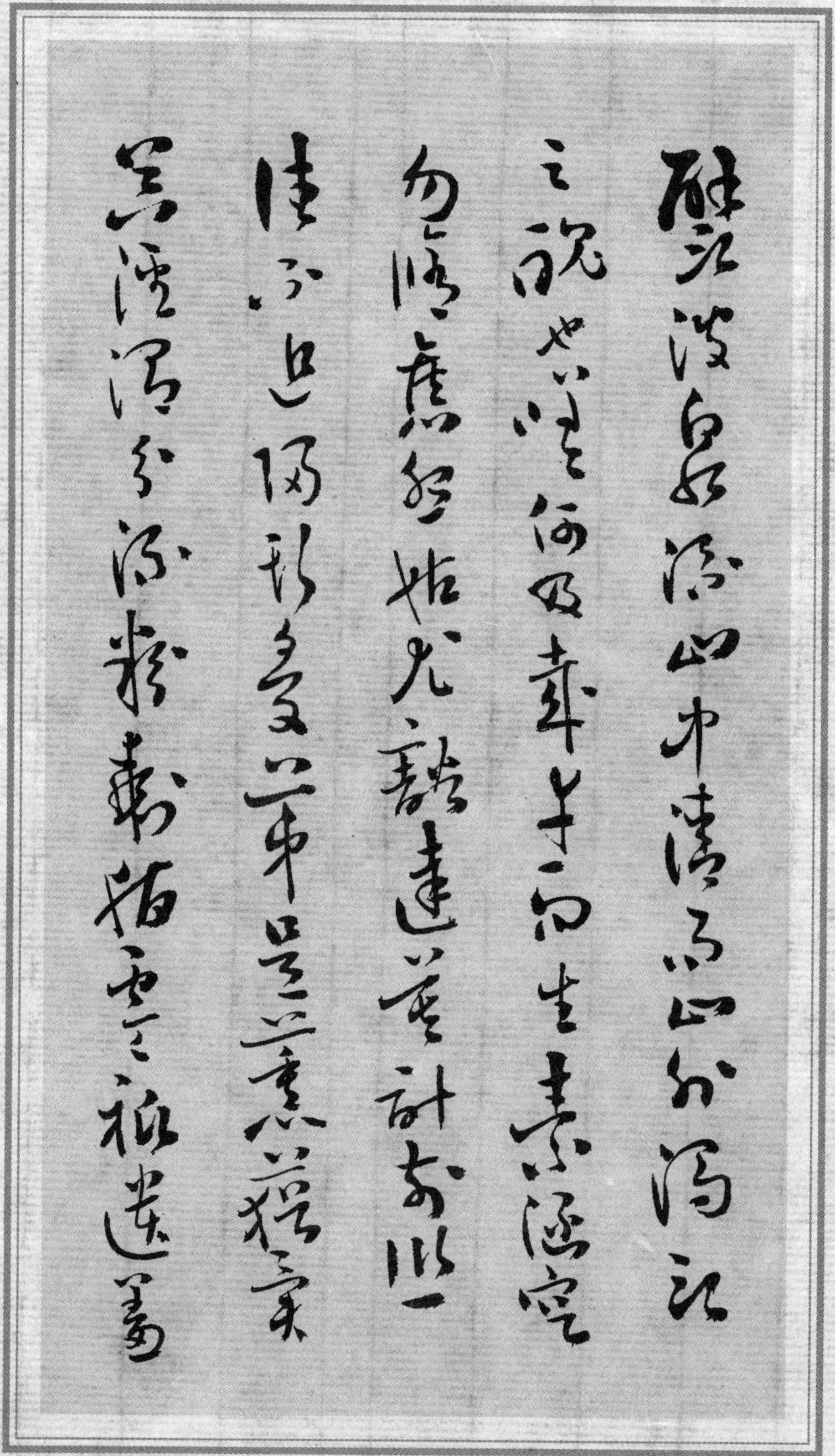

於芳閣；冰清玉潔，素入選於璇闈。鸞鶚之性素殊，馬牛之風不及。從無棄婦，得叨命婦之榮；本是貴人，自處賤人之列。生乃傳餐與食，割宅使居。但將異

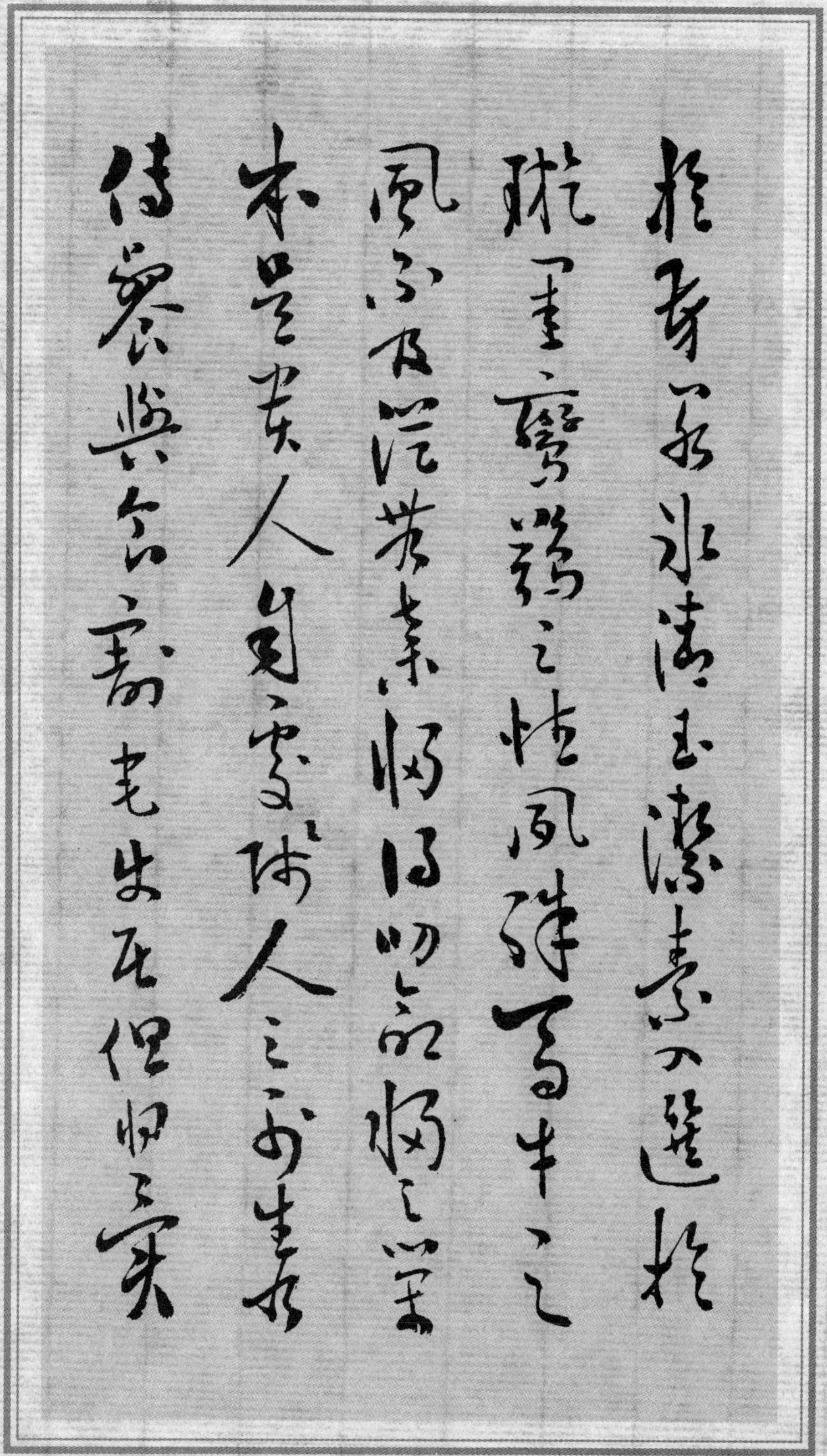

數相加，實不齒諸人類；徒以厚儀爲待，聊使盡其天年。道旁敗柳不堪憐，聽其乍眠乍起；陌上殘花何足惜，任彼自落自開。嗚呼，鳳髻(誥)頒封，無關(卿)事；鴛帷

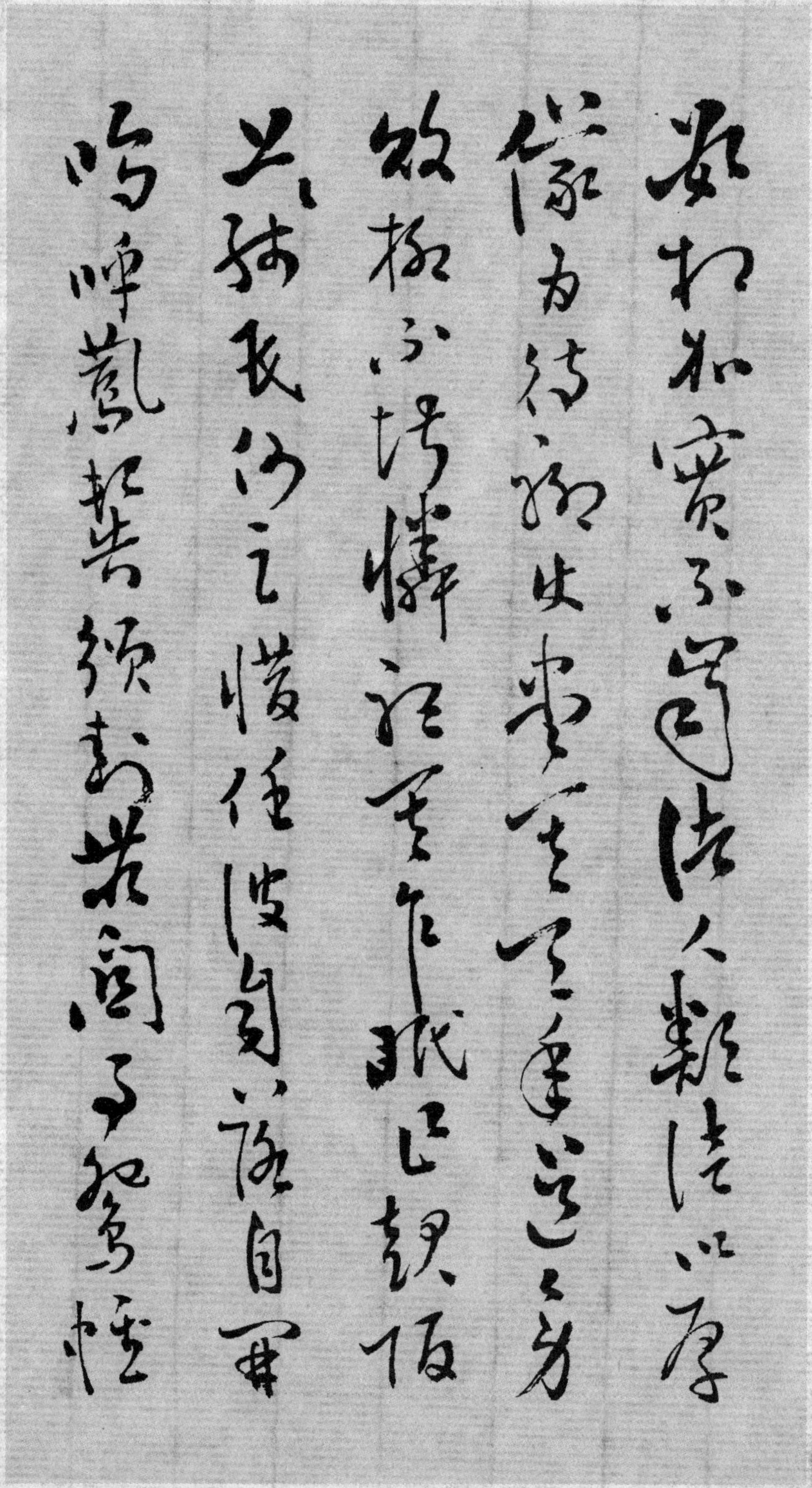

邀寵，久絶郎情。歷念榮枯，渾同霄壤。能無返躬抱愧，顧影自慚也乎。奈何蛇心莫足，蠆尾常存。故態復萌，依然越畔；舊心未革，仍屬勃谿。雨潑雲橫，憨態

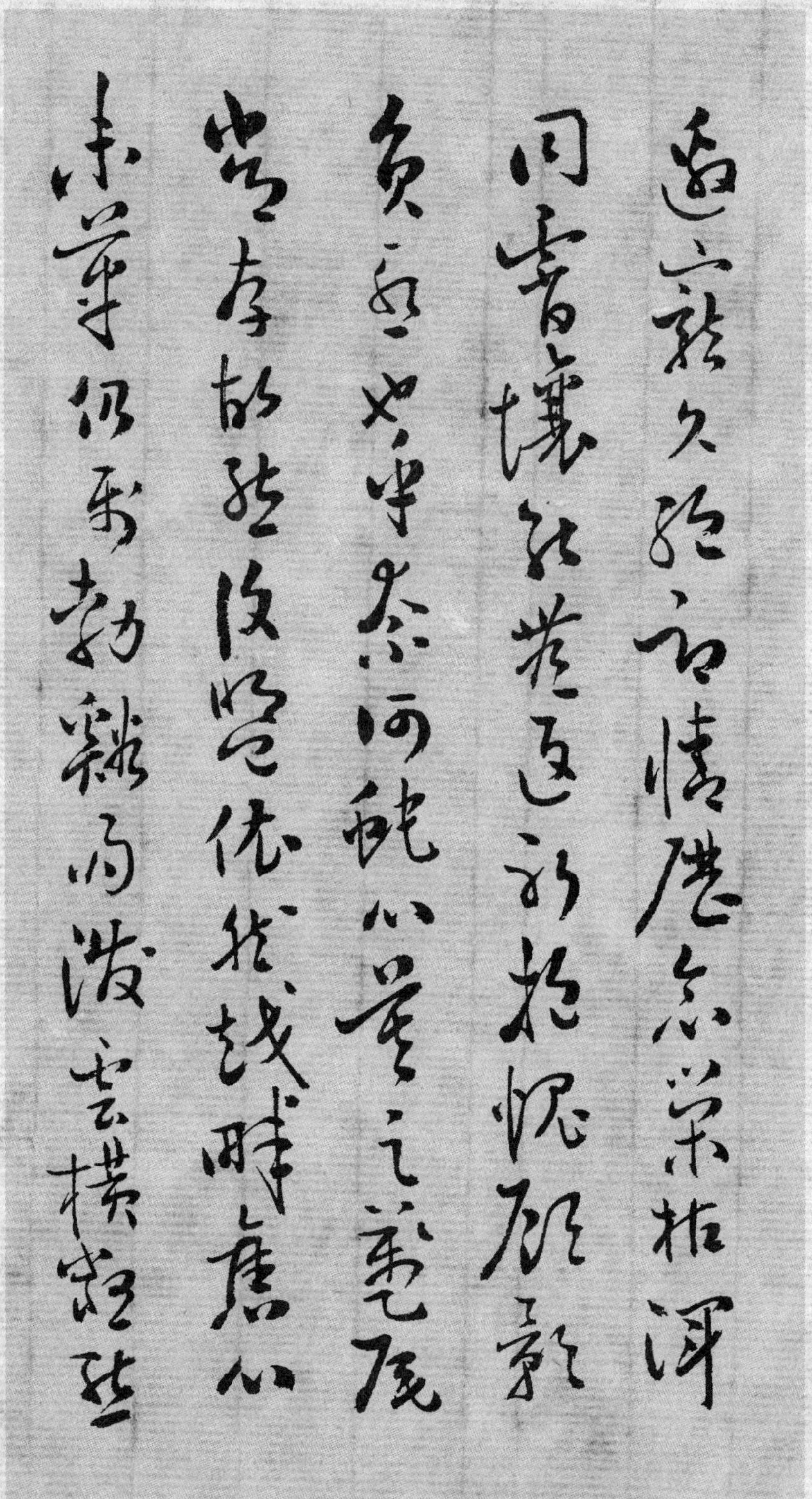

遥含妒態；烟迷霧鎖，媚容常帶啼容。本來蕉繪雪中，領取清虛之境；一自蓮栽火裏，頓成煩熱之場。在生素知起滅無端，何忍推雲出岫；在姑夙曉

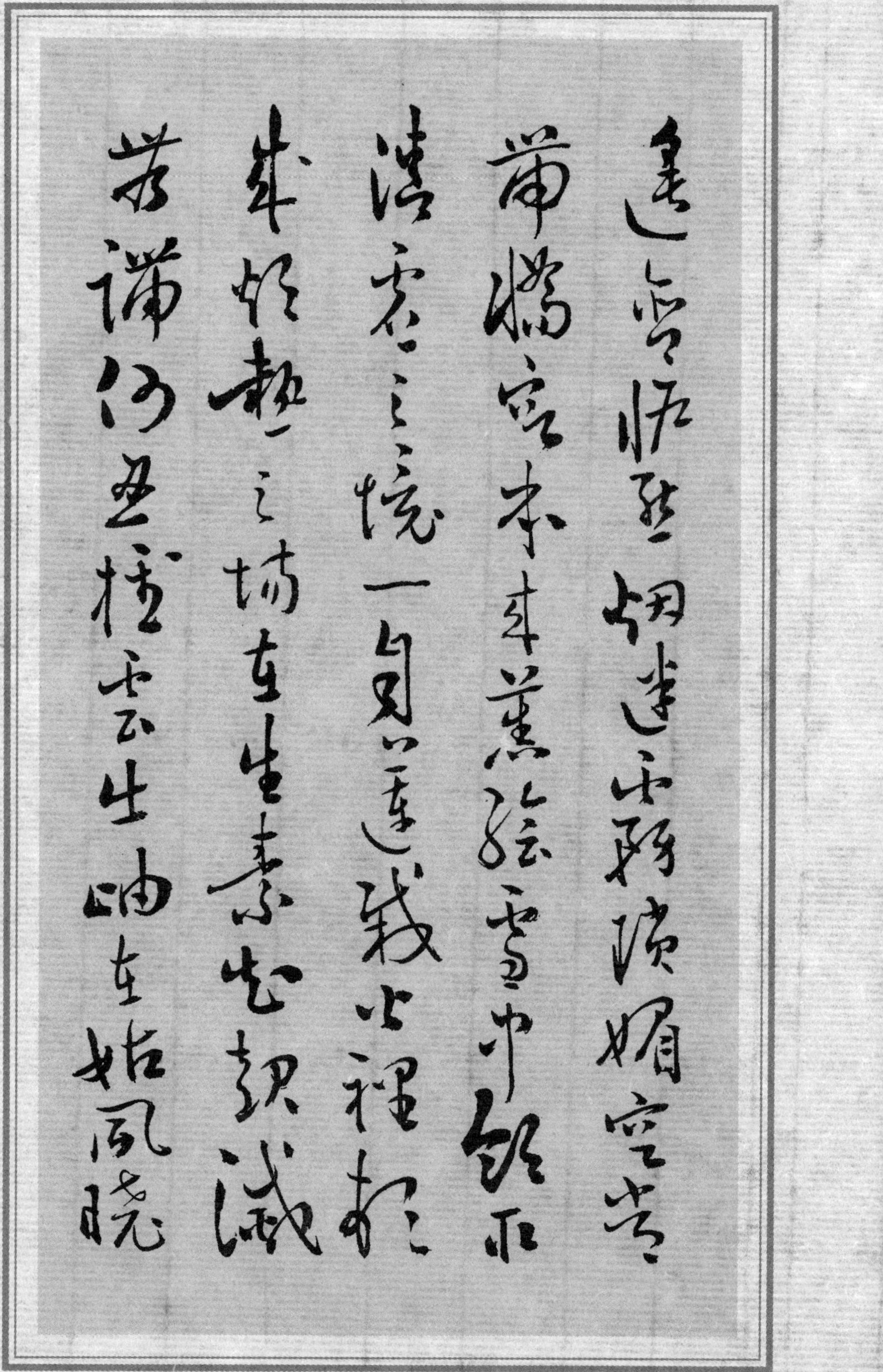

盈虧有數，無煩掇月移宮。獨有馬子者，竟忘寄此客身，偏好與其家事。明知禍水，密作防圍；深惡妒風，默作挾制。每逢花箭，必聞駡座之聲；屢顧霜

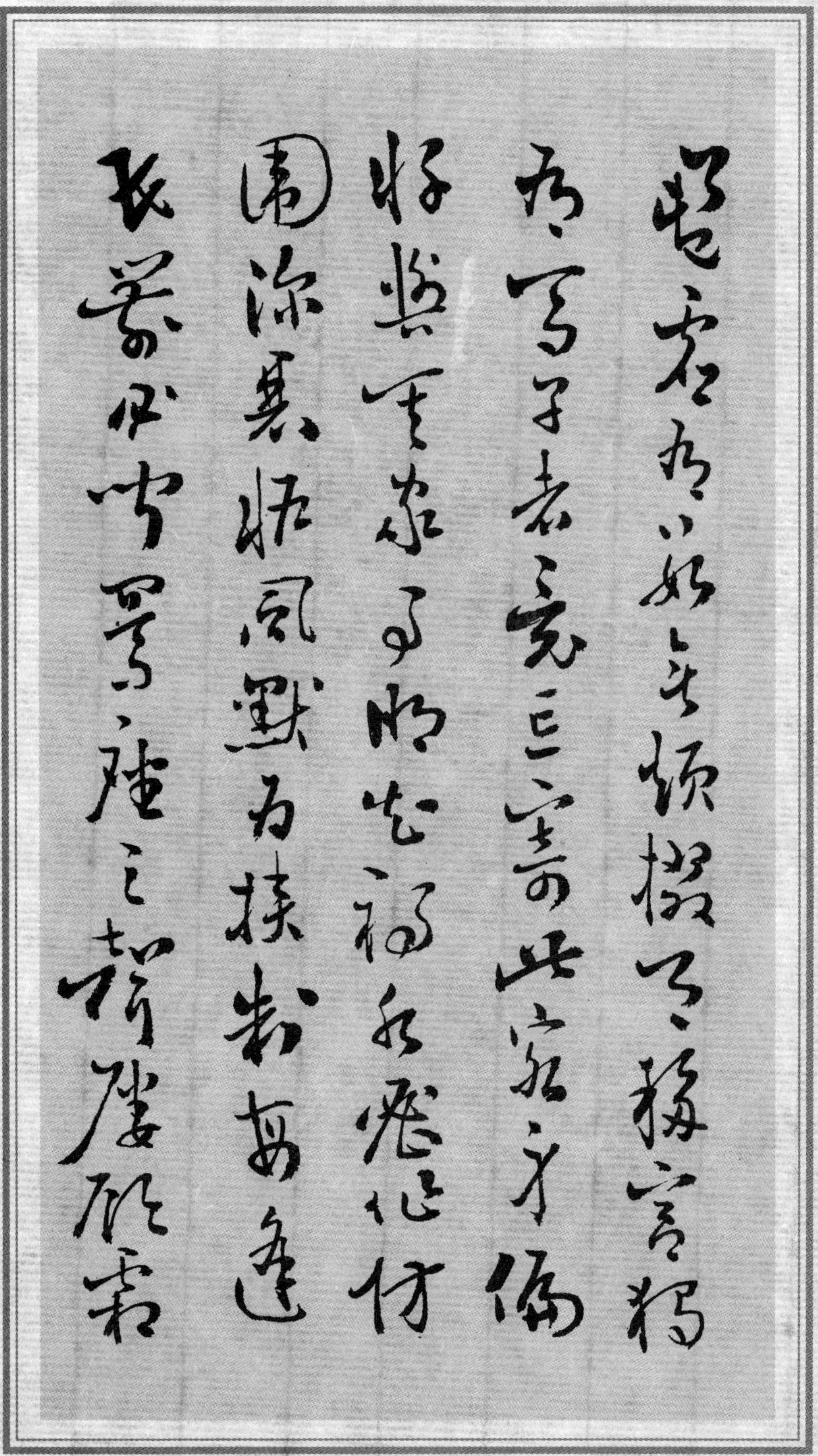

鋒，願得笑臣之首。此婦恨深入骨，怨切鏤腸。不拔眼中釘，奚除心上毒。禍每生於衽席，釁皆起自蕭墻。適有奚奴，素稱俊僕。心殊狡黠，性復輕佻。

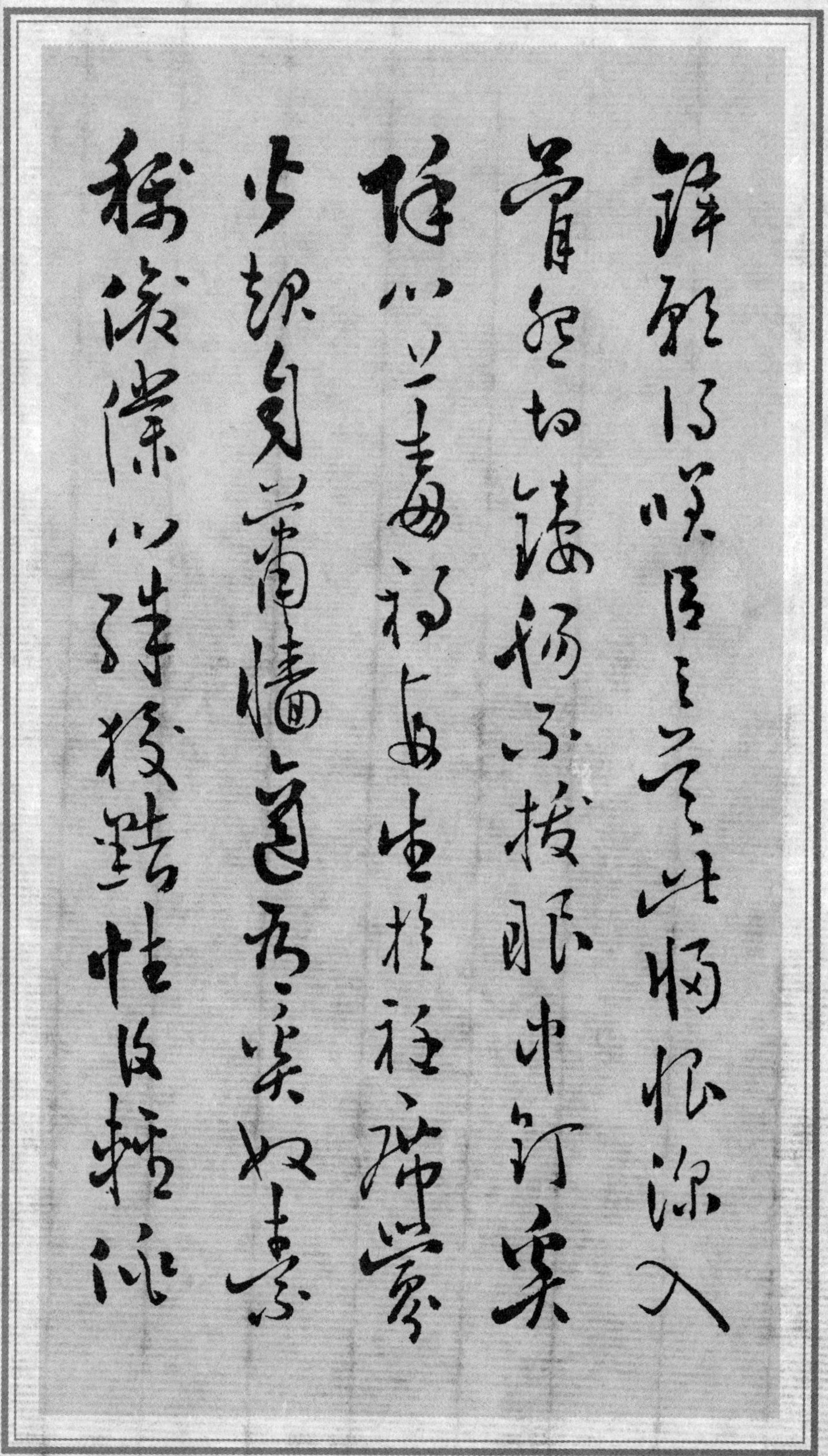

負德忘恩，事主雖殊李善；希榮固寵，媚人酷似秦宮。不防李下之嫌，罔顧桑間之耻。此逢蕩婦，輒敢目挑；彼遇狂童，便將身許。爾乃隔院勾情，登墻輸

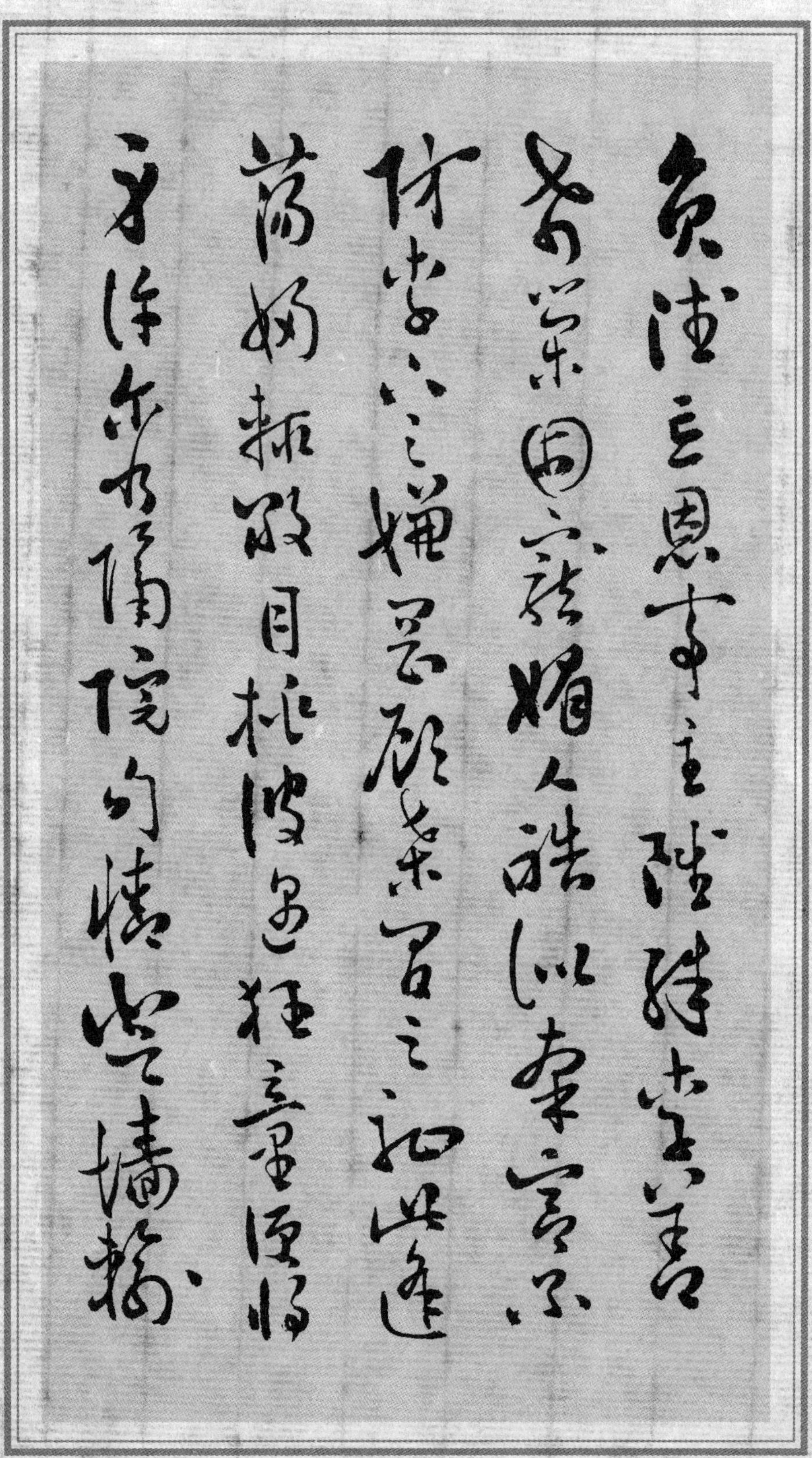

意。畫欄遍繞，獨尋俟巷之人；繡户半開，專待逾園之客。當夫曉妝纔罷，午夢初醒。藉説栽花，即向花前狎客；托辭拜月，遽從月下潛奔。襯草爲裀，依林作幄。

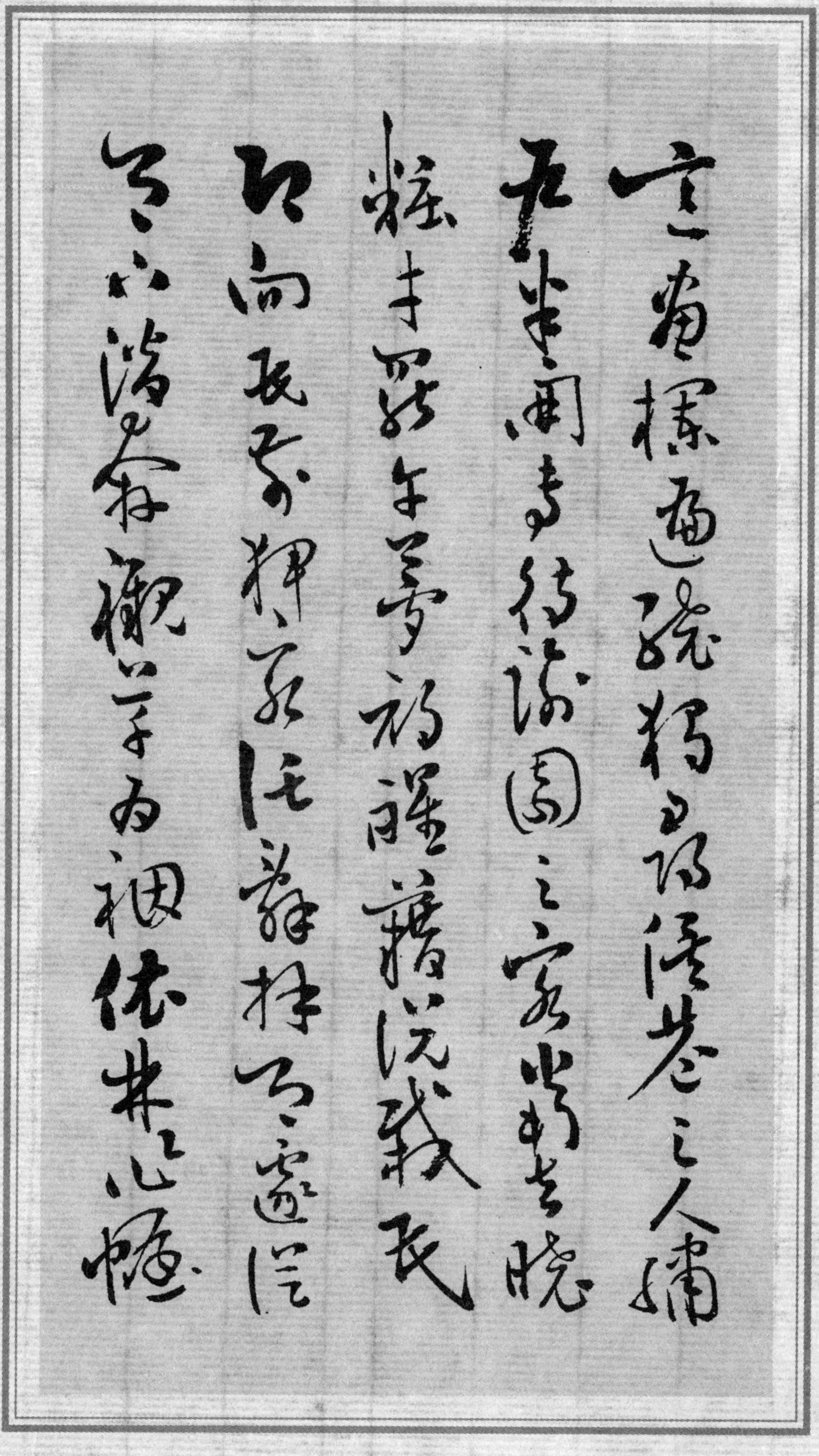

枕紋印面，野鴛貪睡之時；粉漬沾唇，浪蝶偷春之候。邪緣既就，媚豬素喜宣淫；宿怨未消，瘈狗尤能反噬。僕謂何能而永合，婦言如是而得長歡。計出

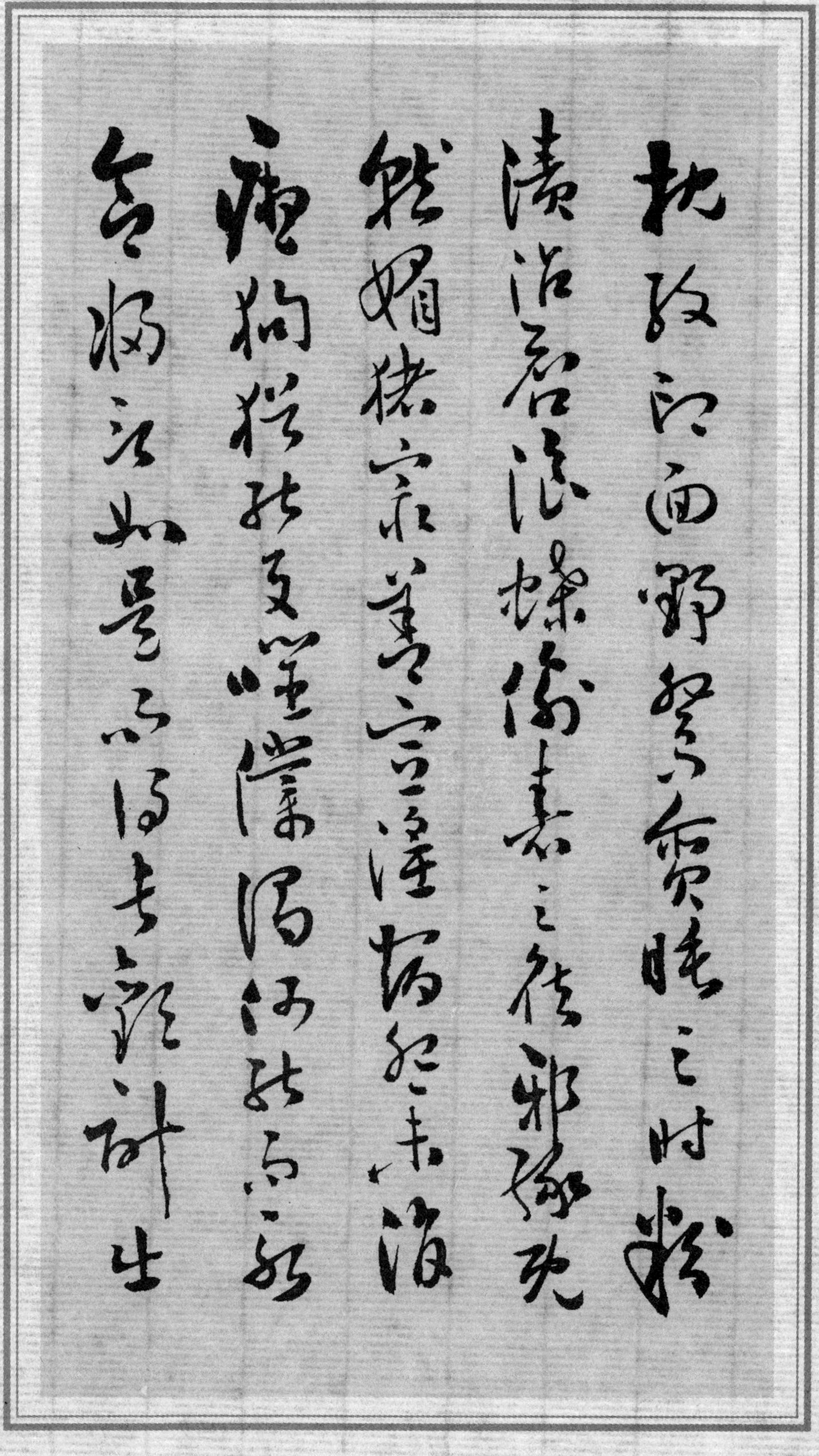

東窗，訟興北寺。含沙暗射，將飛告密之章；喋血驟噴，共作首奸之策。幸而人心雖險，天道終還。誰謂鼠無牙，遽興大獄；孰知墻有耳，盡洩陰謀。

卷八

先是，此

婦有婢某，酷遭捶楚，毒受譴呵。約法豈止三章，偷閑莫容半日。役苦而常充厠內，罰嚴而每辱泥中。此婢含冤已久，蓄憤殊深。乘其夜半無人，潛聽私語；知在日中起事，往訴公家。時則錯愕相驚，倉皇失措。行見共工頭觸，能使山崩；從教漆女心悲，唯憂天墜。馬子髮向冠冲，頓起奔雷之怒；劍從

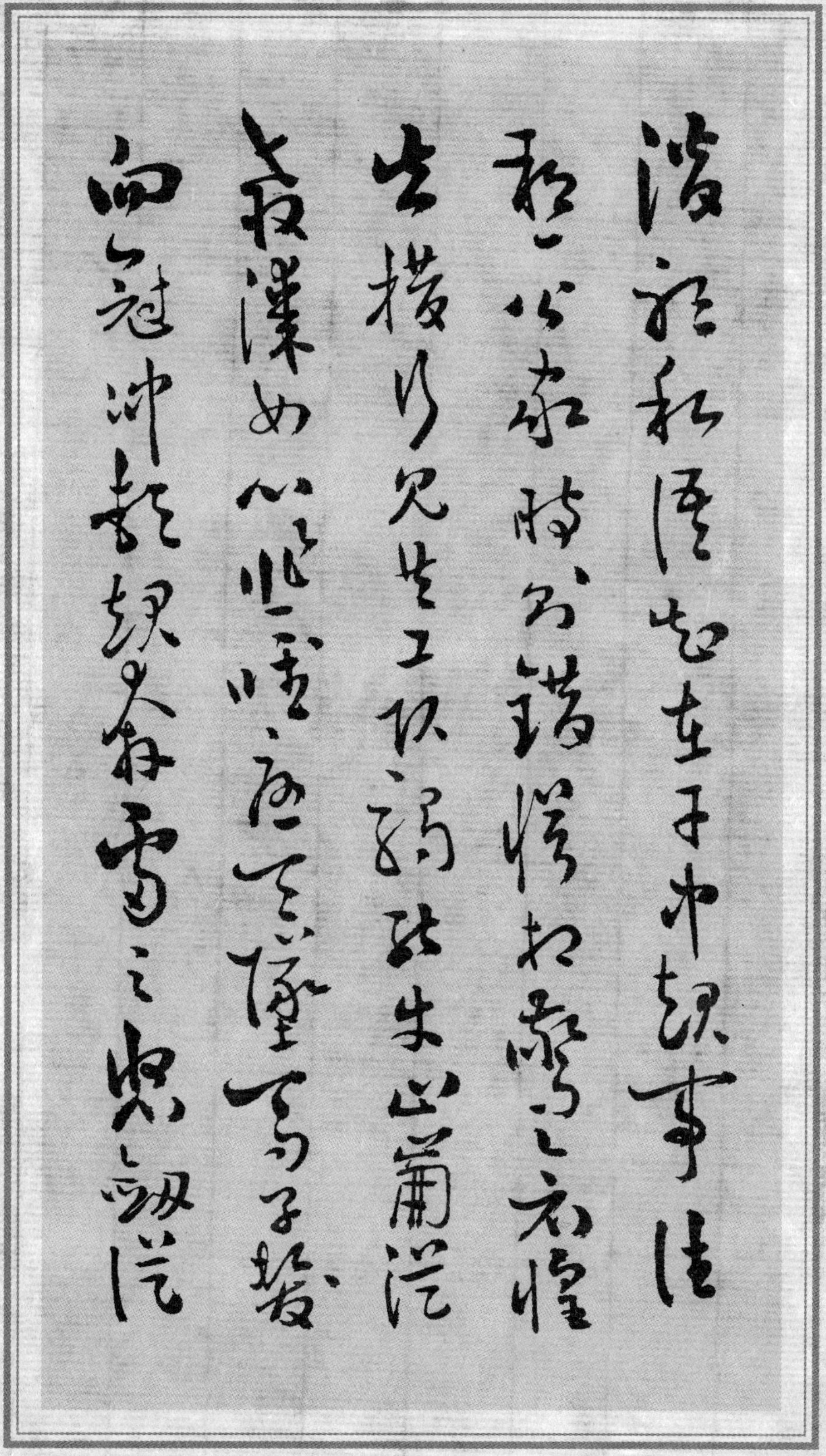

襓出，旋成斫地之聲。虺必當推，癰非可養。必殄户庭之賊，庶消肘腋之灾。斯時，天奪厥魄，鬼扼其喉。紫電流而膽力飛張，青鋒落而頭皮斷送。使神威

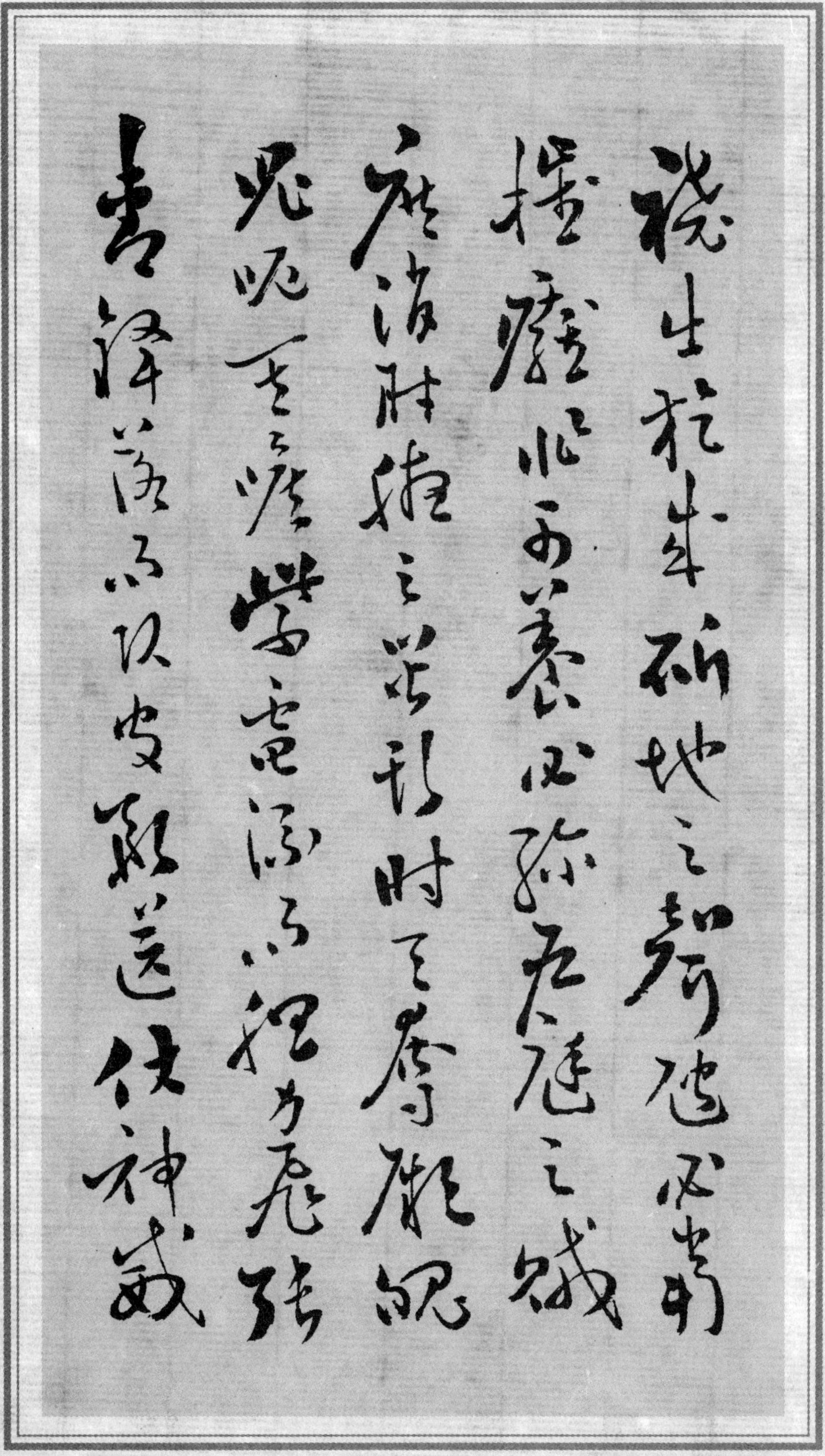

之激發，俾妖孽之肅清。戮等鯨鯢，罪無可逭；行同梟獍，死有餘辜。駢首利鋒，艾豭與婁猪并殛；投尸僻壤，烏鳶與螻蟻相爭。未幾密室漏風，宵

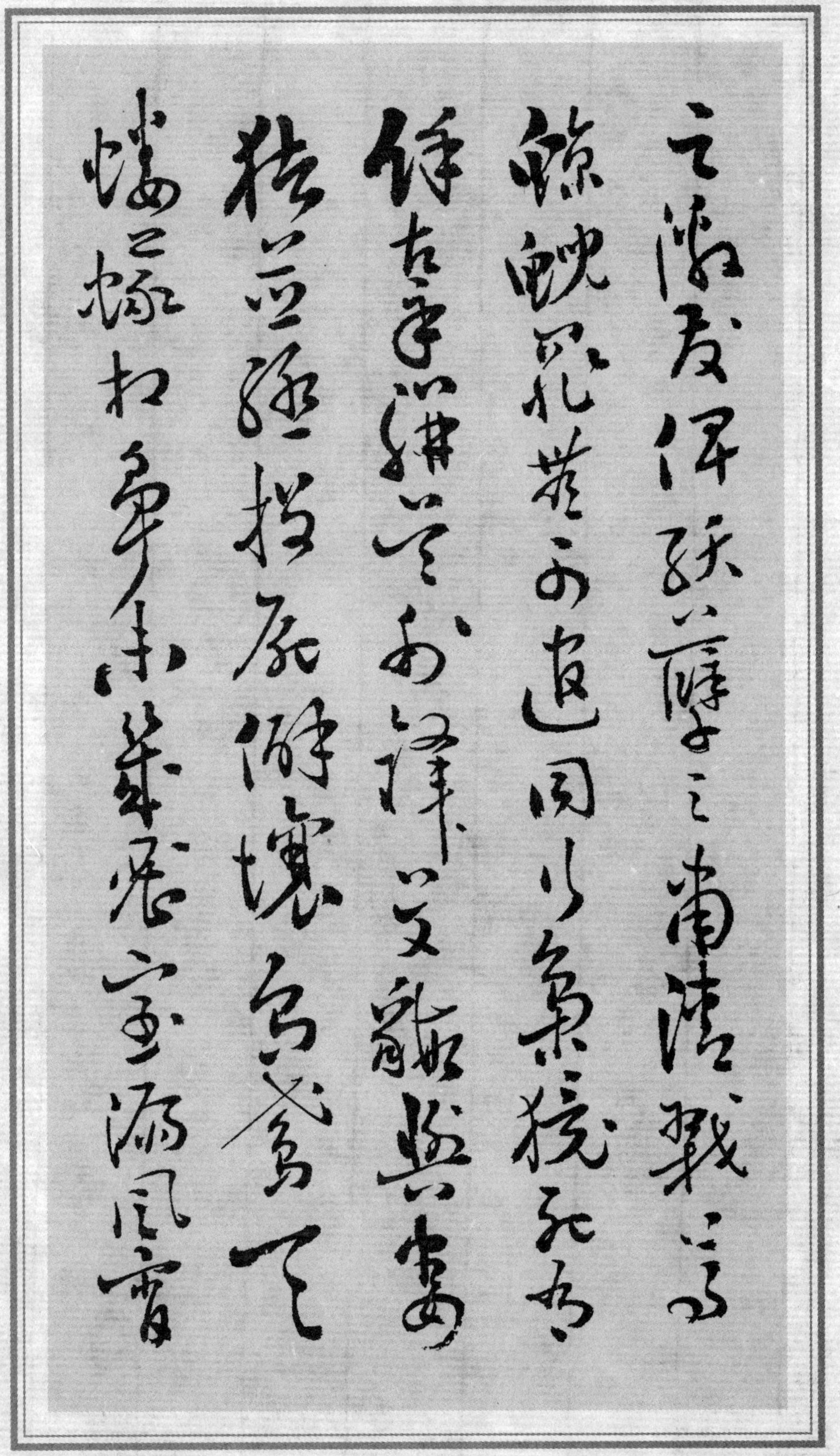

人吠影。內灾纔靖，外患迭乘。共曉趙孤，藏於程嬰之室；群知季布，賣爲朱俠之奴。遂挂彈章，卒從吏議。輒指藏奸之藪，忽興問罪之師。寳生履

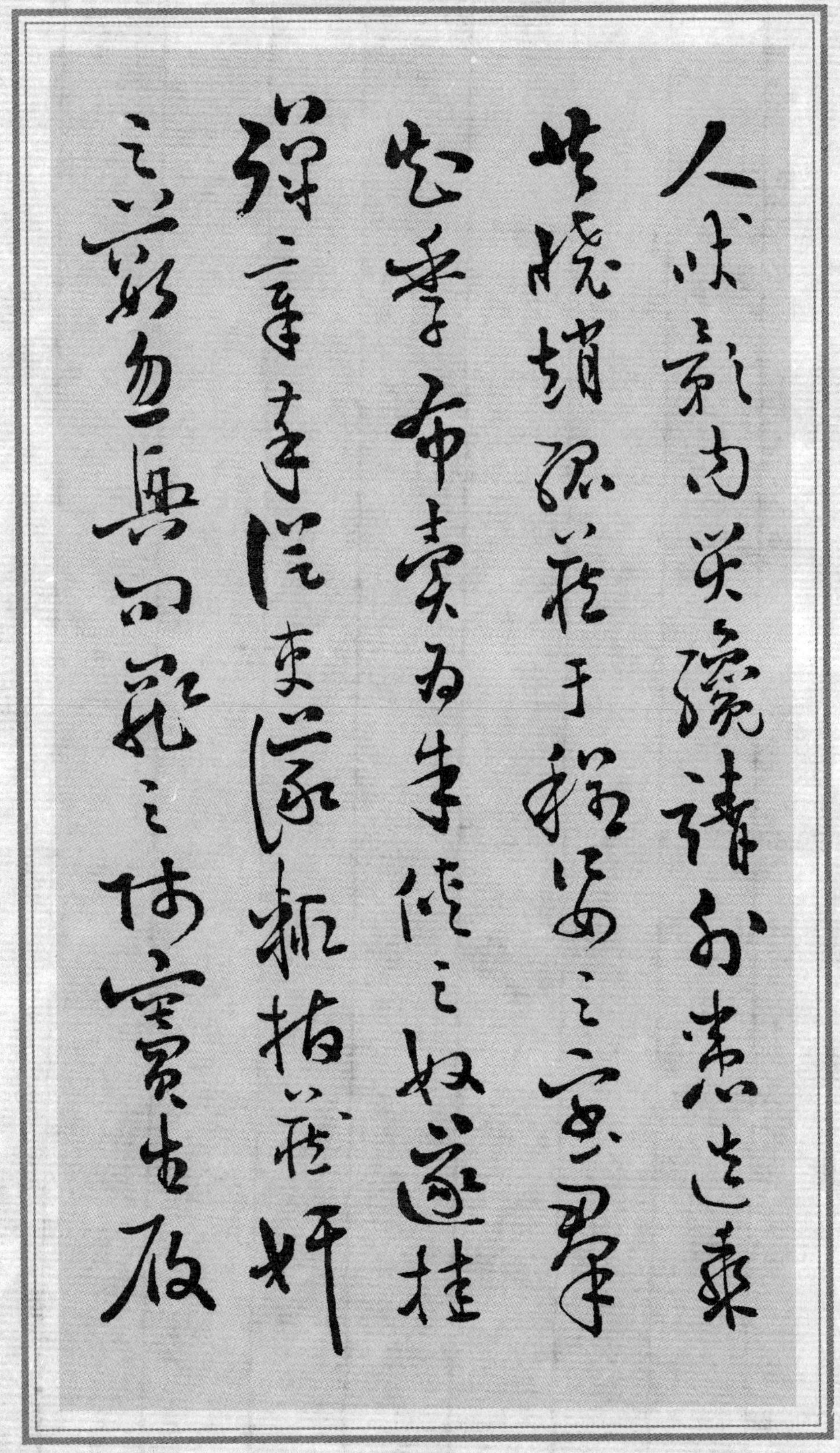

虎不驚，掇蜂無懼。迅雷破柱，猶自觀書；大敵渡過河，仍然對弈。既相安於時命，又何計乎吉凶。至於愛姑，雖列身於巾幗，殊得體於冠裳。聶政揚名，端賴

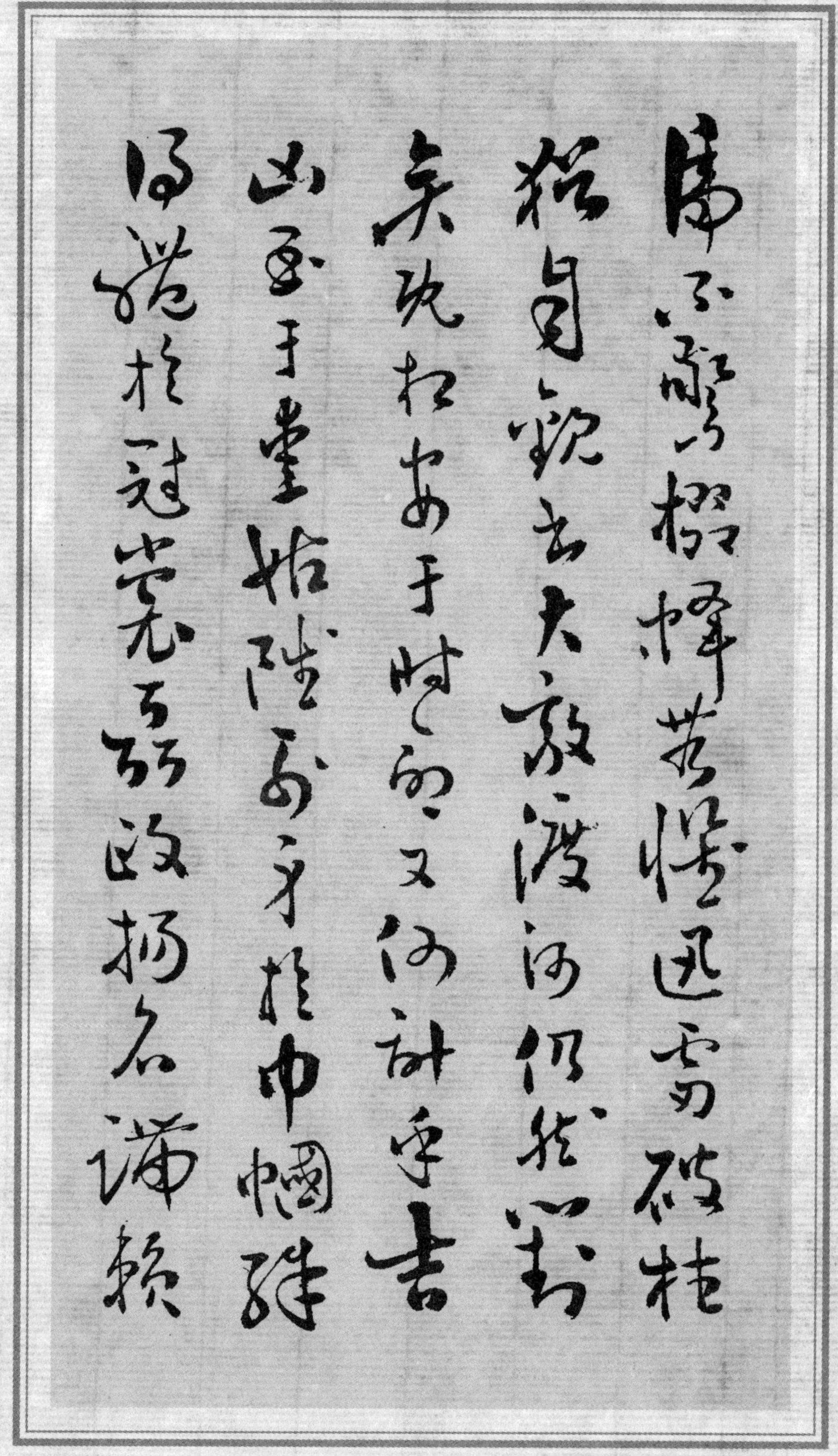

姊嫈之烈；子胥免禍，實由瀨女之賢。苟無愧於人間，豈辭孥戮；得相從於地下，安避族誅。爰隨緹騎就臺，尋向錦衣對簿。天威莫測，將傾李杜之家；吏怒

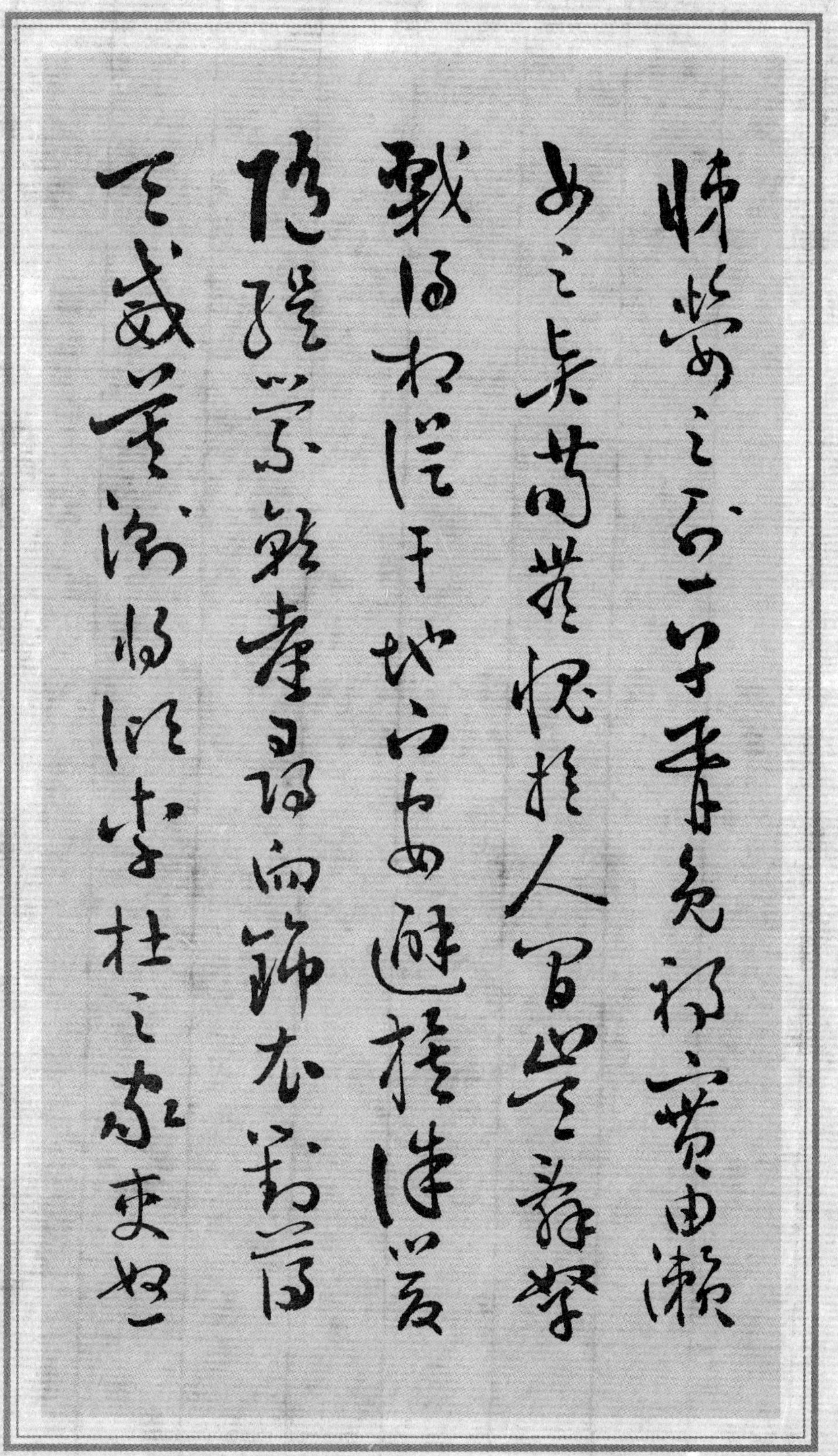

頻訶，幾覆郤欒之日。時翰臣曾棨等，連章辨枉，累牘鳴冤。事係國家，非爲一人惜也；命關民社，願以百口保之。俱瀆奏而無休，悉匿留而不報。幸而壁藏張

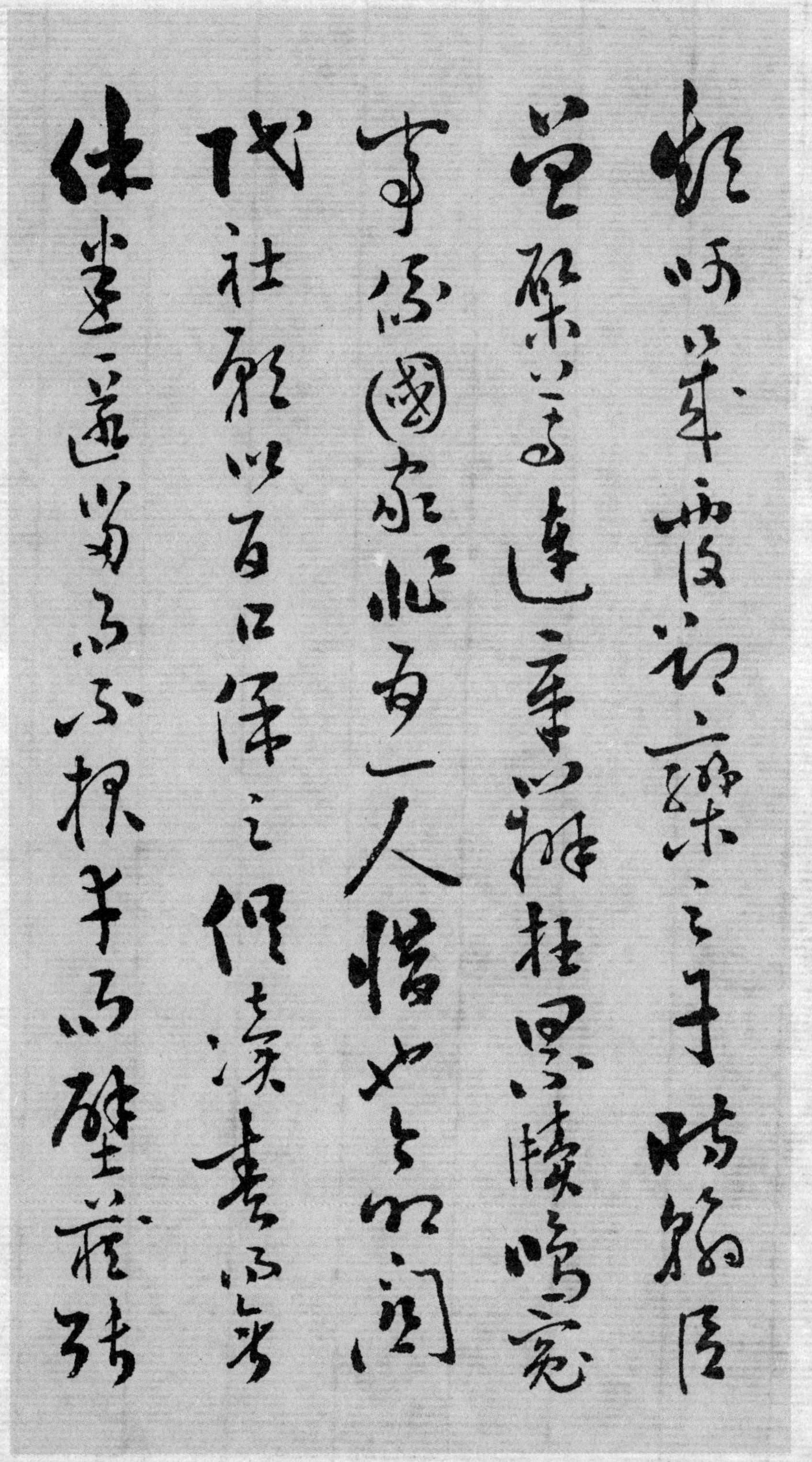

儉，莫察潛形；橐載伍員，難稽鬼(詭)迹。宸顔漸霽，廷讞方寬。共疑白馬之冤，即下金雞之赦。盆非長覆，網必能開。獄中宥出鄒陽，朝内召還安國。

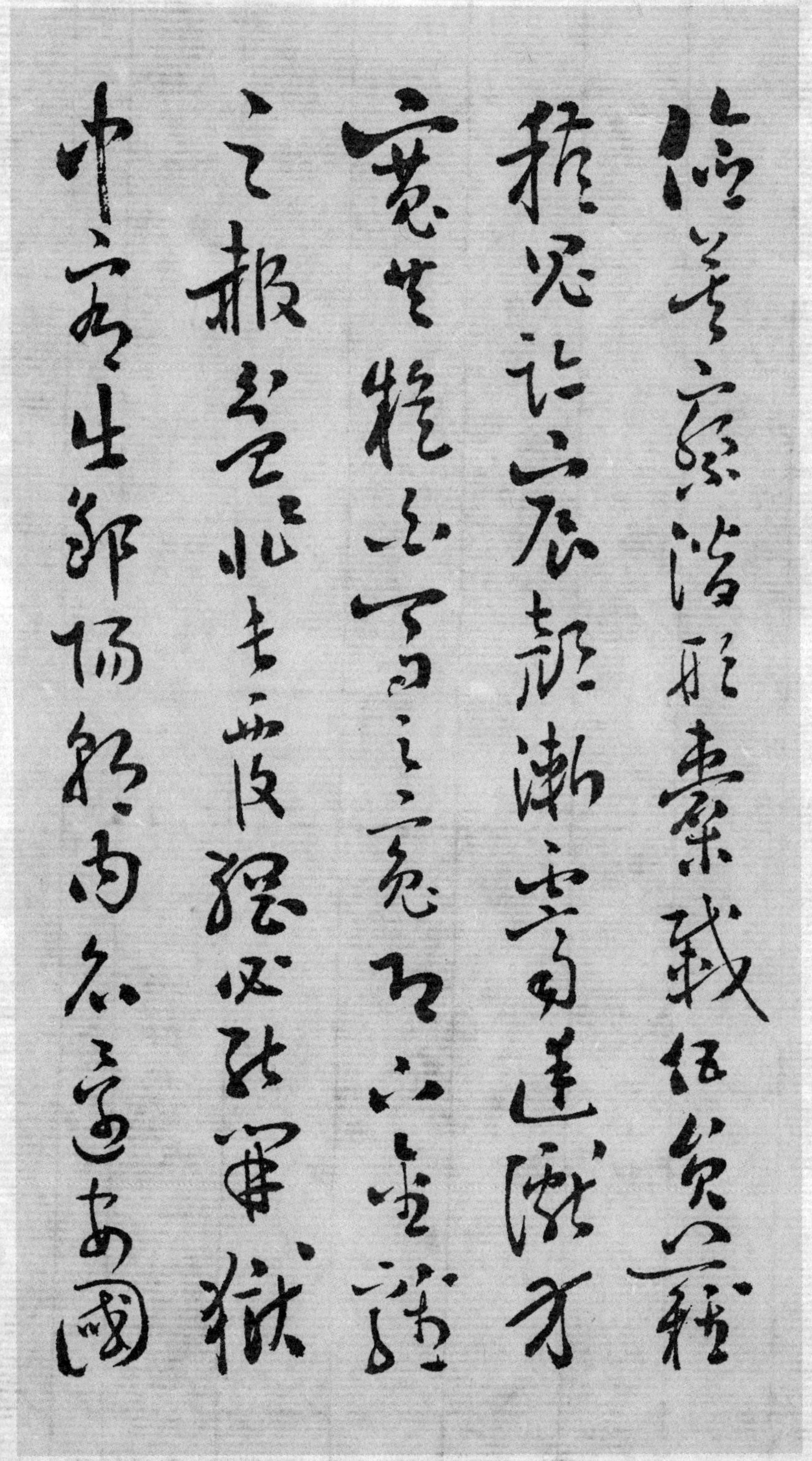

顧此梁鴻於廡下，靡日不思；及尋王粲於樓中，其人安在？鶴杳海空，已絕城中之迹；雲深山僻，難尋石上之魂。唯留一幅蠻箋，略得數行錦字。謂夫百二秦

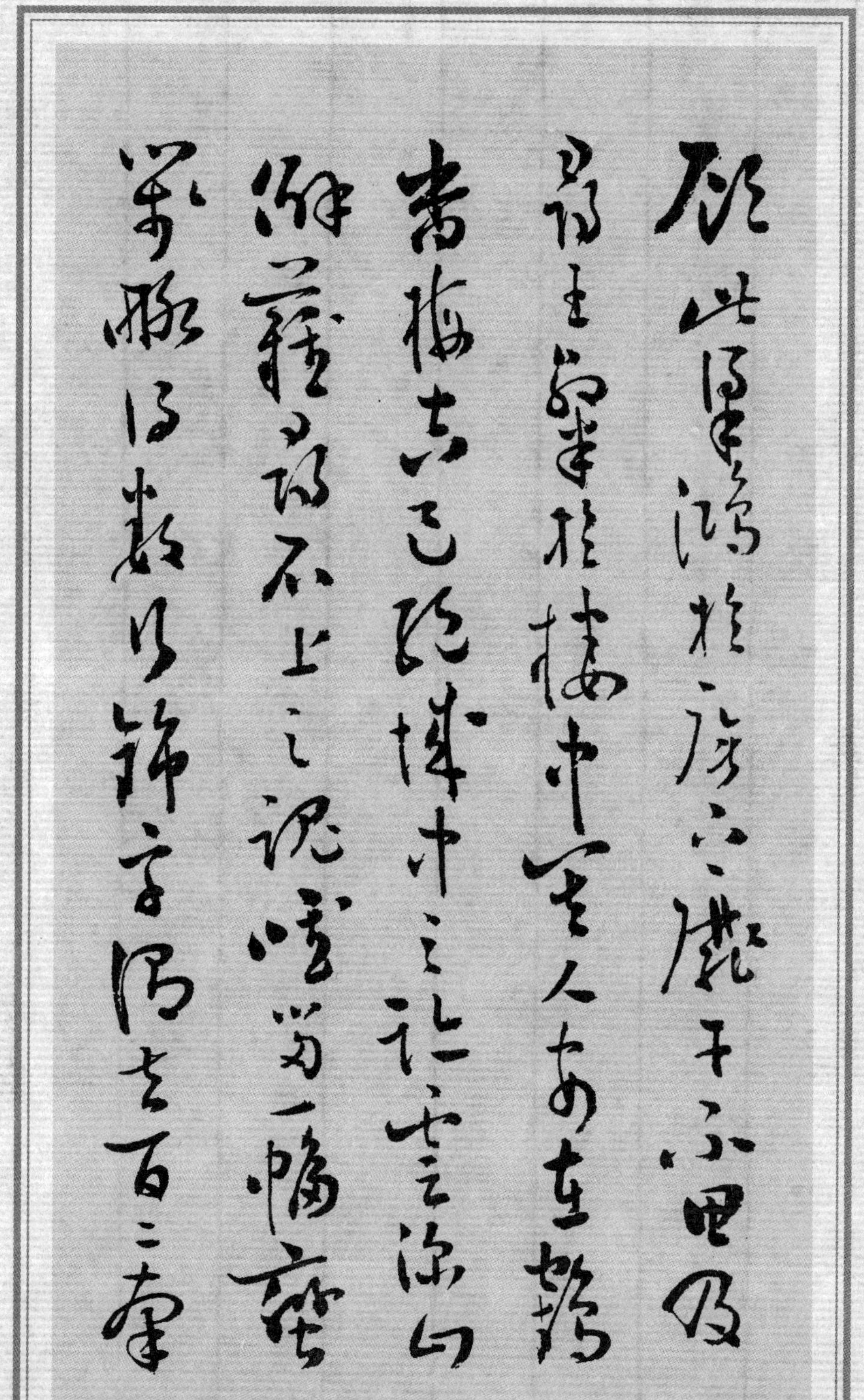

關，未及仕途之險；三千弱水，莫如宦海之危。若教案牘勞形，何異斧斤伐性。夢如未覺，且隨忽忽之黃粱；幾若早知，莫待蕭蕭之白髮。僕也，曾記黃石

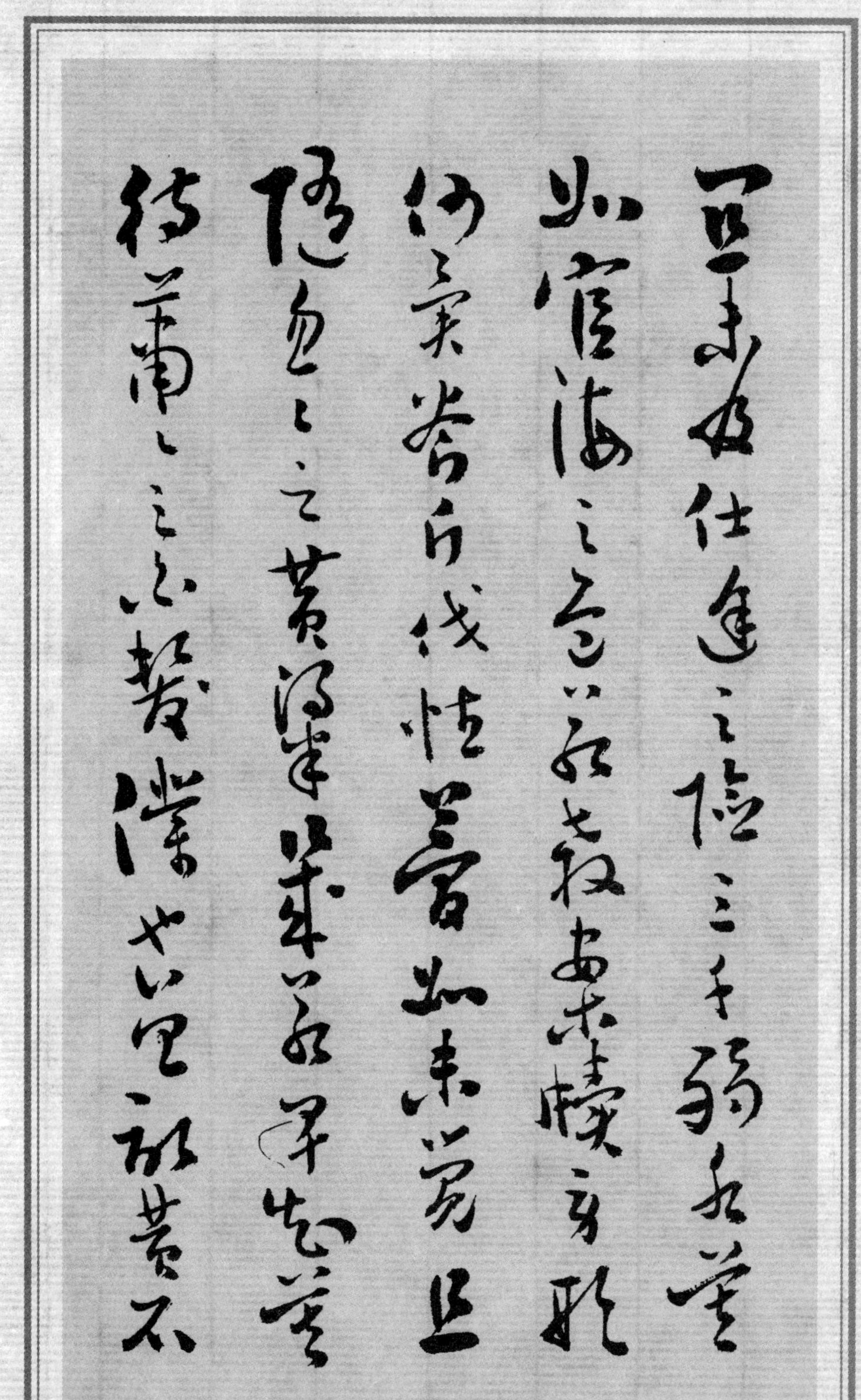

公語，願從赤松子游。傀儡場中，沈迷未久；骷髏隊裏，解脱非難。竊有先知，敢爲預告。君本瑶池掌酒，姑亦閬苑司花。偶干天上之幸愆，暫謫人間

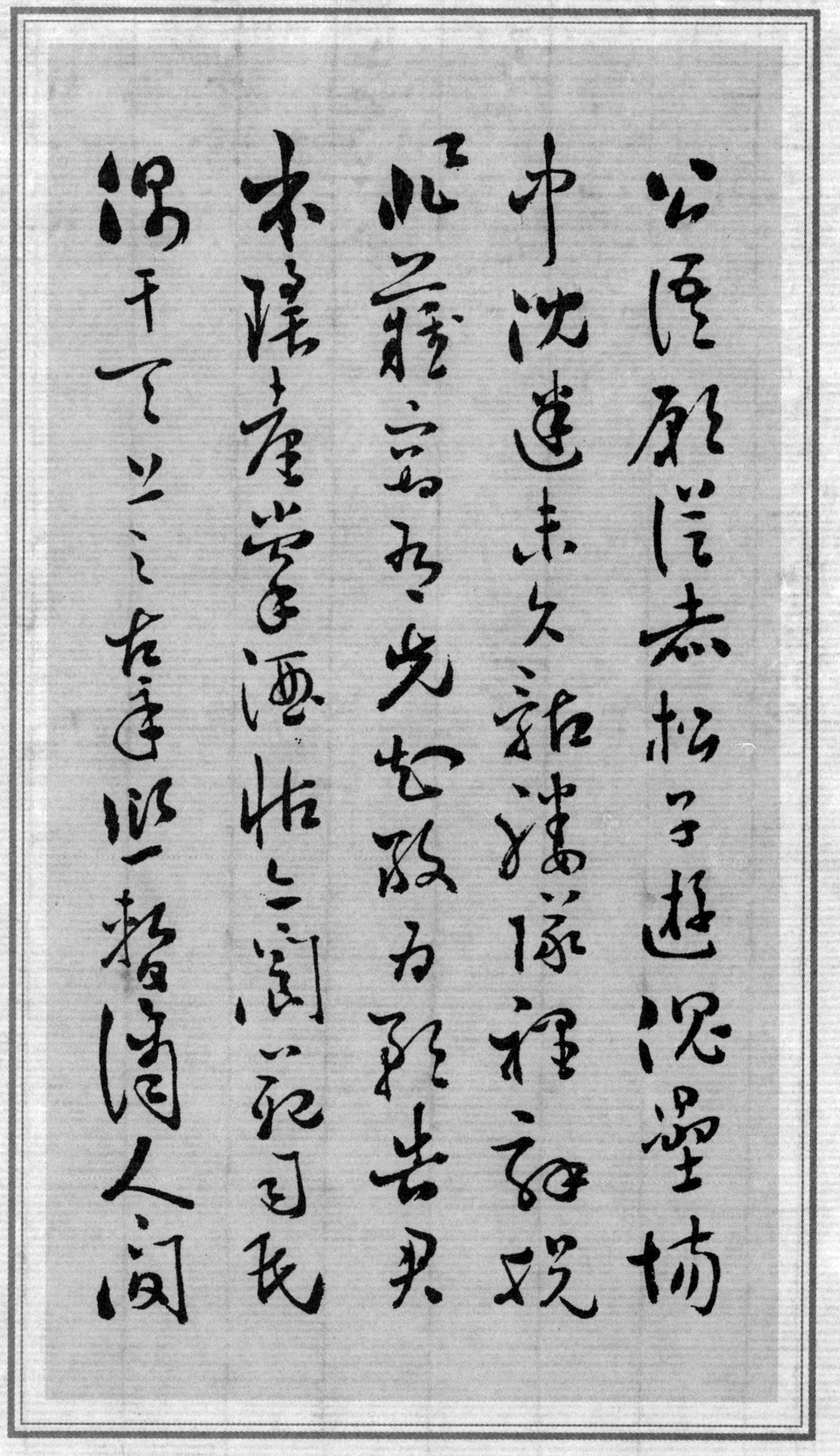

而磨折。他日劉安鷄犬，皆可成仙；今時鮑靚夫妻，俱宜學道。嗚呼，鶴辭華表，猶存警語之能聞；鳳返丹山，無復德輝之可覽。從此，夢杳張高，迹疏嵇吕。

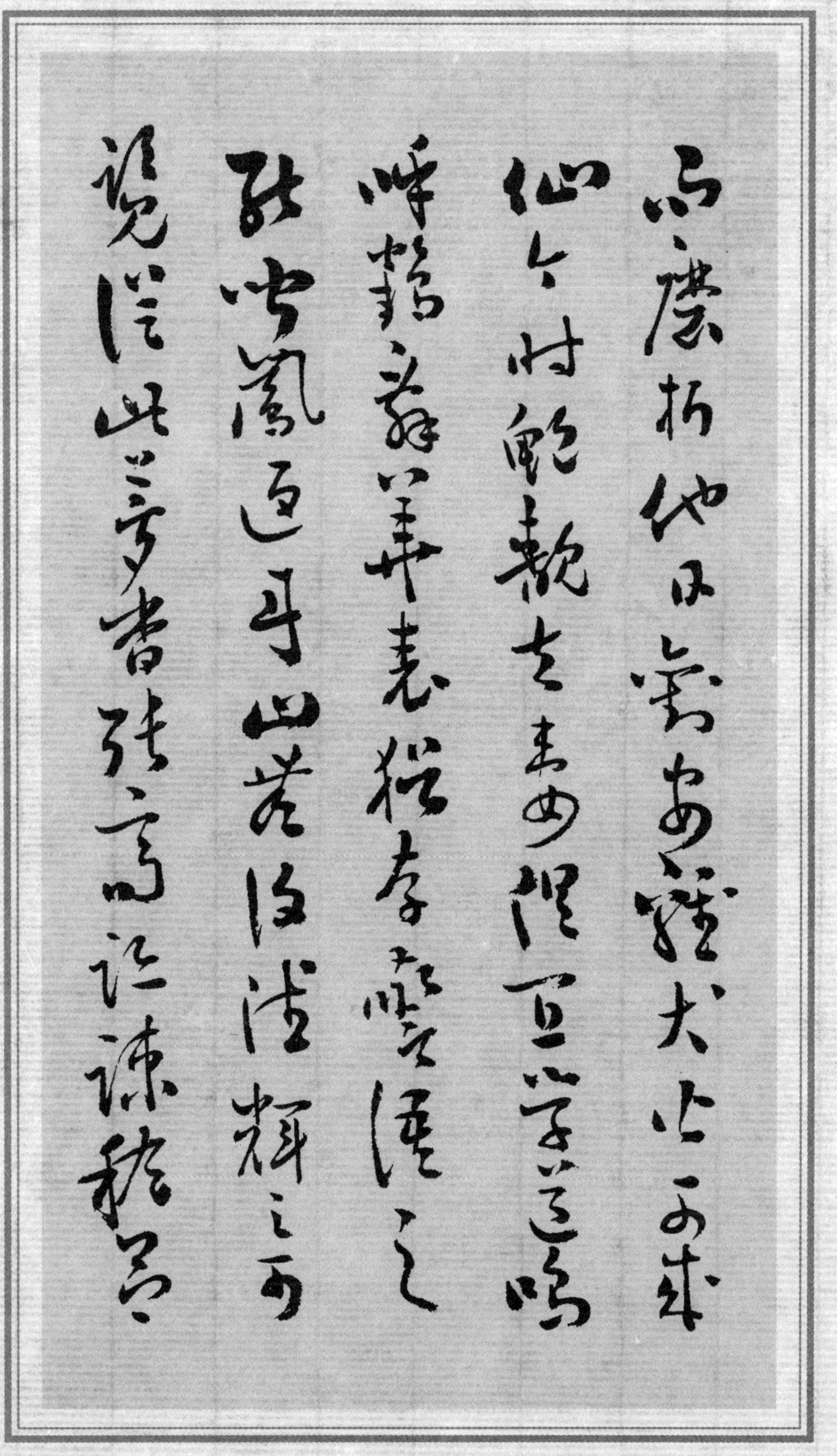

升天入地，徒費隱求；問水尋山，空勞遙訪。波濤森森，群迷徐福之舟；烟霧霏霏，莫辨張超之市。蓉城仙主，迹顯曼卿；芝館疇司，名宣白傅。虎龍夜合

黃金鼎，鸞鵠晨朝紫綺裘。蓋九轉還丹，早得爐中妙道；一朝辟穀，已爲地上游仙矣。惟時生與姑也，金鎔少伯，絲繡平原。朝夕焚香，遥酬大願；春秋

薦俎，共竭私忱。回憶言留金玉，只勸早休；素知身入樊籠，原圖勇退。第念君恩甚渥，頻沾雨露之私（施）；却慚臣力方剛，未得涓埃之報。暫參朝采，實非軒

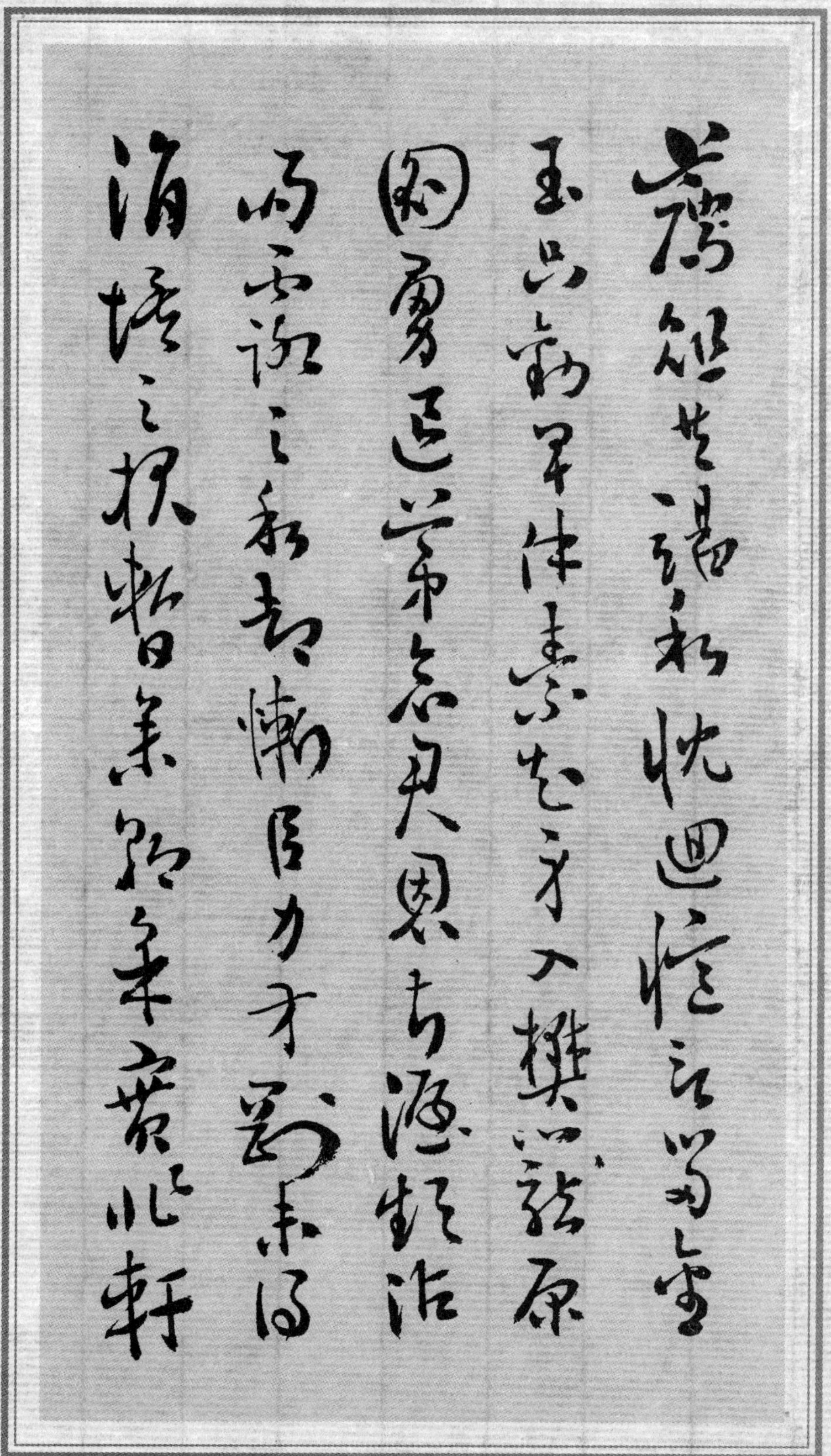

冕希榮；敢告山靈，莫使雲泉遺憾。嗣是實生督糧淮北，視鹵江南。剔奸而冠虎悉除，處潤而鼎黿不染。請緩凶年之餉，力可回天；乞除苦役

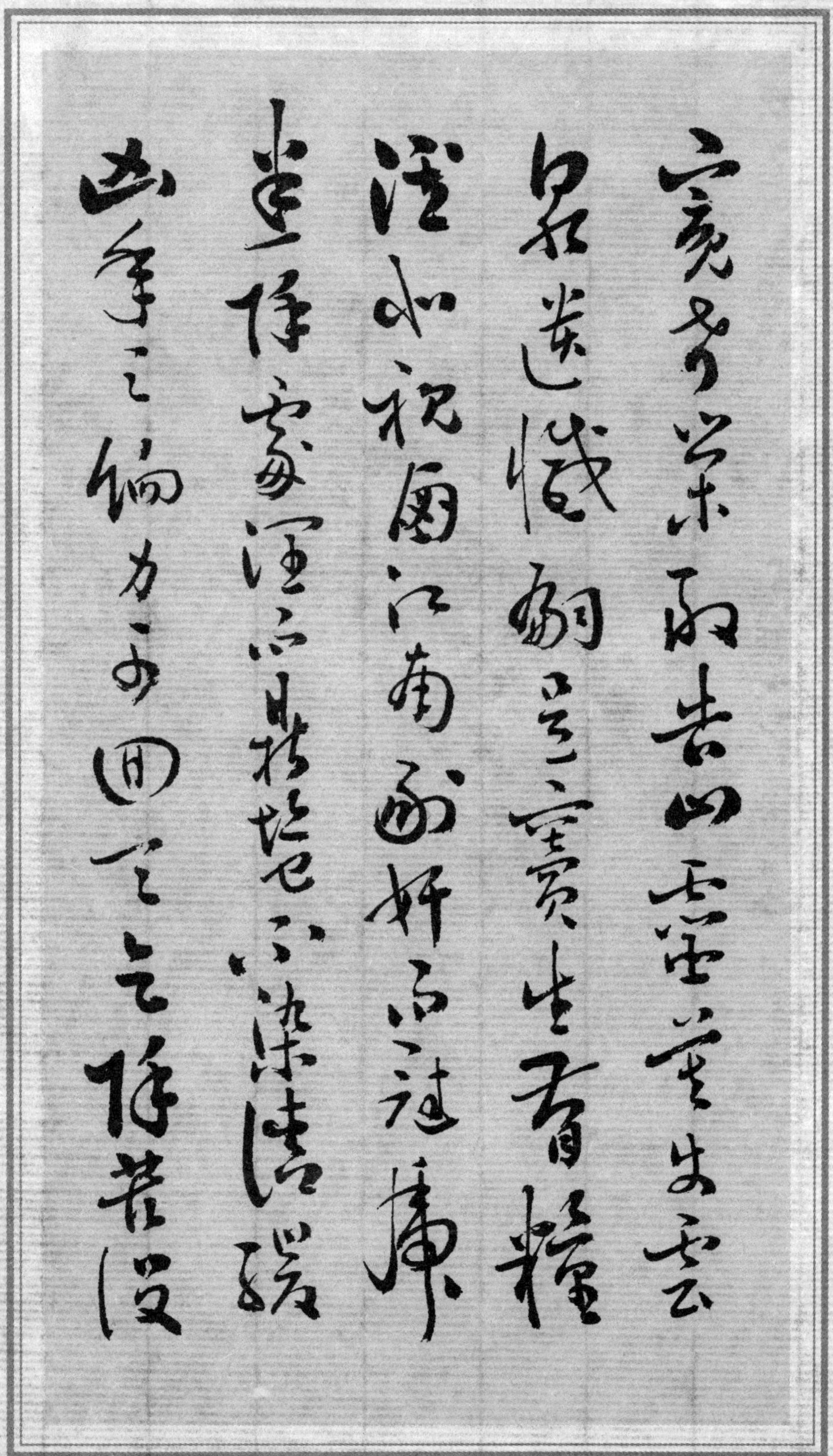

之丁，誠能格主。整躬率屬，黃龔允(龔黃允)是神明；潔己奉公，杜召洵爲父母。降九垓之德曜，頗著循聲；移一路之福星，殊多惠蹟。第在成祖，當靖難以來，刑書

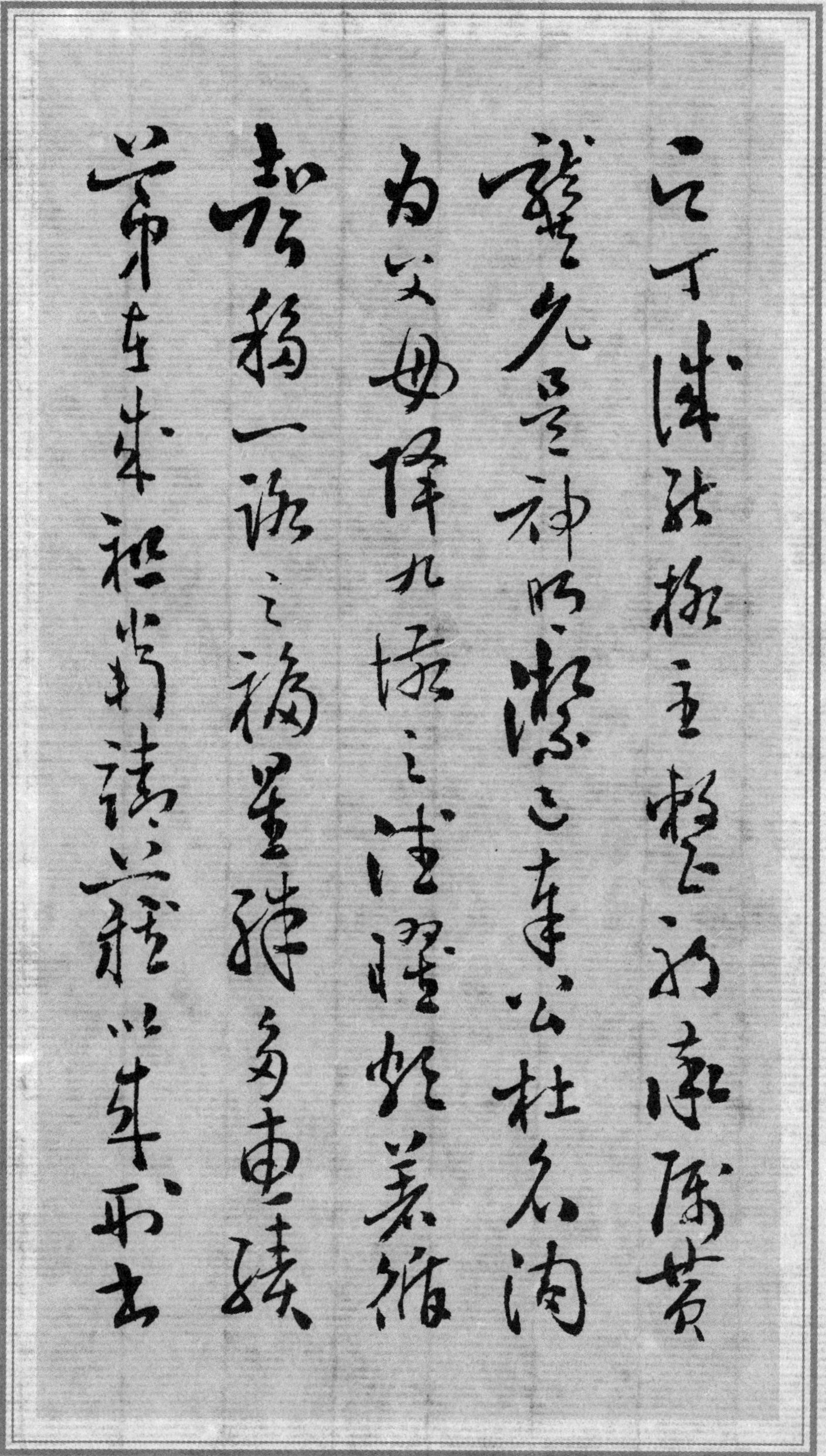

過峻；及承平之後，法網仍嚴。義士忠臣，悉充冤獄；貞妻烈女，半入教坊。抄成瓜蔓之名，萬家露宿；罪定株連之例，九族尸橫。或慷慨以就烹，或從容

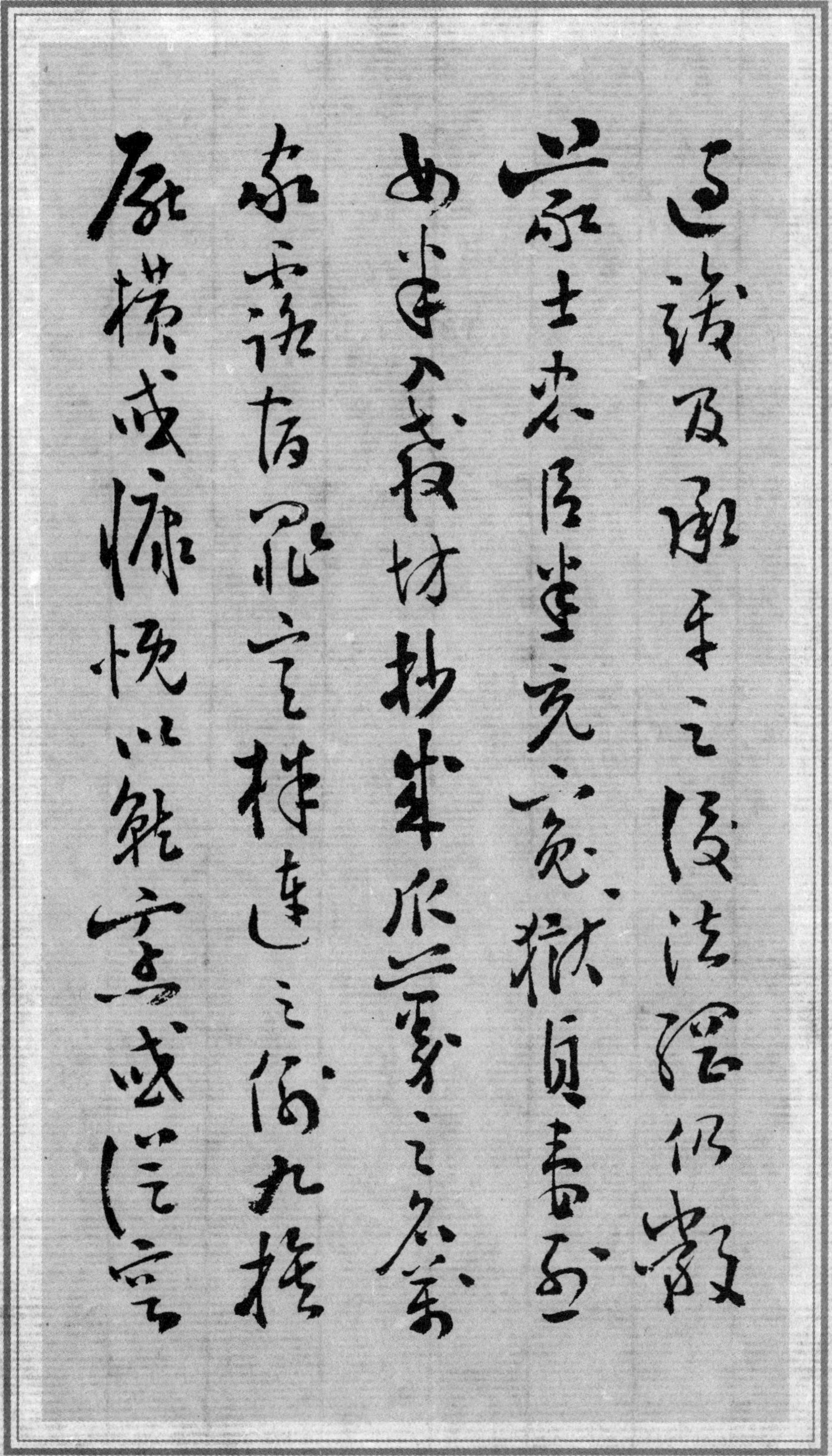

而引刃。流丹化碧，血染杜鵑；葬玉埋香，魂依芳草。生乃從觸目傷心之會，遂上緩刑尚德之書。願從盛世作良臣，定宜補衮；敢謂聖朝無弊政，不待批鱗。祇思

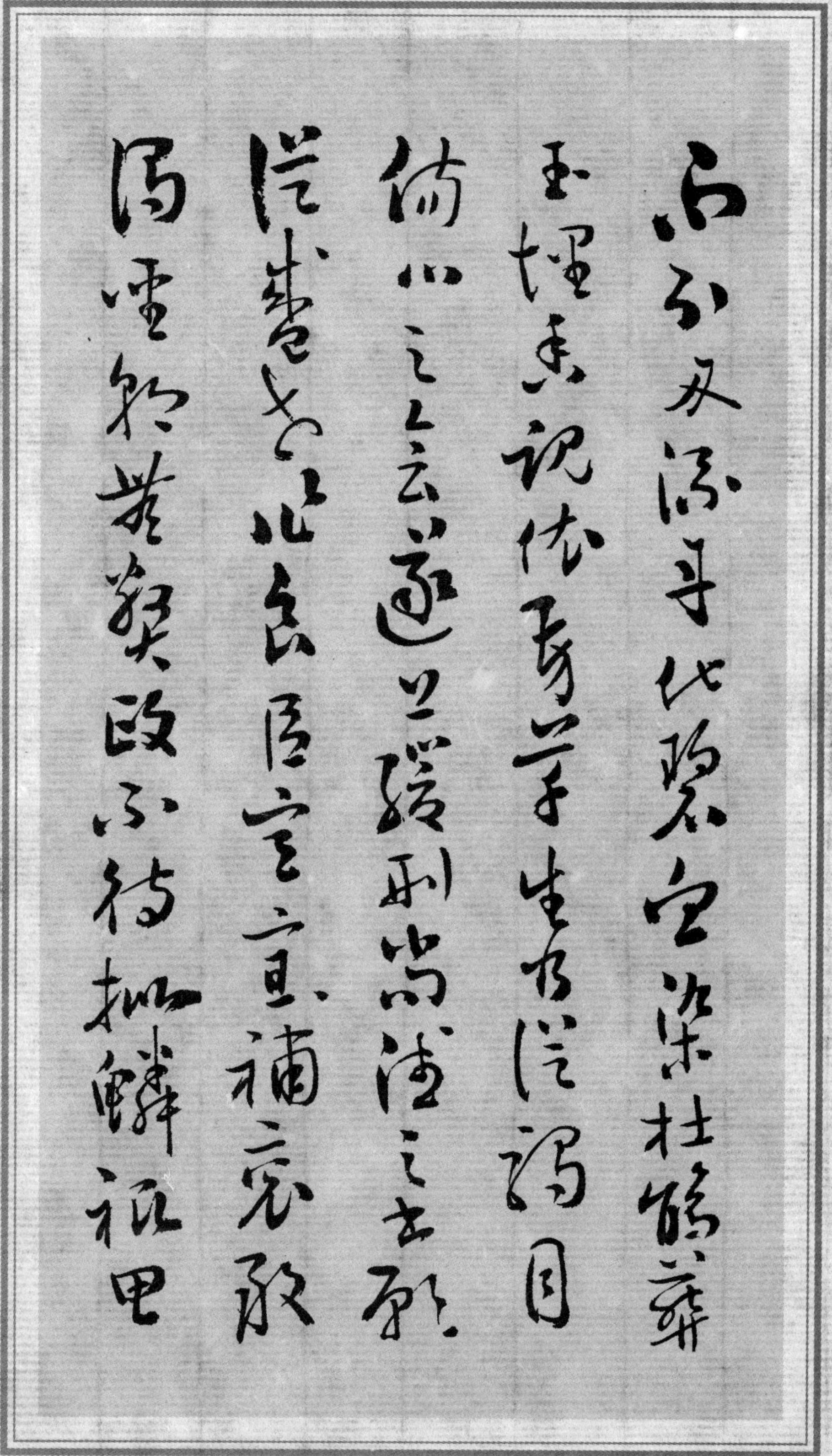

酬明主之恩，豈意觸柄臣之柄(怒)。時某某輩，或形如猛虎，或性若貪狼。爲聖賢徒，殺人事偏歸儒術；受苦薩戒，禍世媒反在禪機。遂使天家之骨肉

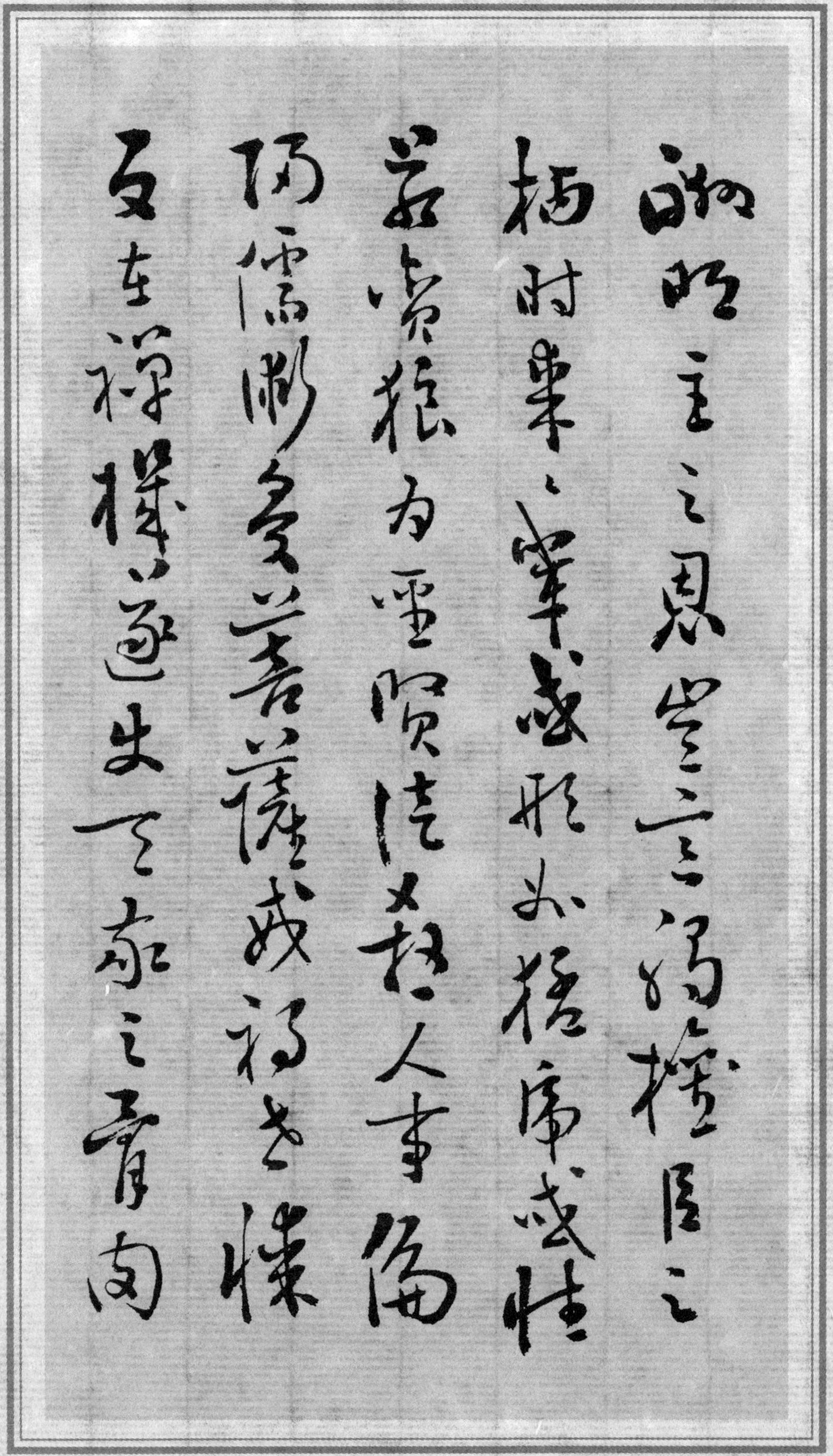

肆戕，勳室之腹心流毒。竄名狗黨，嗾長喙以吠堯；操授意闒茸，操銛筆而助跖。豺狼得志，當道方得志於明庭；魍魎何心，屢弄人於白晝。生也，靈茁草心，專思

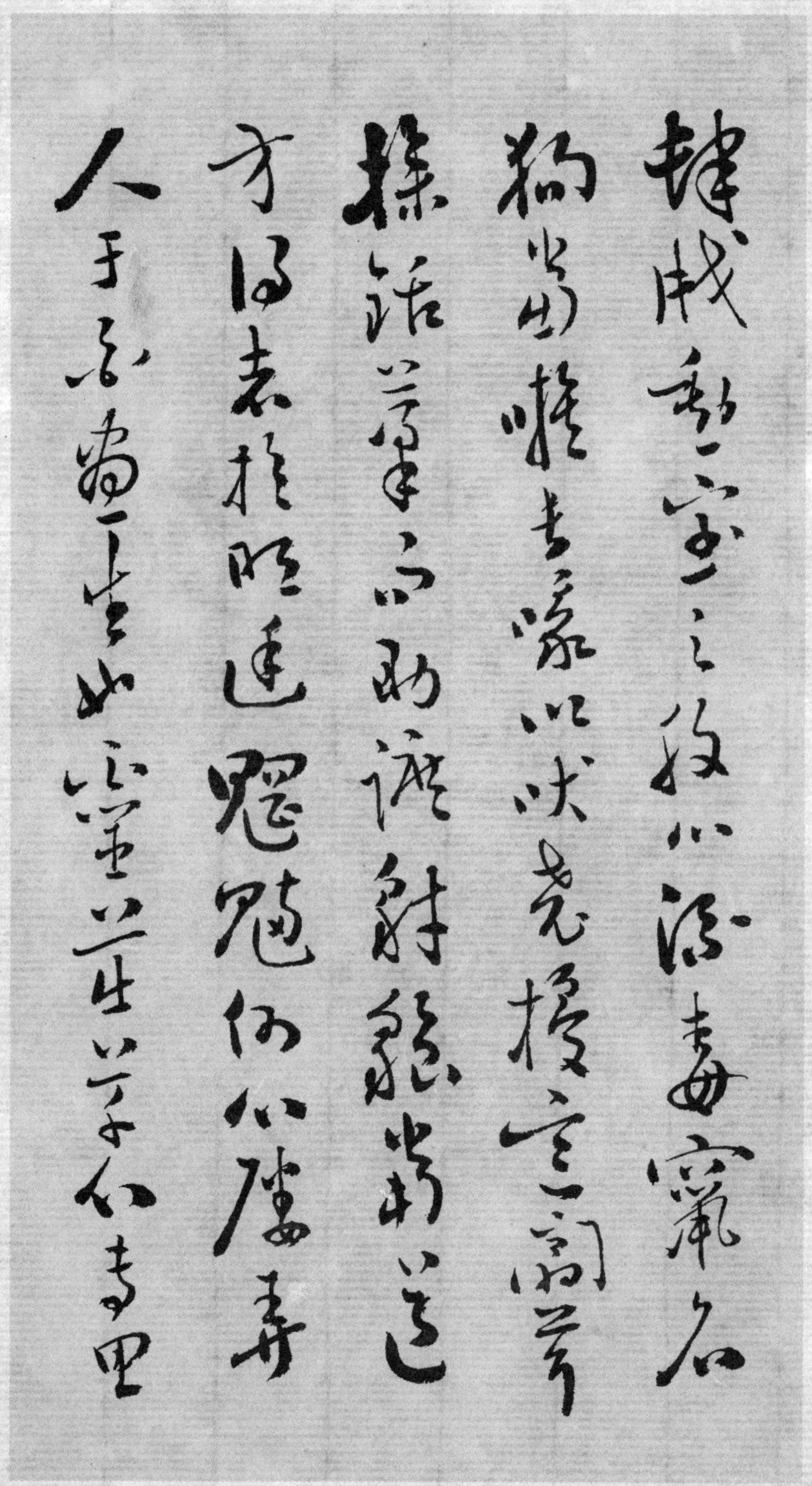

指佞；力張豸角，只欲觸邪。曾讀先聖之書，願學何事；直請上方之劍，乞斬若人。由是，權要嫉心，奸雄切齒。轉喉觸諱，既失意於貴人；鳌手成冤，復

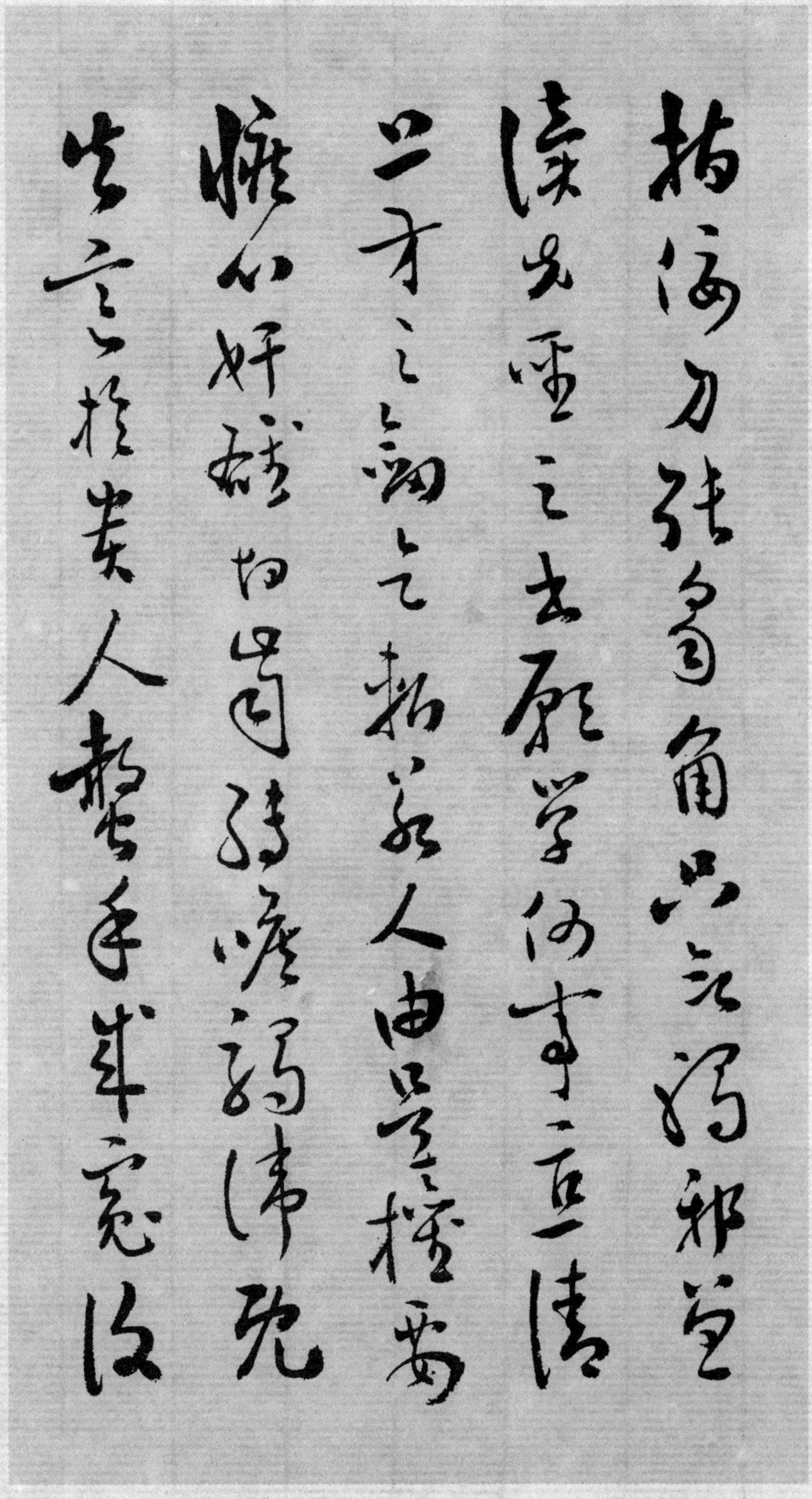

見嗔於丞相。激田蚡之忿，滿座汗流；干張讓之威，舉朝股慄（栗）。呼朋引類，營營只聚蠅聲；舞爪張牙，逐逐更添虎翼。惡其熏鼠，反使自焚；嫉彼灌狐，偏令

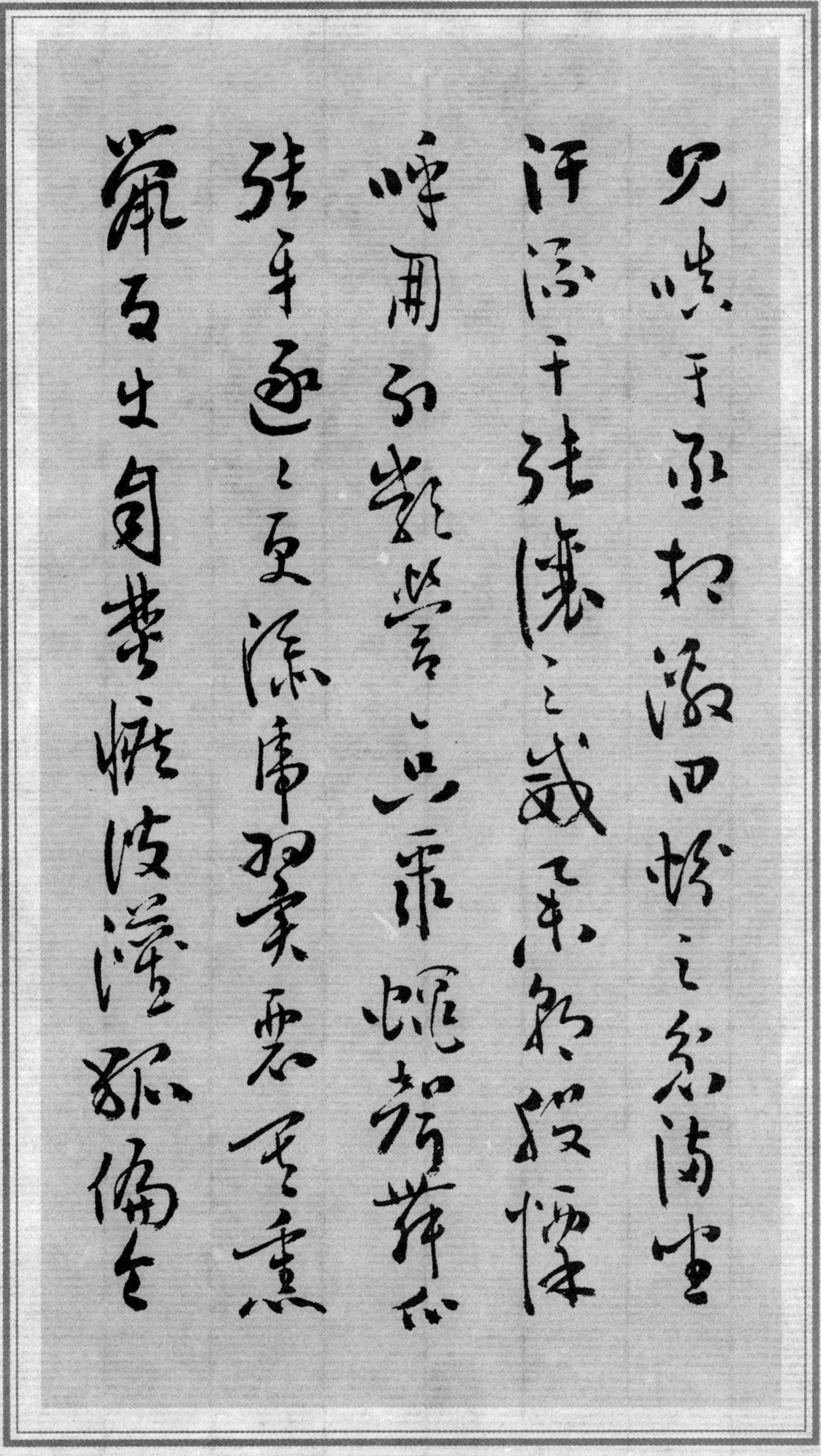

己溺。擠排迭出，斷難許其生還；謠諑叢生，務欲置於死地。夫臣心如水，豈果當誅；而眾口銷金，皆曰可殺。幸邀睿鑒，不聽宵黨之言；姑宥愚臣，僅擬

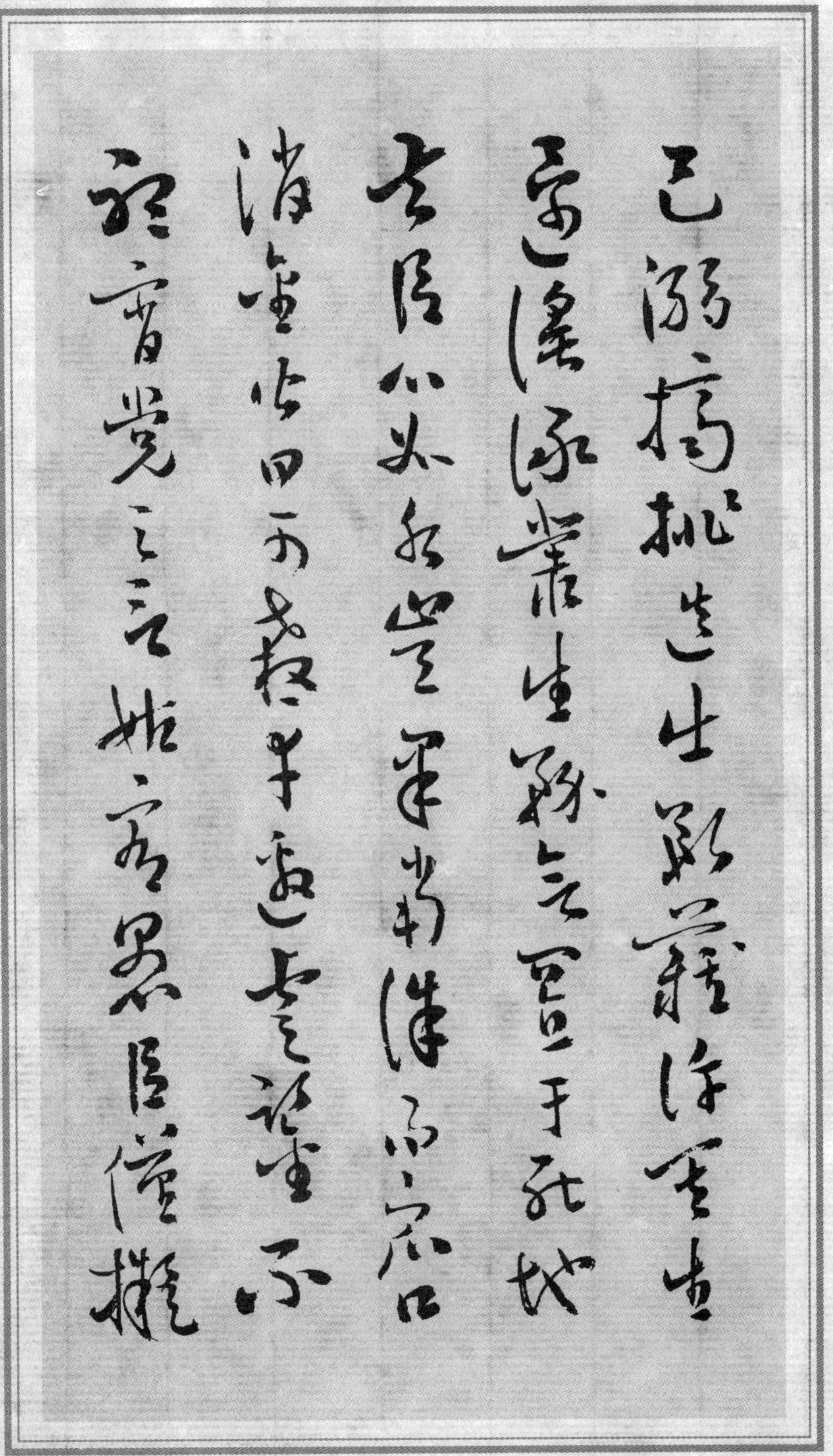

夜郎之貶。孤臣報國寧辭死，聖主憐才特賜生。鐫御史之官，改除刺史；薄播州之謫，調授柳州。不爲烟瘴罪曹，未是風塵末吏。雖權收白簡，空懷拔薤

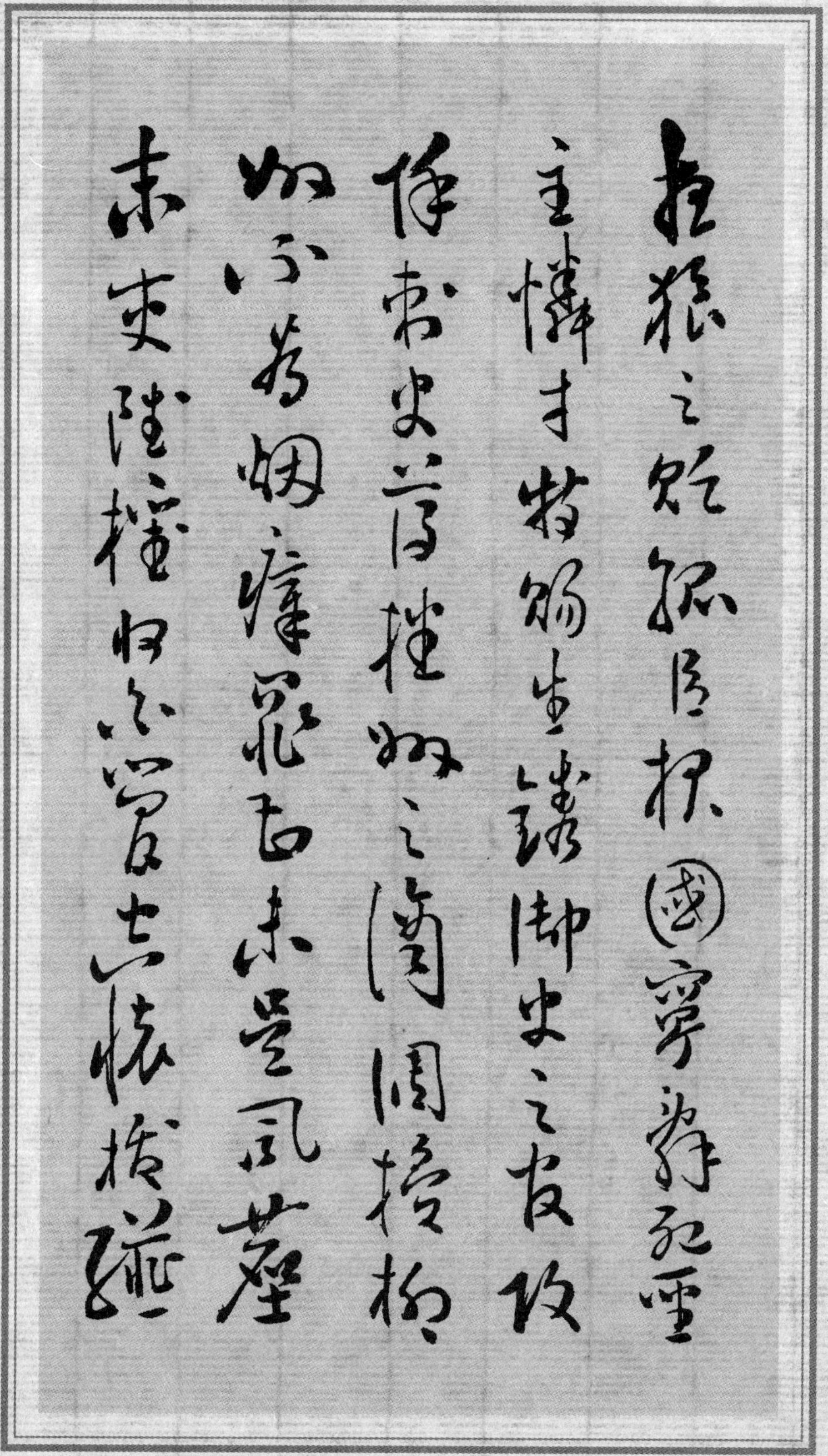

之心；然職奉黃堂，尤著留棠之迹。皤熊乍度，即聞五袴歌聲；竹馬初迎，旋見兩歧秀色。默化桀驁之氣，巖邑無虞；潛消刁獷之風，頑民自格。獄皆隙地，

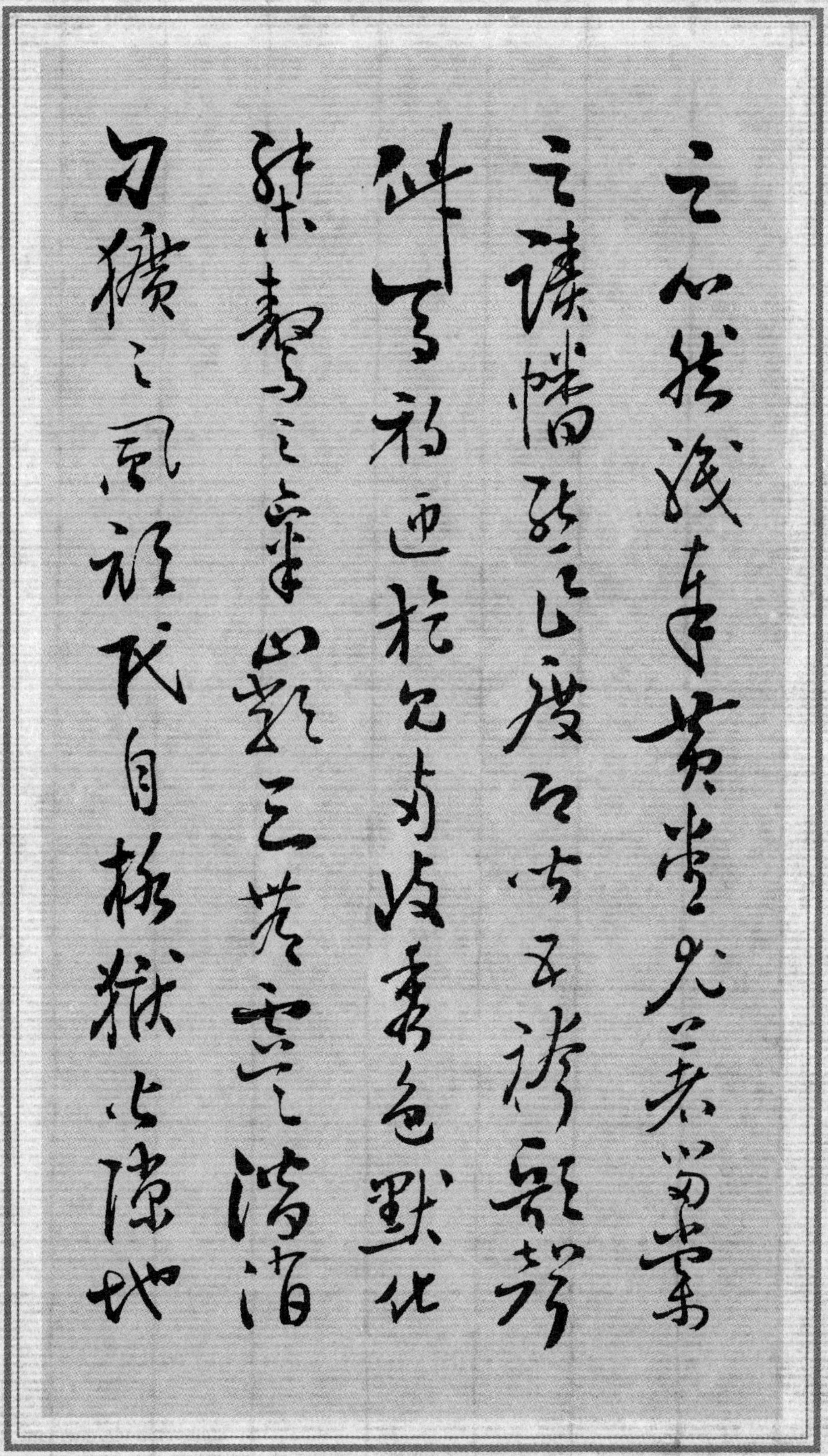

儘可栽花；吏盡閑人，殊堪削木。然以年年絕賂，莫奉上官；因而事事索瘢，頻居下考。自一麾而出守，名著一錢；歷五載而不遷，秩終五馬。憶蓴羹之

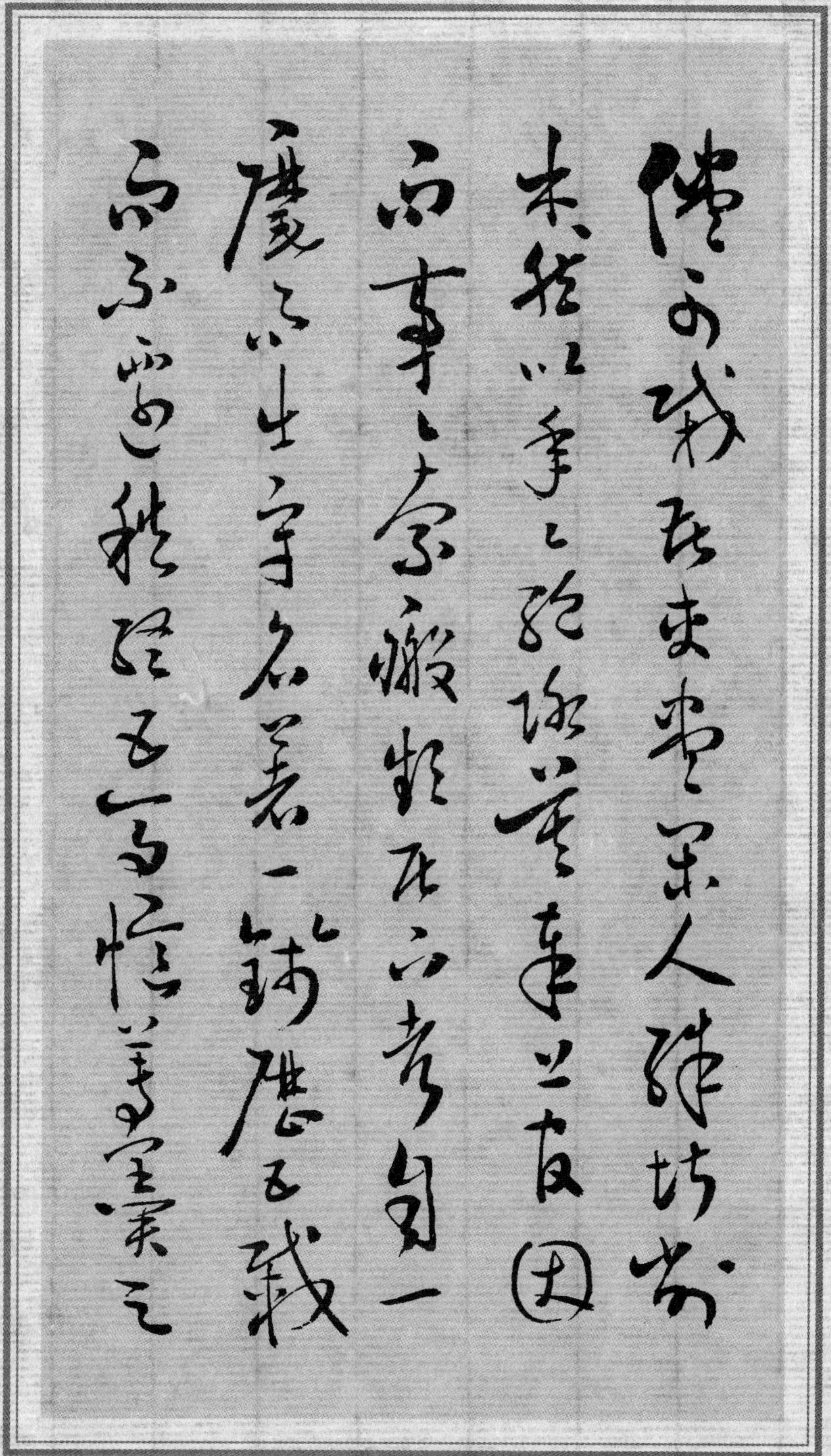

味，鄉思殊濃；聞杜宇之聲，宦情頓減。生曰我願足矣，云胡不歸；姑曰能如是乎，與君偕隱。富貴常情誰不羨，功名隨分莫求餘。鳥已空林，早悟藏

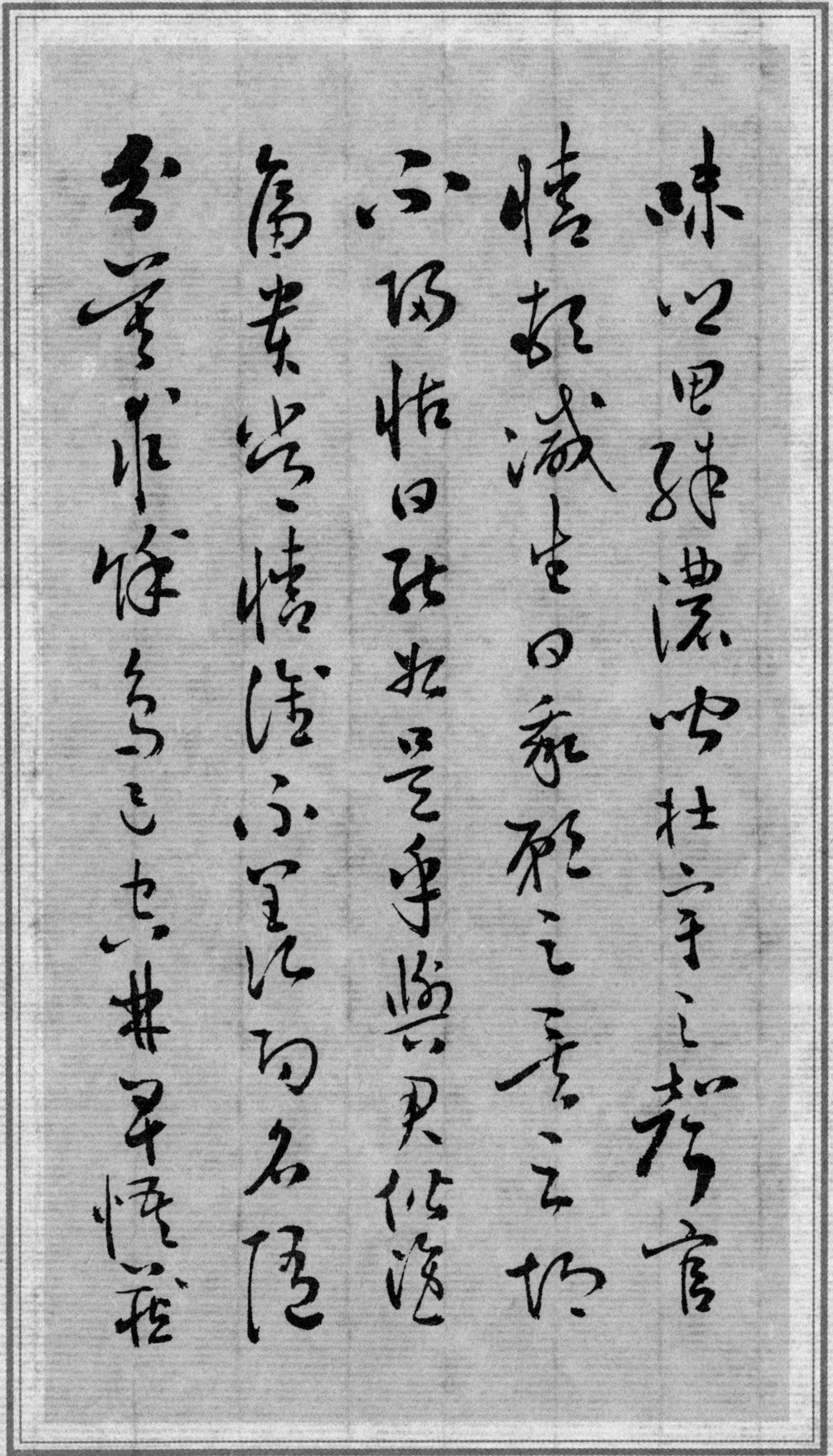

弓之理；驥何戀棧，遽成解組之謀。袖剩清風，襟餘明月。跋山歸里，裝輕薏苡之車；泛海回家，舟重鬱林之石。慨夫生也，仕羞詭遇，詎求知於狗

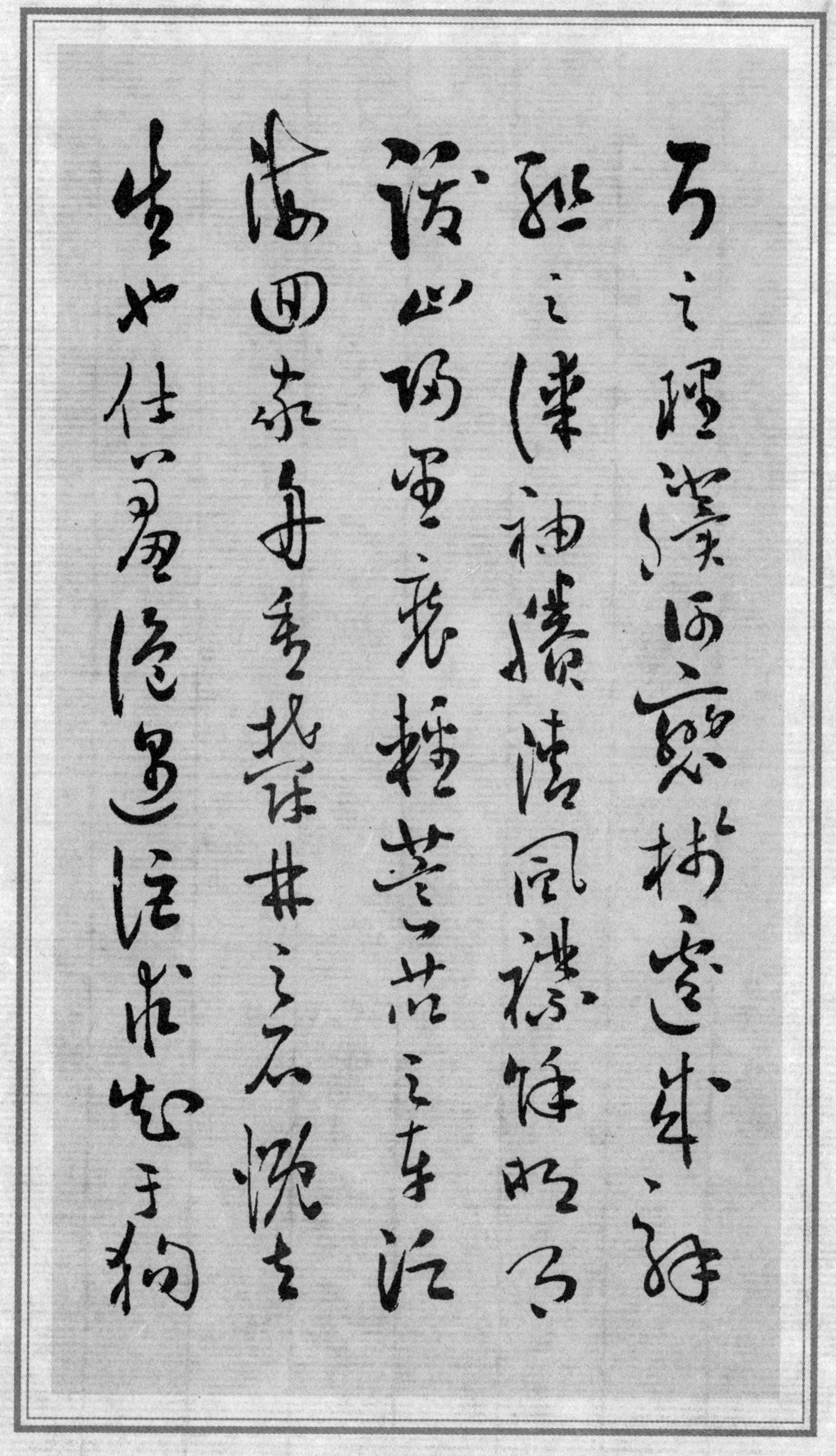

監之徒；交擇清流，豈忍棄夫牛醫之子。腰非可折，項自能强。只肯長揖而見將軍，大丈夫當如是也；倘奏豐功以報天子，萬户侯何足道哉。奈

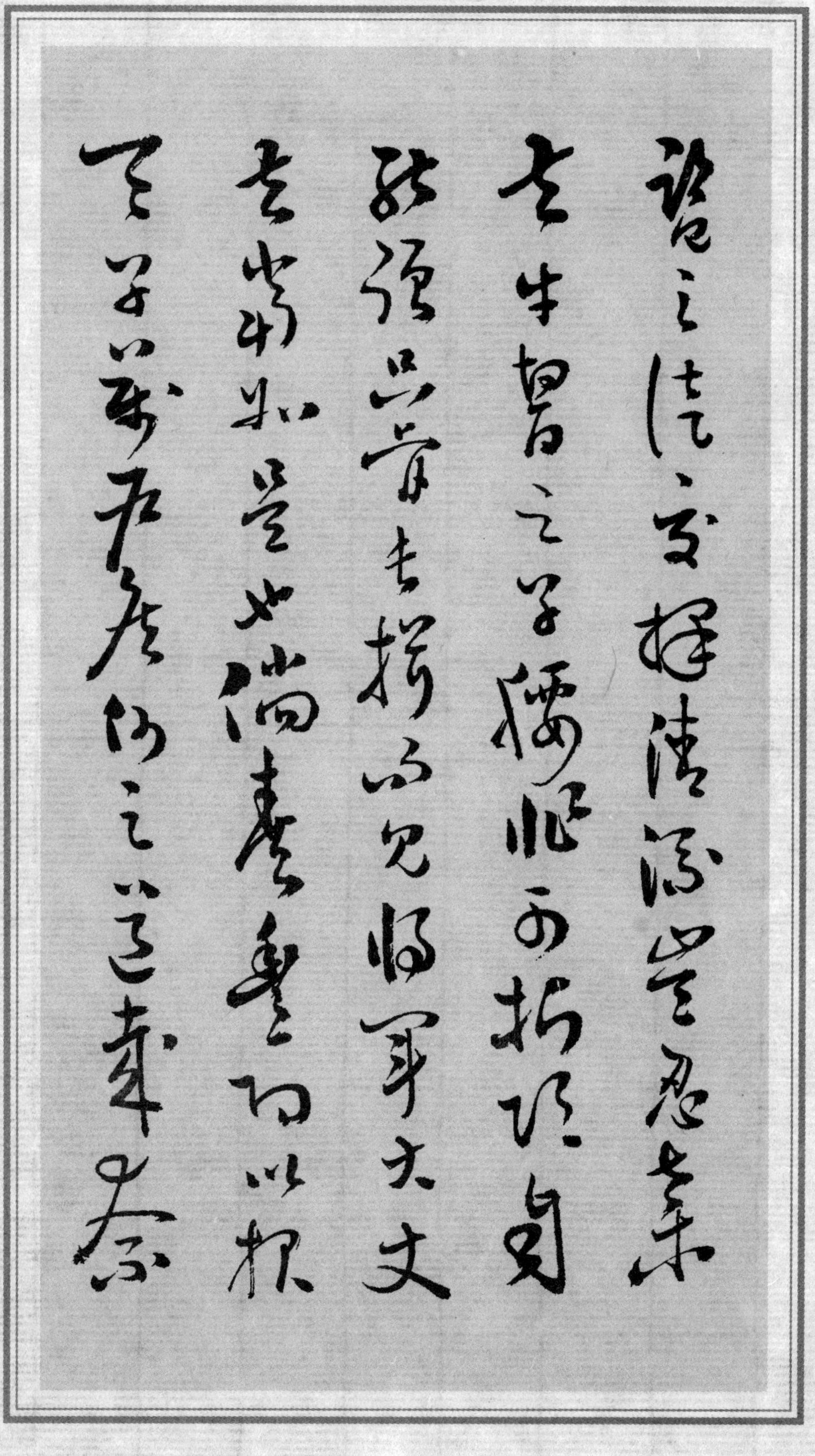

何舉朝同識羊何，成黨咸依牛李。俾其一官匏落，僅拜酒泉；萬里蝎磨，仍歸茶渚。每殷情以戀闕，終賫志而買山。豈罔通其世務歟，抑不合乎時宜也。

迄乎成祖升遐，仁宗登極。赦誅夷之罪籍，悉沐寬恩；追放逐之言官，俱蒙顯擢。書頒絳闕，頻從丹鳳銜來；身伴青山，孰被白雲留住。而生深藏岩壑，堅臥烟霞。托言病未能興，不堪奉詔；自喜居無所事，聊可著書。力盡壯夫，却恐虎鬚再捋；色衰老婦，豈宜蓁首重妝。幸謝故人，毋煩勸駕；敬辭聖主，終願乞

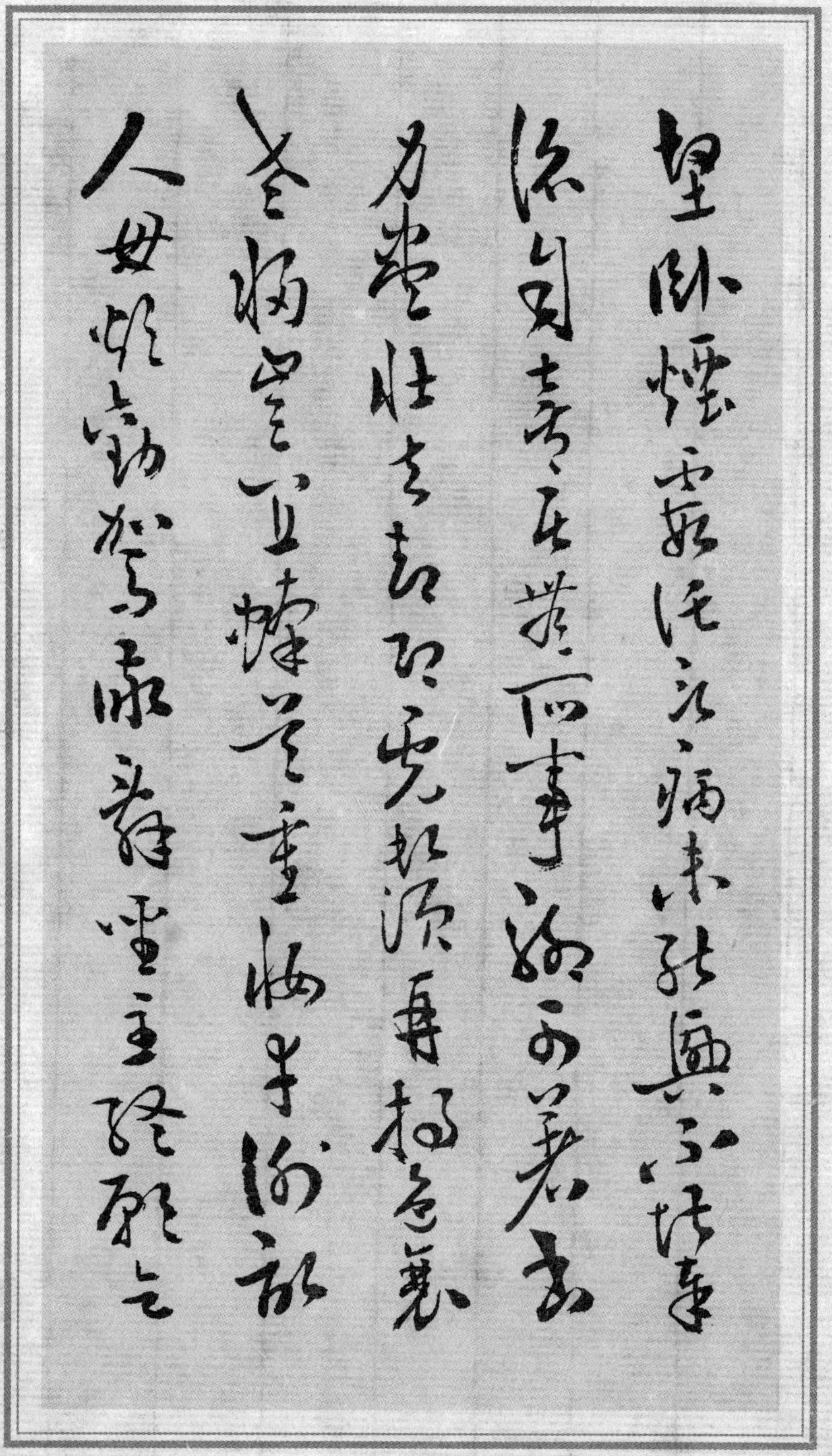

歸。由是，某水某山，遄飛逸興；一觴一咏，暢敘幽情。麈柄輕揮，偶與文人舌戰；龍團屢煮，每供勝友手談。顔峻家居，不言朝野；韋賢教子，只事詩書。

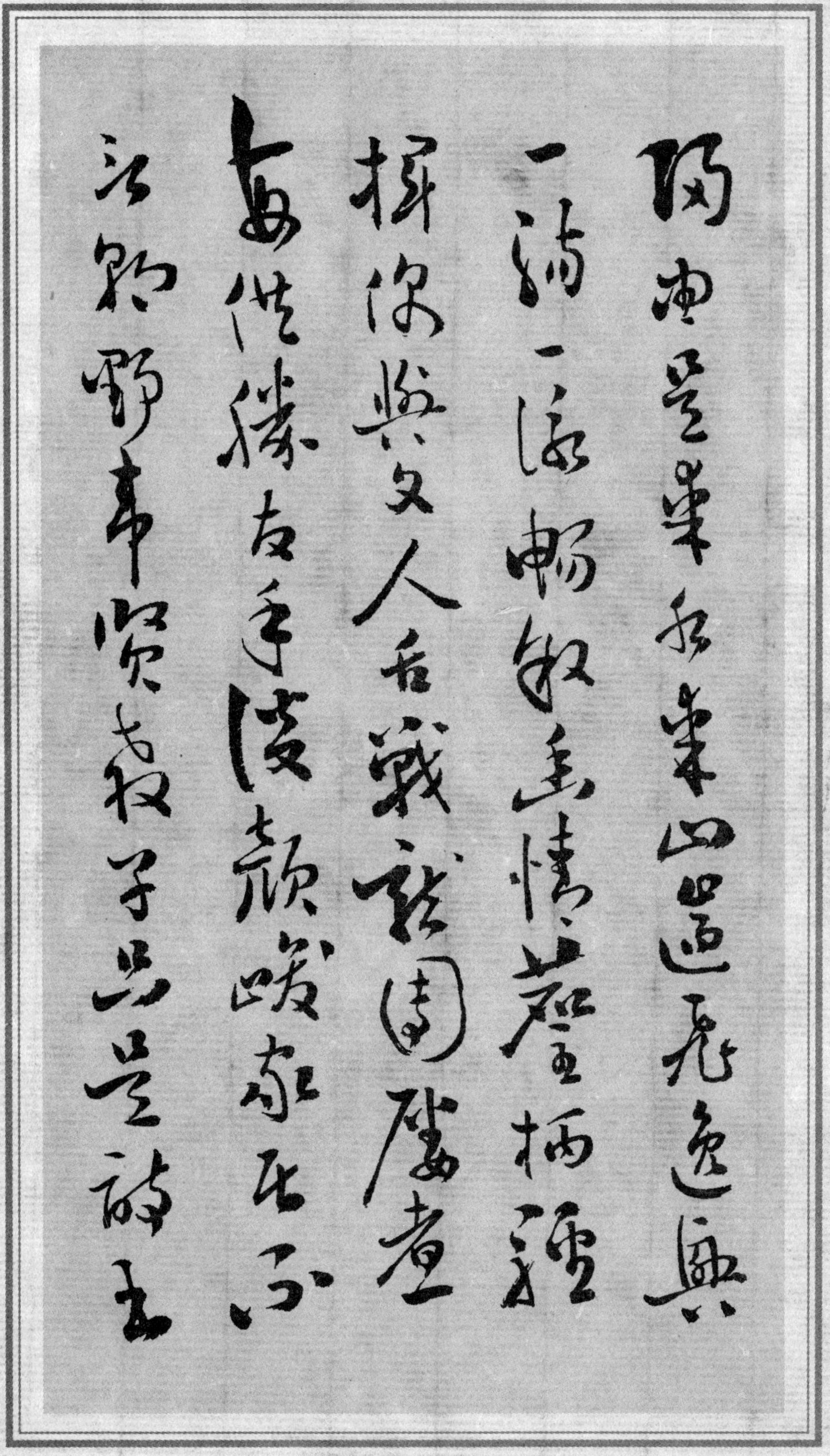

第聞先代高風，半屬令妻助美；每見古人懿行，都從賢婦贊成。人獲嘉名，良匪易耳；天生淑配，夫豈偶然。姑也，相夫盡禮，逮下多恩。渾忘翟茀之榮，

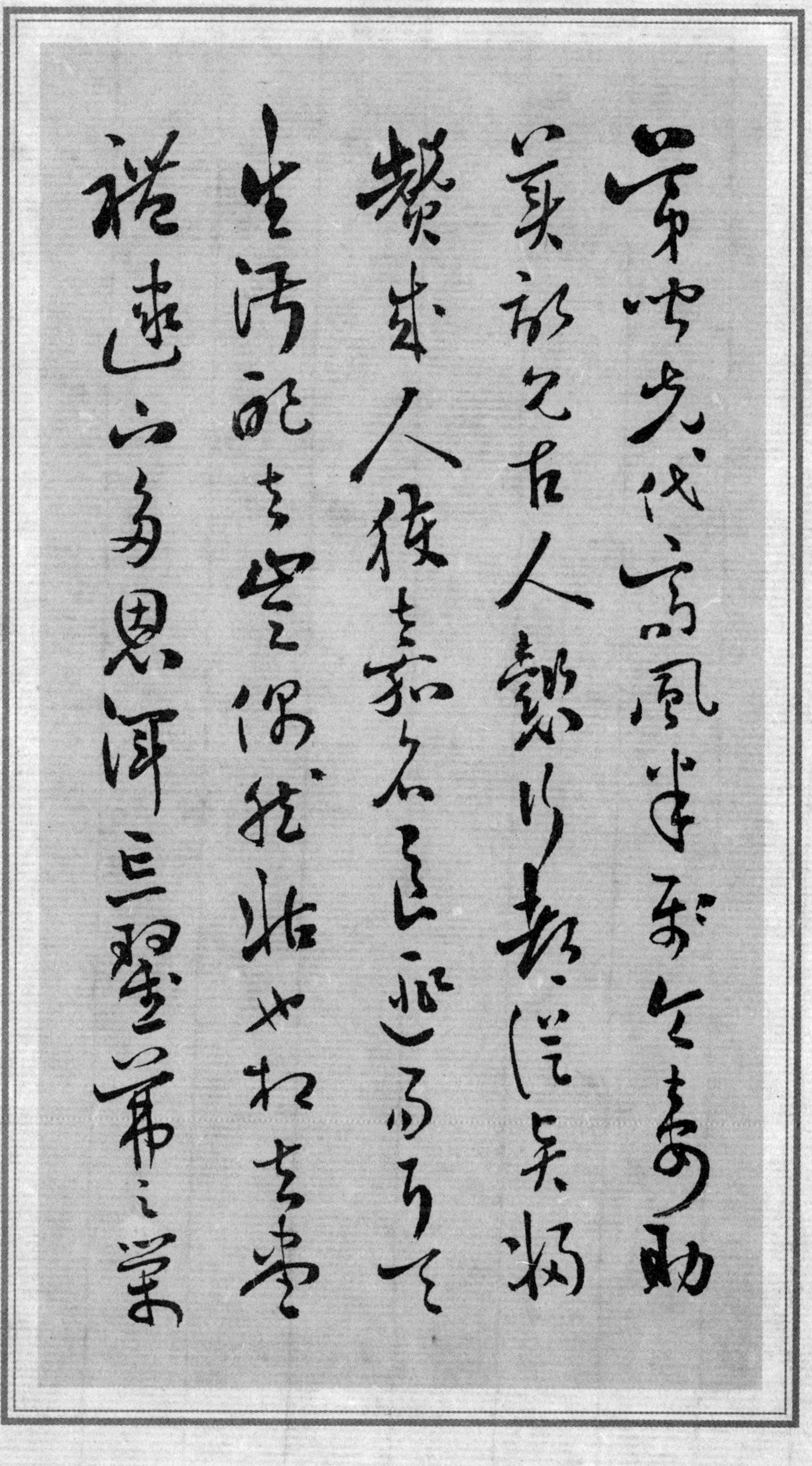

謹守蘋蘩之職。仍然椎髻，奚須翡翠寶釵；原自浣衣，何羨蒲萄美錦。郎值鸞坡，已執西垣之簡；妾居鼉室，猶提南陌之筐。蓋勤儉本於素心，

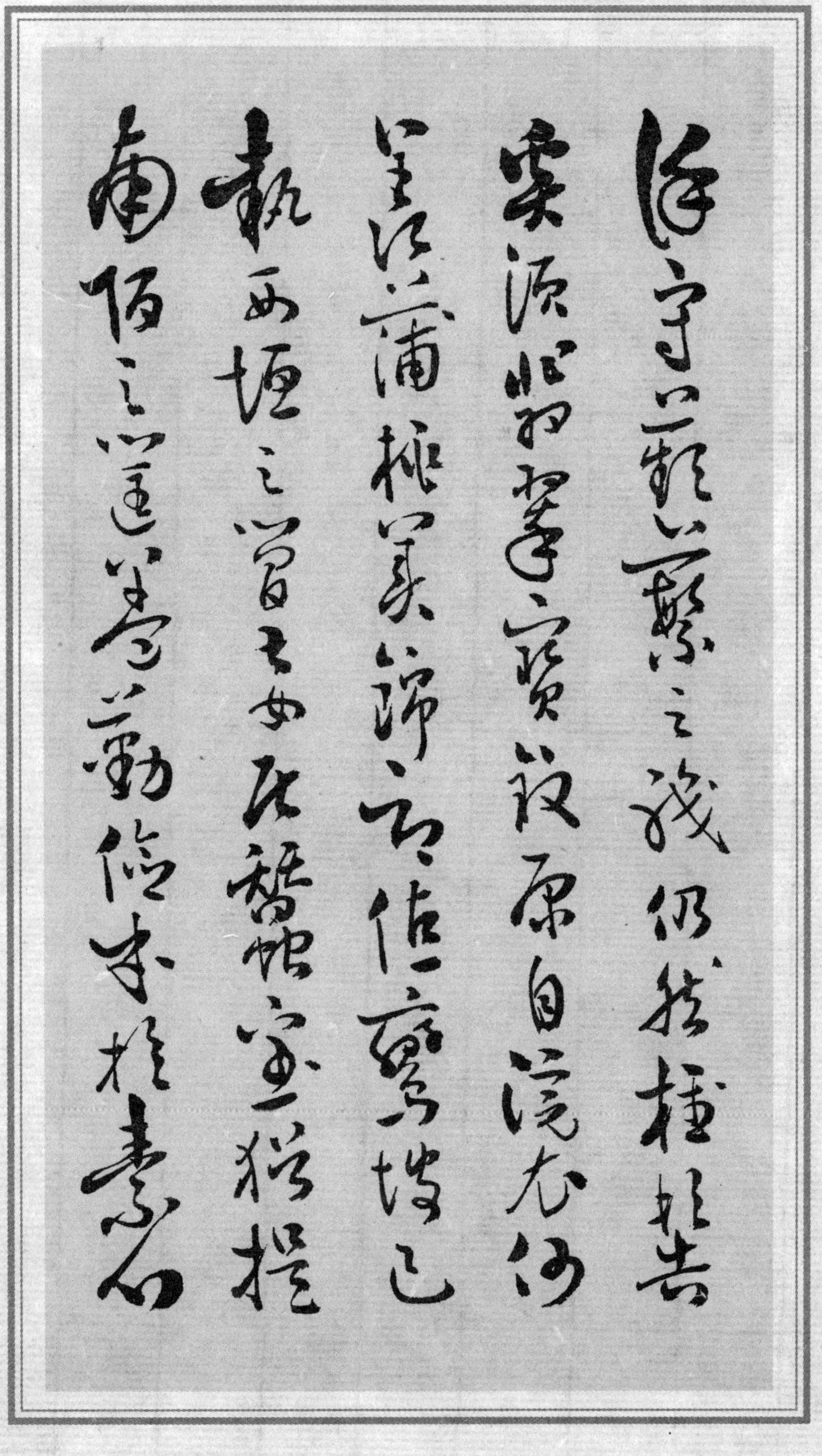

草書燕山外史

而敬慎尤其至性。生嘗結社銜杯，携囊覓句。每值艱辛之會，不無忿激之辭。而姑乃謂，逢人莫道能詩，即非取禍，而苦吟却恐嘔心；與子宜言飲酒，聊

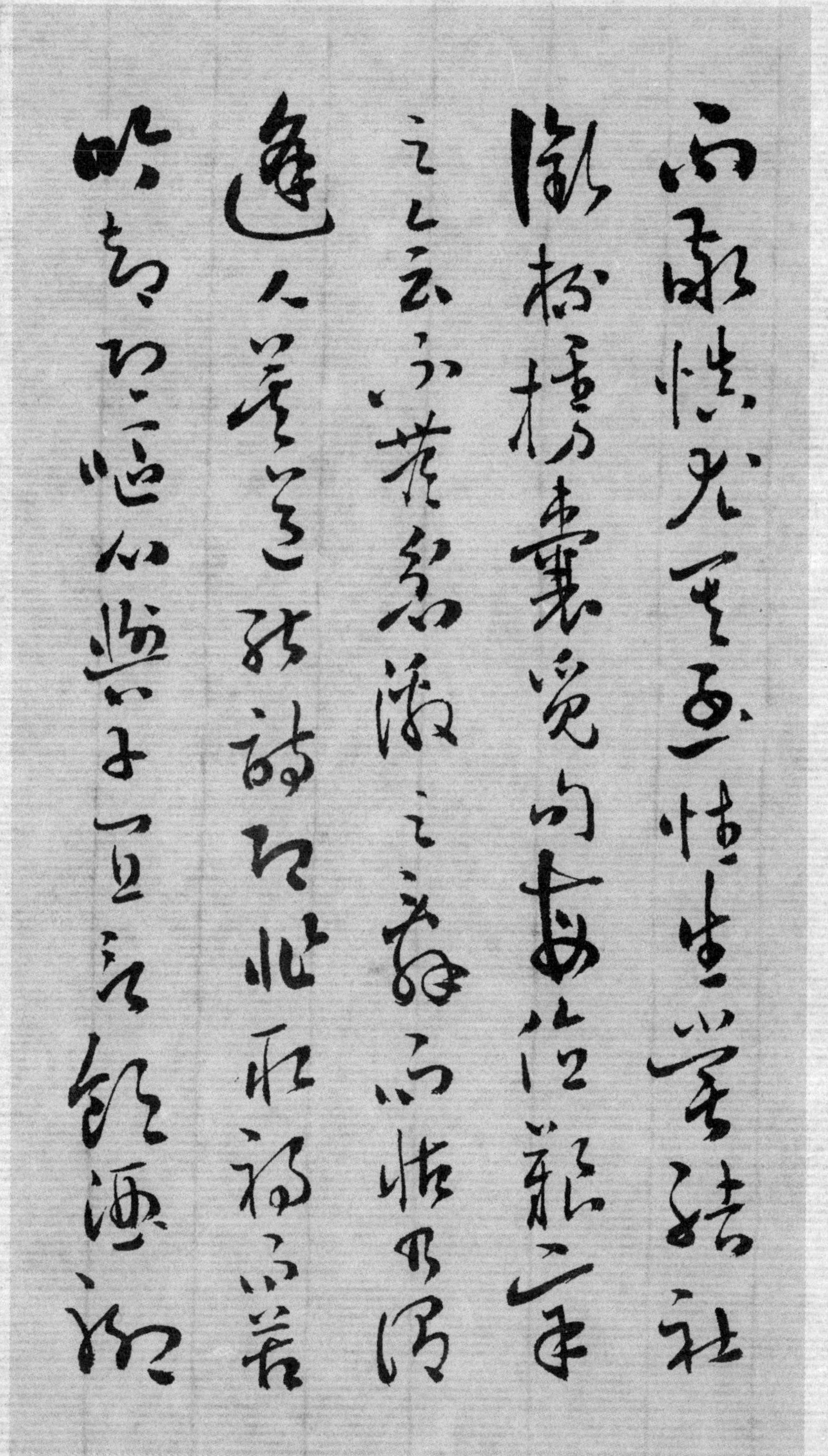

以解憂，而過量又虞亂性。凡所婉諷，率是名言。人述萊妻淑行，餘味津津；世稱陶母賢聲，流芬藉藉。爾時，馬遴有子某者，自夫家遭酷變，其母

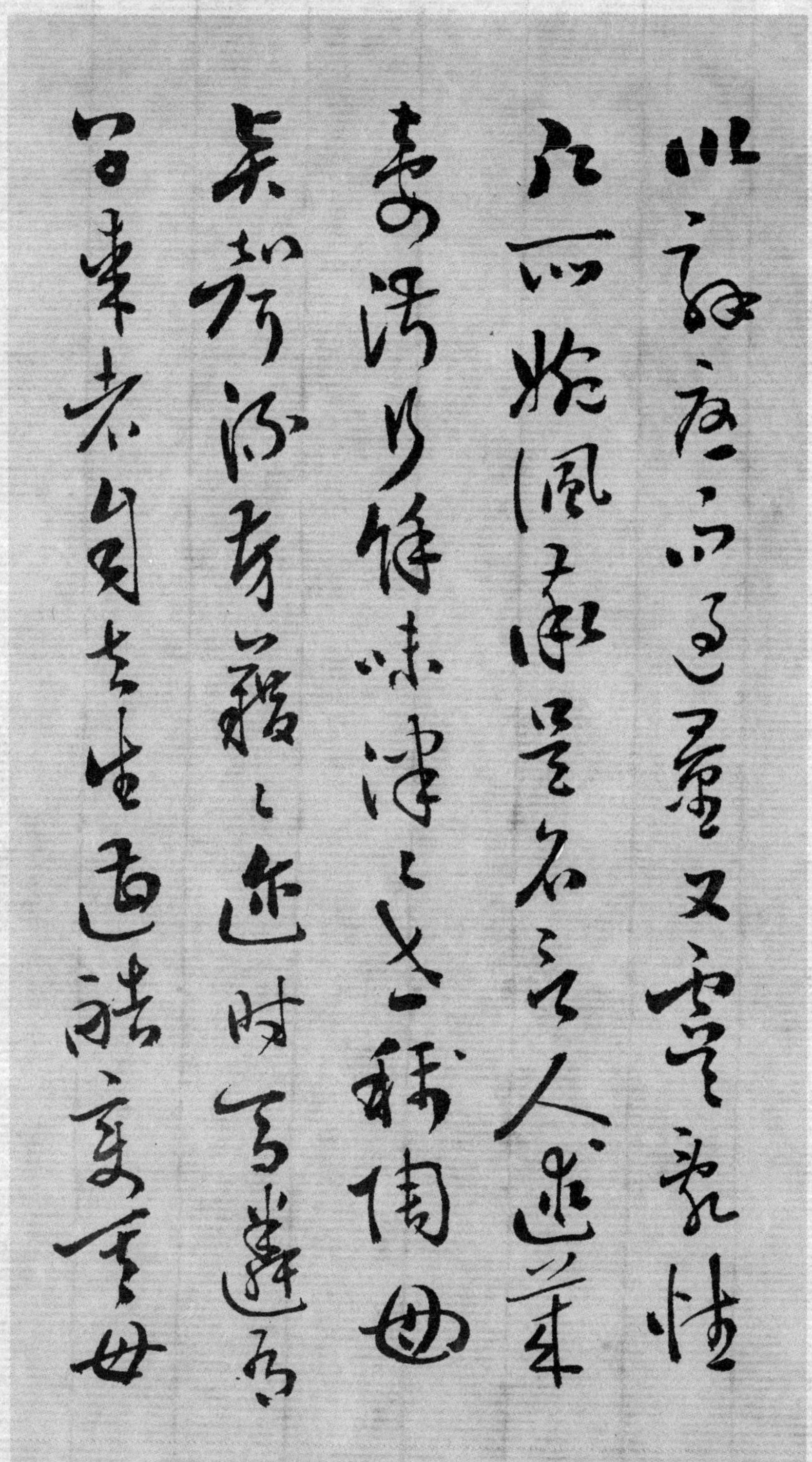

畢命於朱絲；及乎官寢嚴追，此子置身於赤地。叔敖纔逝，子從市上負薪；任昉甫亡，兒在冬時衣葛。每懷故里，暮雨瀟瀟；若問舊交，晨星落落。求薪覓

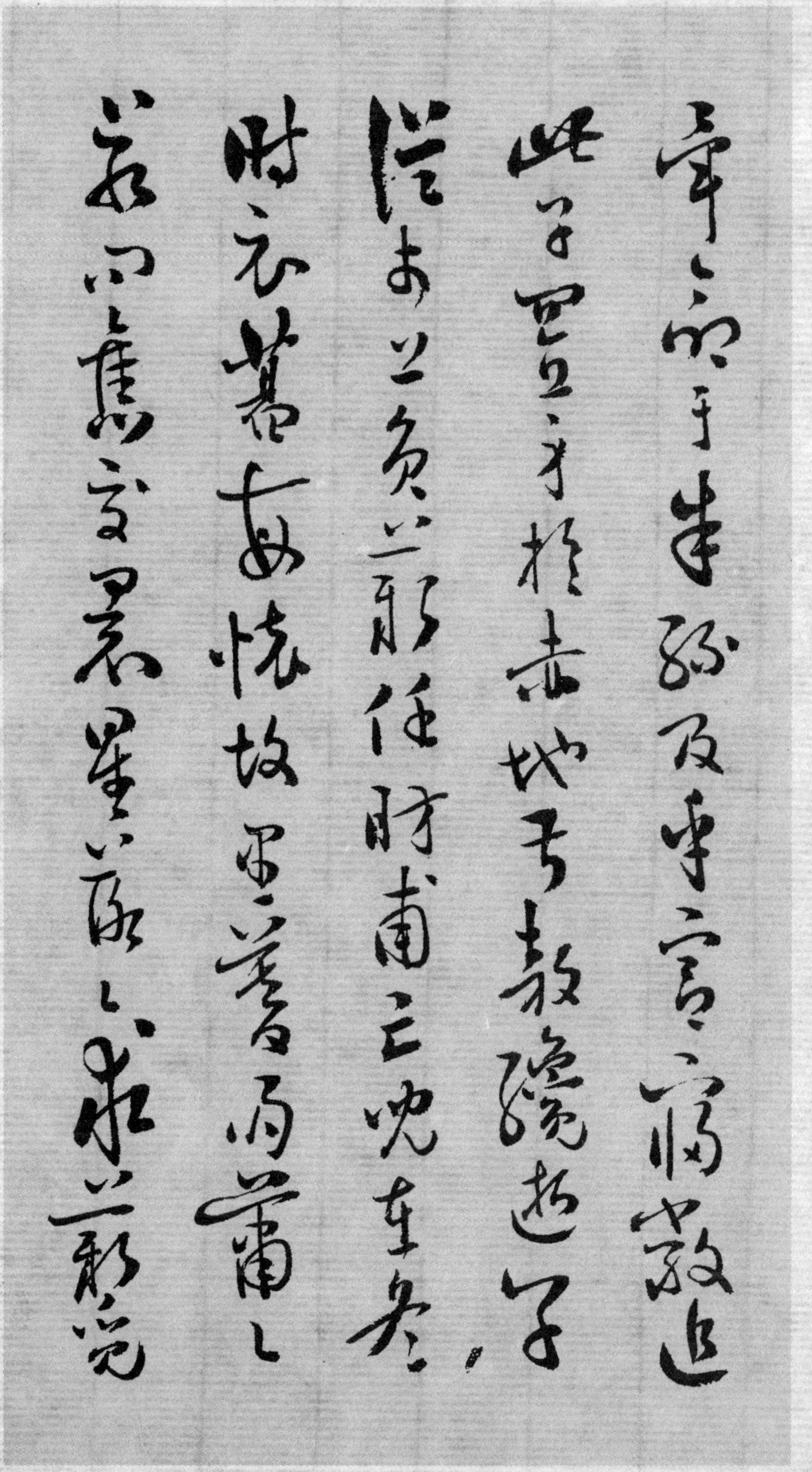

粟，似桂如珠。彼將投入西鄰，作其負芻之豎；生乃訪聞東老，得於賣酒之家。撫此孤兒，比於猶子。養而後教，父且兼師。雖種是螟蛉，直與鳴鳩并育；況質

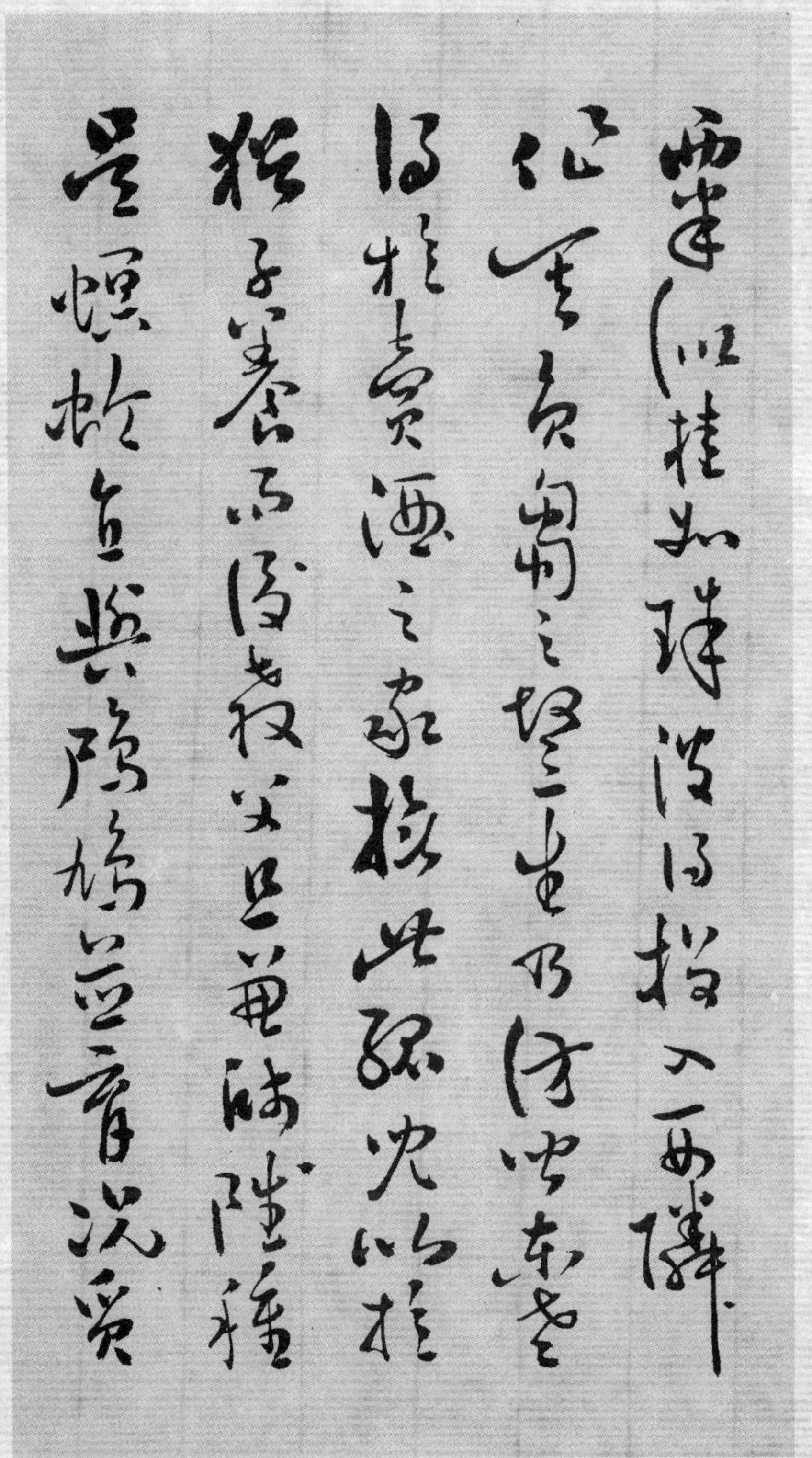

非檮櫟，還堪蘭蕙同栽。玉受礱磨，輒珍席上；芝因培植，即秀庭前。見此兒之毛羽已豐，遂教立業；傷故友之箕裘將墜，尋使歸宗。折一半之家資，瓜分

非檮櫟還堪蘭蕙同栽玉受礱磨輒珍席上芝因培植即秀庭前見此兒之毛羽已豐遂教立業傷故友之箕裘將墜尋使歸宗折一半之家資瓜分

靡惜；費十年之心力，卵長忘勞。聊舉一端，可概百行云爾。及至晚年，乃歸清境。齒高甲子，心惕庚申。玉女窗前，清鏡助步虛之響；瓊芝圃內，黃精傳益壽

靡惜費十年之心力卵長忘勞聊舉一端可概百行云爾及至晚年乃歸清境齒高甲子心惕庚申玉女窗前清鏡助步虛之響瓊芝圃內黃精傳益壽

之方。花暖雲房，瑤簪禮斗；露濃仙掌，羽服朝元。自乎金竈將成，玉棺早下。舄飛鳧影，迎梅福於蓬瀛；杵映兔光，返雲英於壺嶠。生則寢興若故，逆

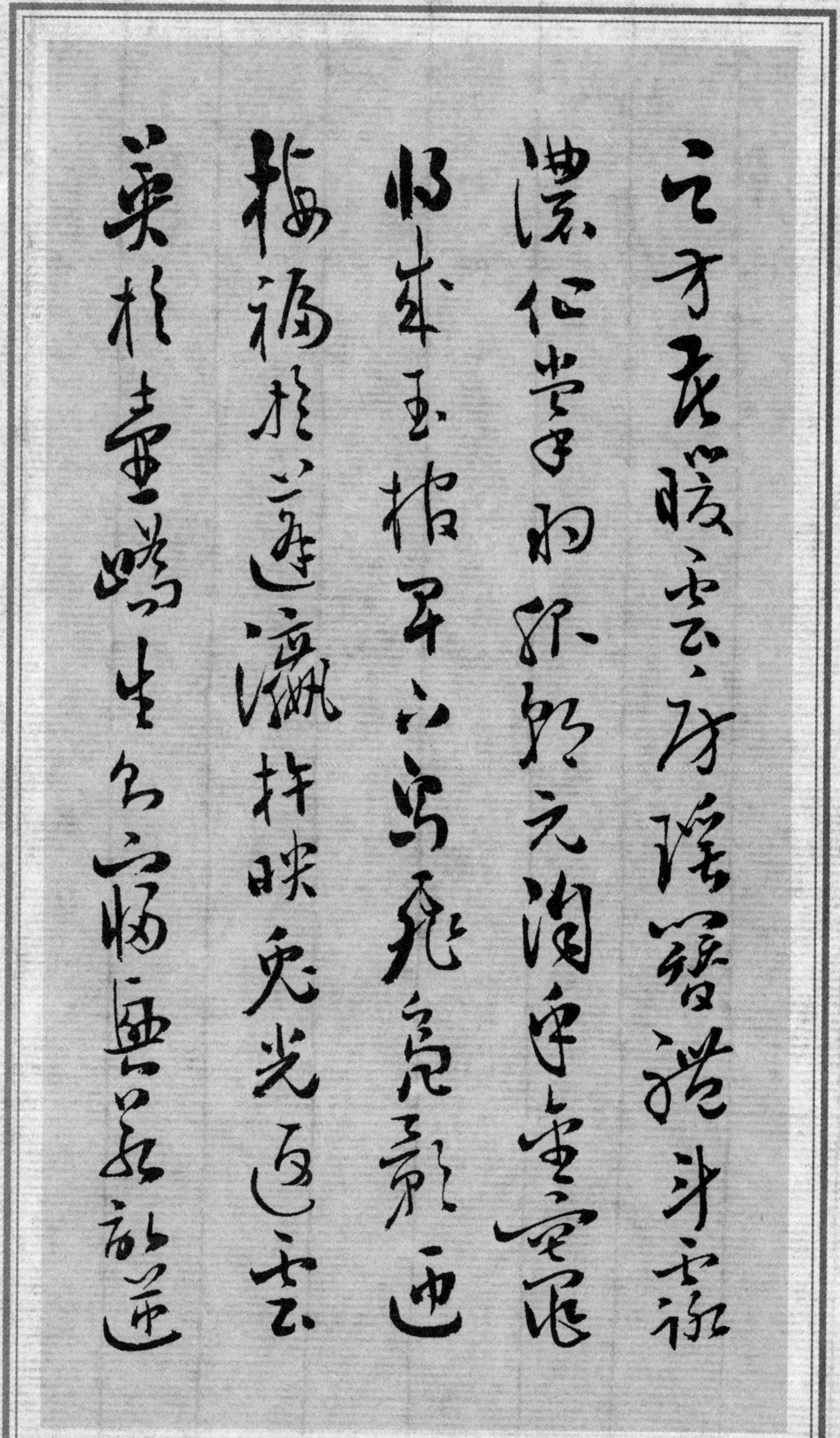

知某日命終；姑亦談笑如常，預曉同時尸解。天上已歸鸞翼，人間尚有鳳毛。其子能讀父書，克繩祖武。名登甲榜，位列卿班。從此，薛鳳聯蜚，荀龍續奮。代

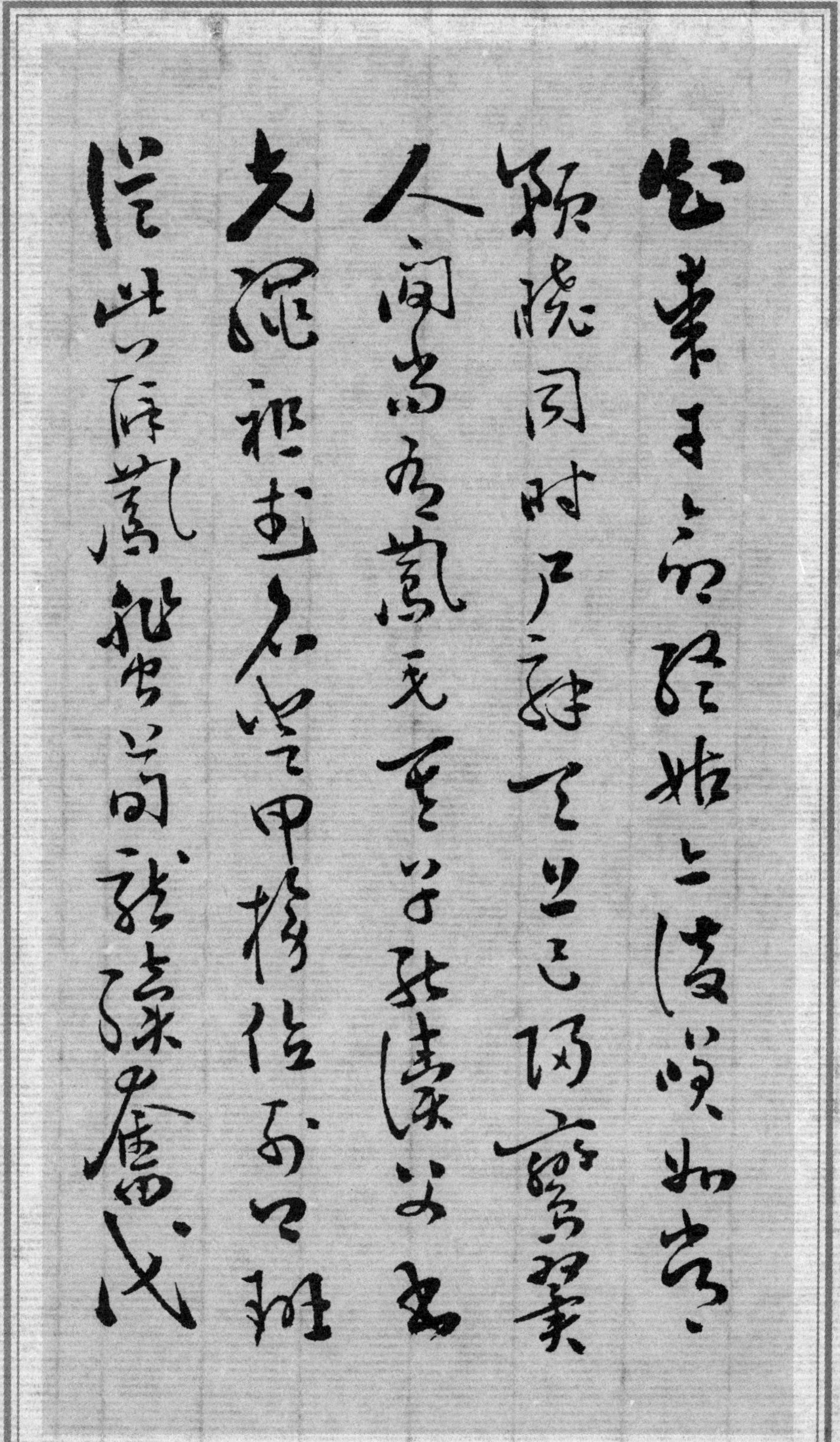

生孝竹，世出忠泉。瑞鴿銜鱣，自昔頻傳陰德；靈蛇蟠綬，迄今尚有顯人。客有述其事於座中，咸稱奇事；余因記此情於筆下，聊托閑情。非見而知之，

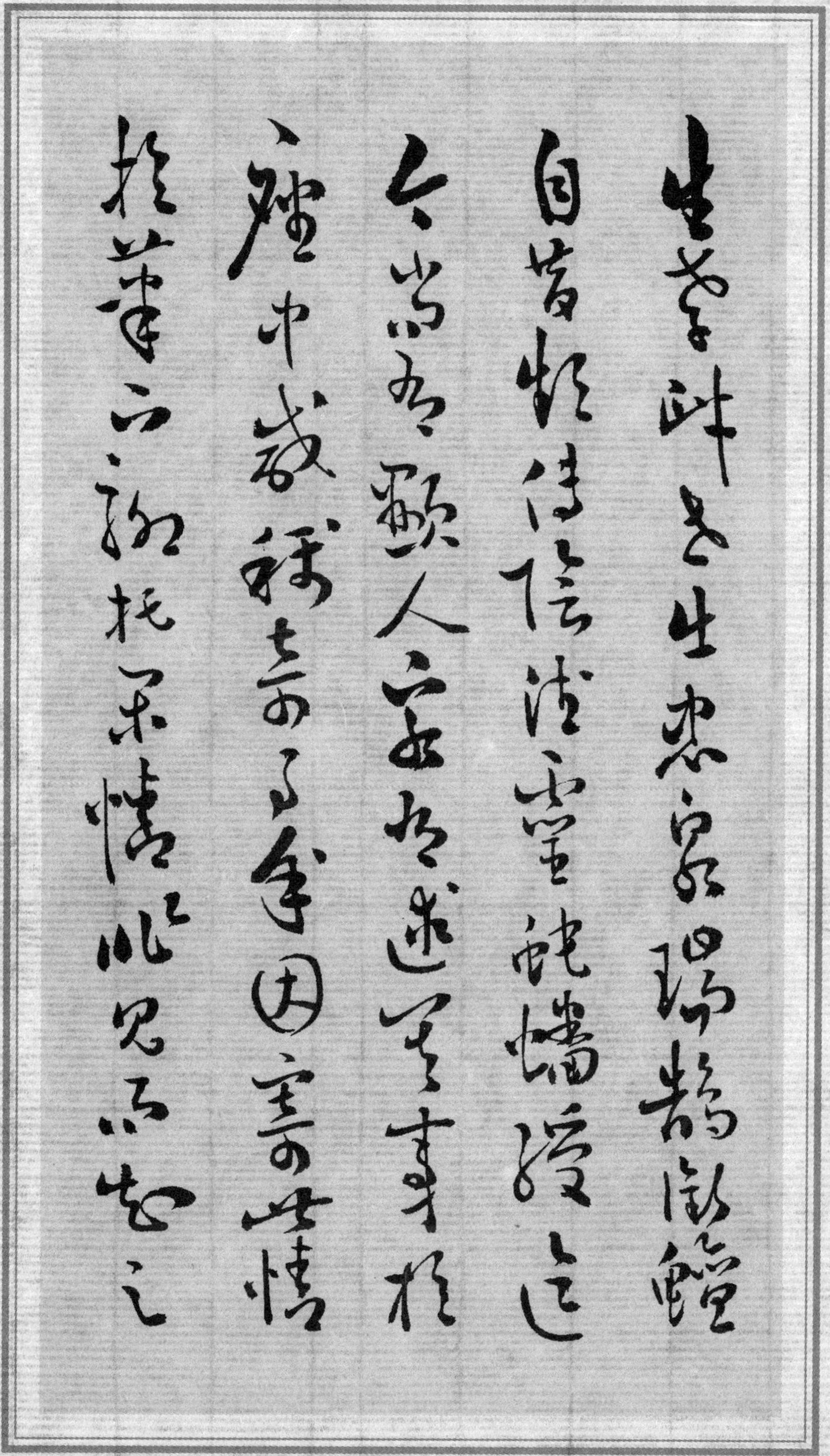

直與躬逢無異。僅聞其語矣，祇因耳熟能詳。嗟乎，儒俠同宗，不過一情之往復；仙凡異路，初無二理之感通。蓋此春怨秋悲，俱關要道；與夫忠臣孝

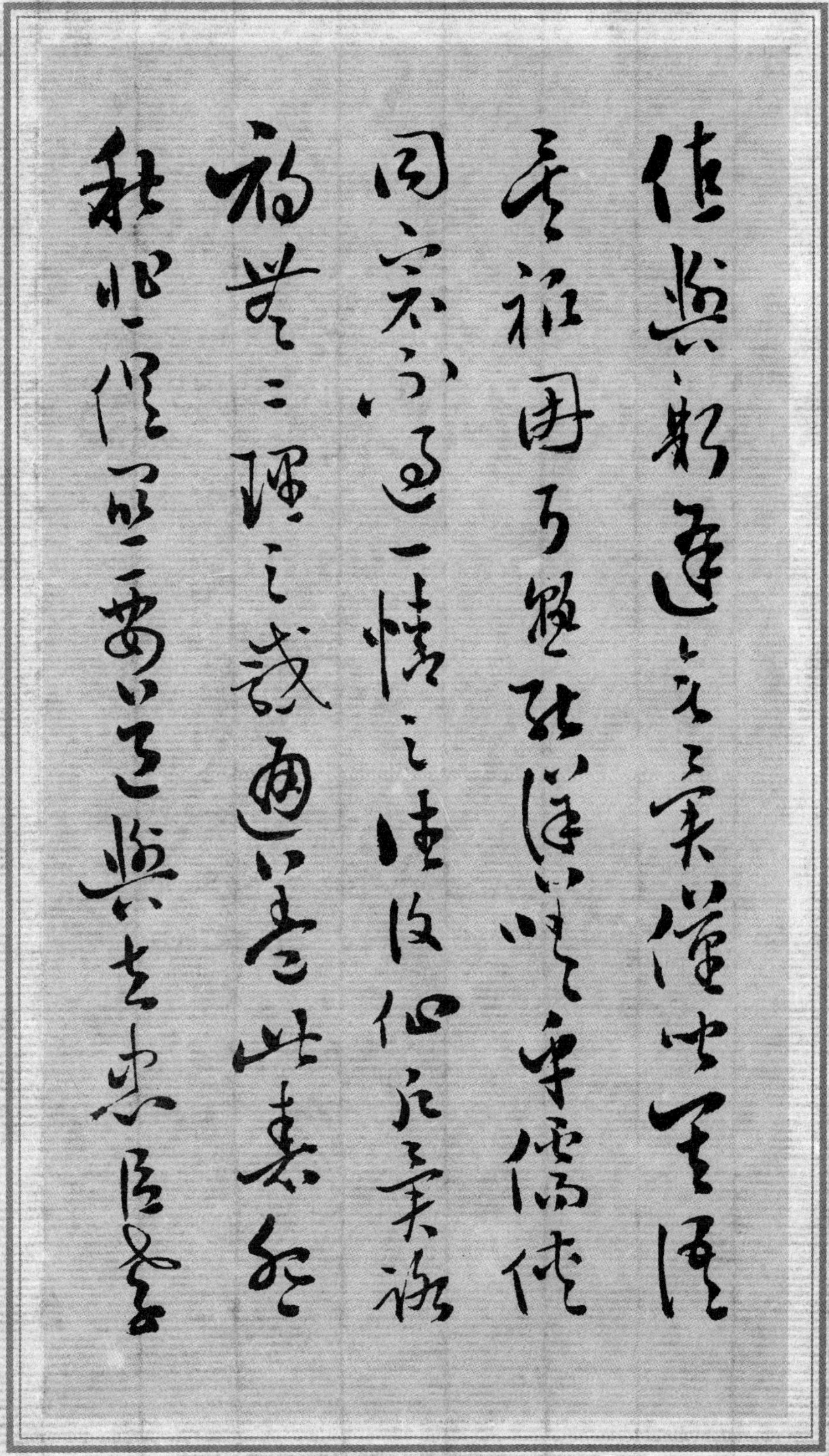

子，共屬同途。顧夫婦之情，原非易合；而友朋之誼，尤屬難言。張陳凶終，普天悉是；蕭朱隙末，易地皆然。深交即是深仇，結契無非結怨。當其往來無

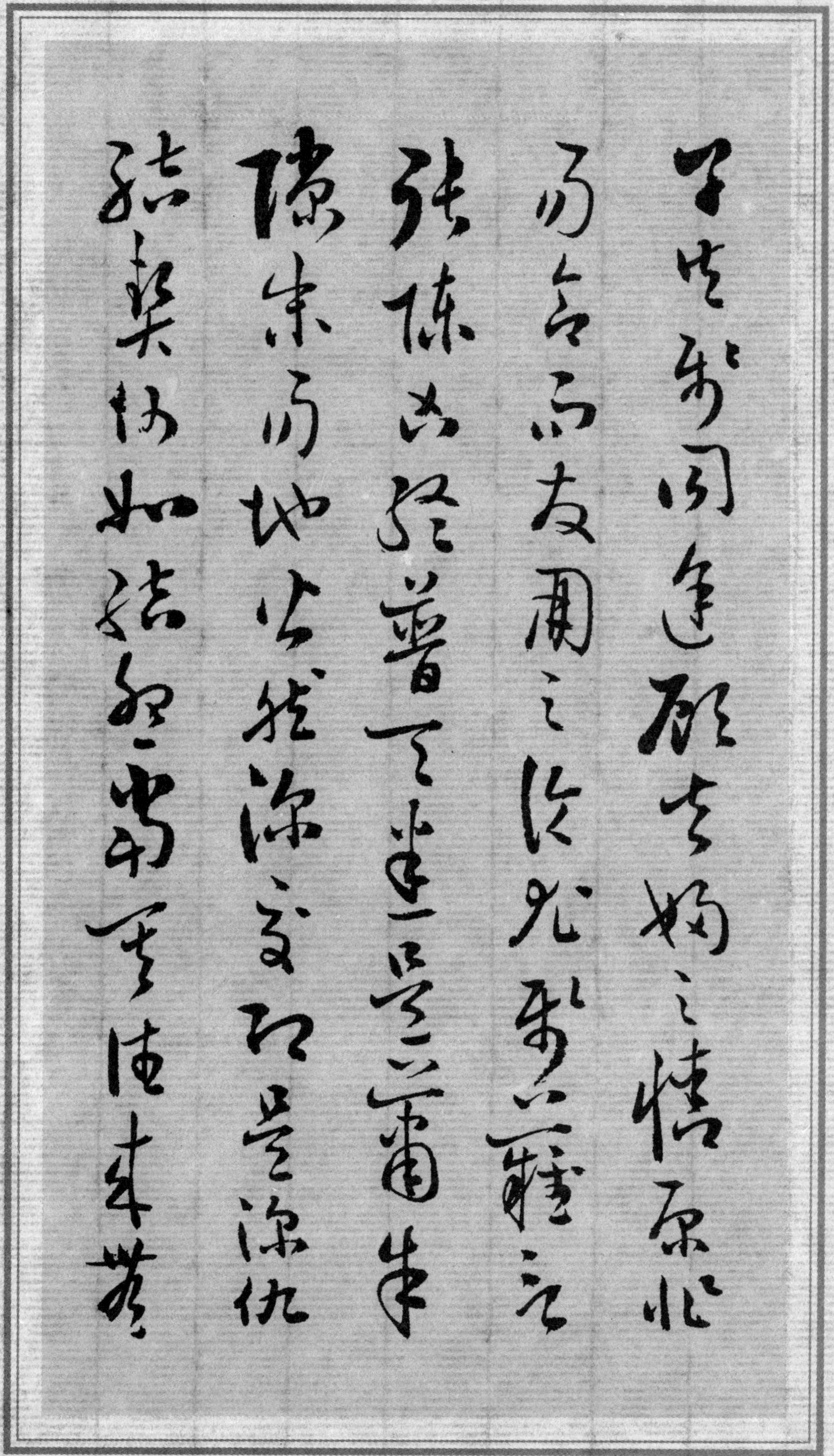

事，漫托投膠；及乎利害有關，偏思下石。欲求如馬子之破家殉難，舍命復仇，浩浩古今，茫茫宇宙，如斯人者，有幾輩哉！球十年作賦，傷舊業之荒蕪；

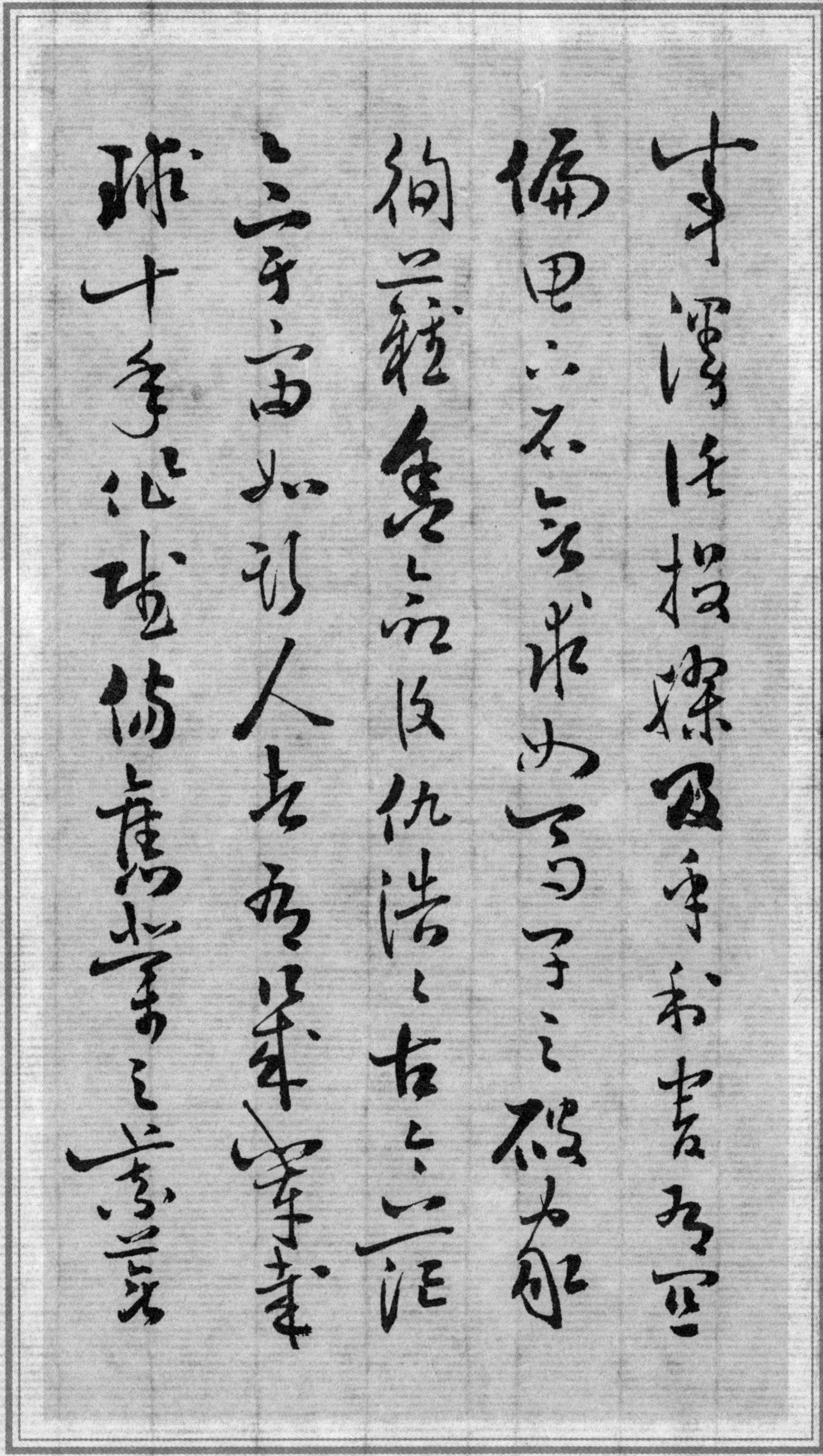

三徑論交，悵同儕之寥落。學書學劍，百事蹉跎；呼牛呼馬，半生潦倒。兼之路歷羊腸，雄心久耗；年加馬齒，壯志都灰。骨自銷餘，見蠅飛而神悚；

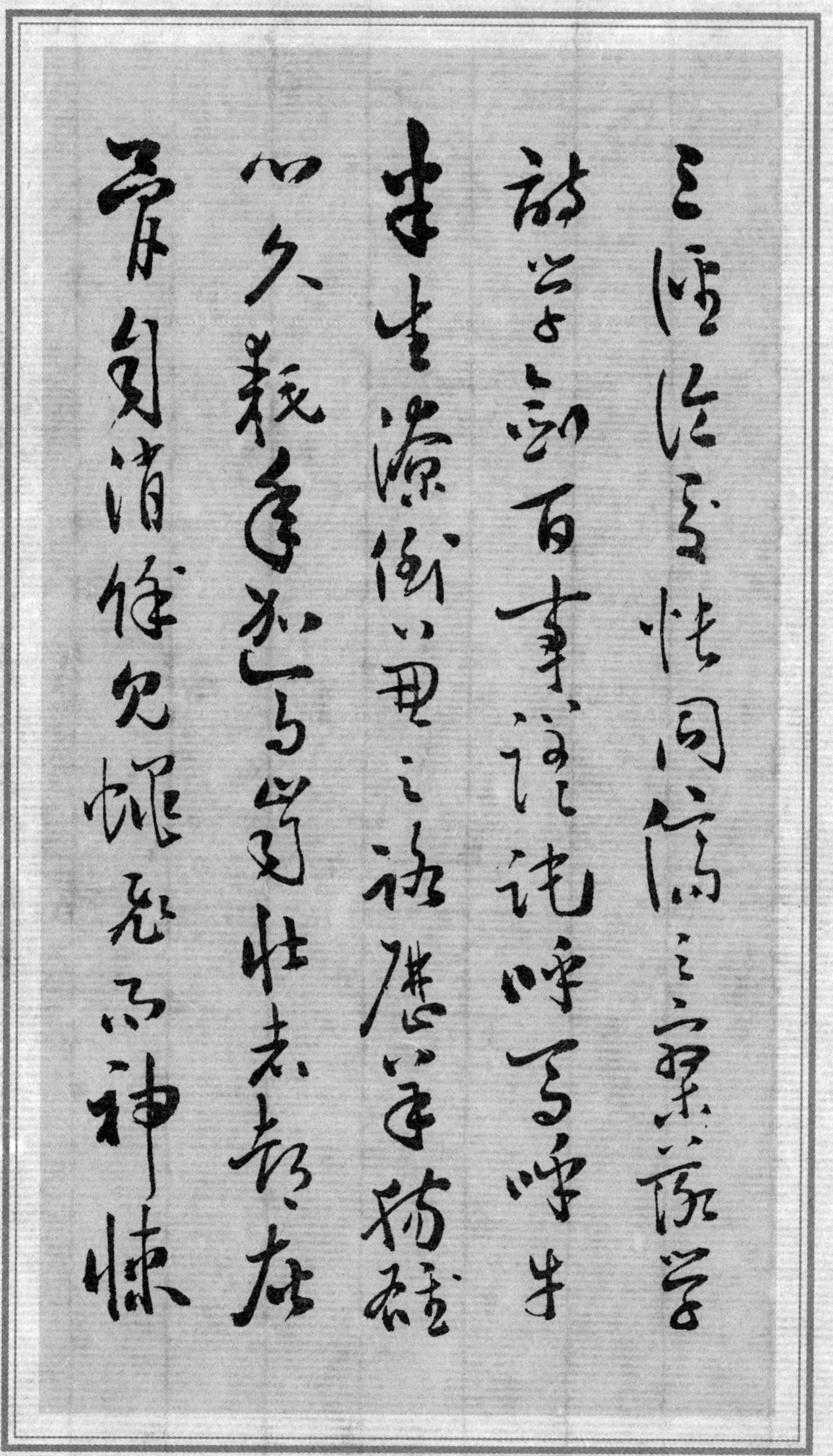

膽從破後，聞蟻鬥而魂驚。嗟乎，桓溫已逝，孰許猖狂；嚴武未逢，誰容傲岸。素知囊内金俱盡，任教鄧禹笑人；還喜樽中酒亦空，免使灌夫罵

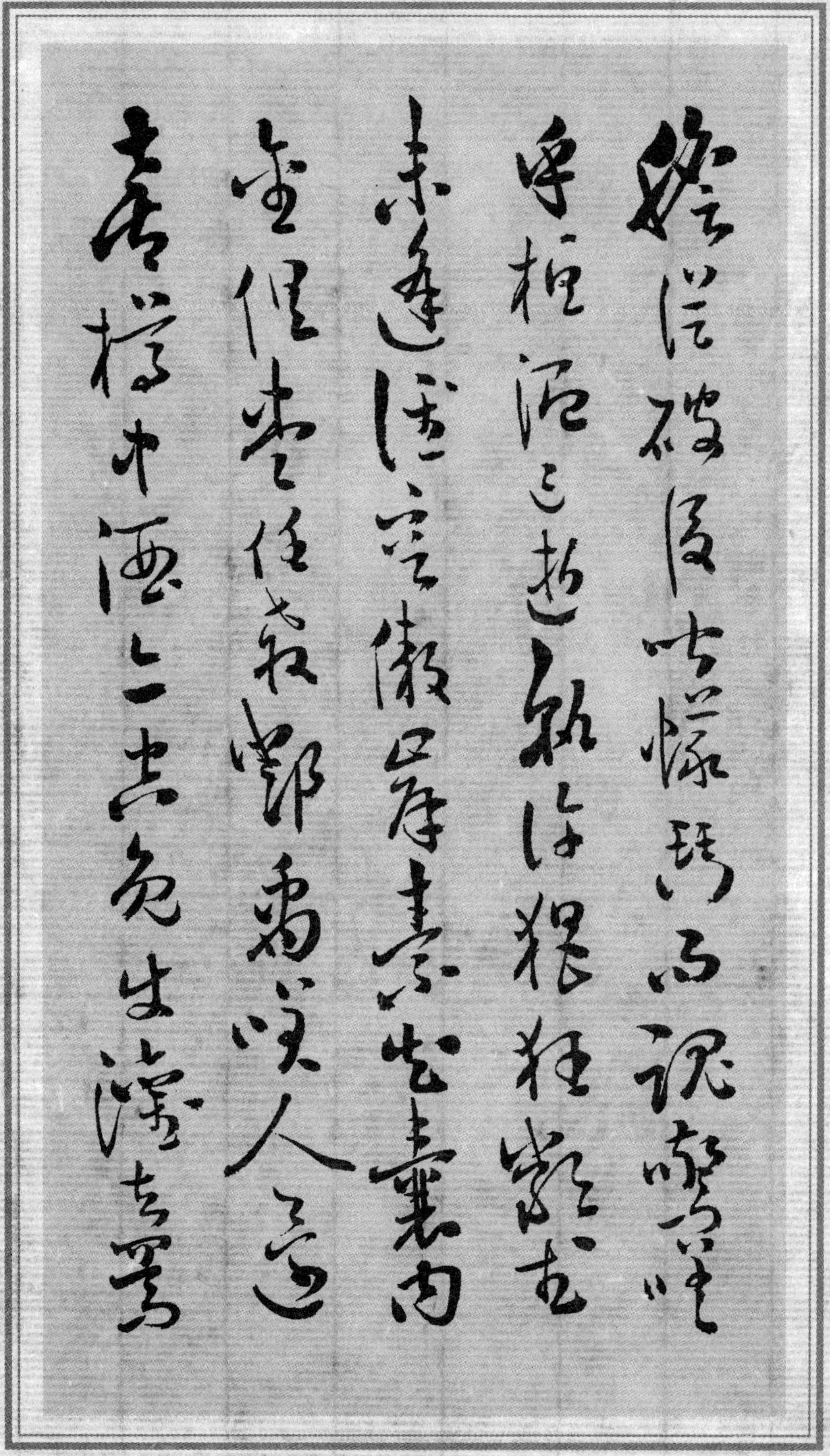

客。第是情緣未斷，口業難除。潯江聞商婦之談，青衫淚濕；陽關聽故人之唱，蒼鬢霜催。秀頰添毫，究向阿誰潤色；枯腸搜句，總緣我輩鍾情。

此《燕山外史》所由作也。是作計其數三萬餘言，舉關辭四六爲體。擬魏收之蛺蝶，能無輕薄爲名；畫陶穀之葫蘆，却不依稀作樣。句雖獺祭，語必蟬

聯。本思繪影傳神，希聲刻鵠；無奈駢黃驪白，遺笑雕蟲。自是淺辭，無庸深論。如云僞體，稗官原是甕頭書；倘索解人，老嫗亦非門外客。唯是二

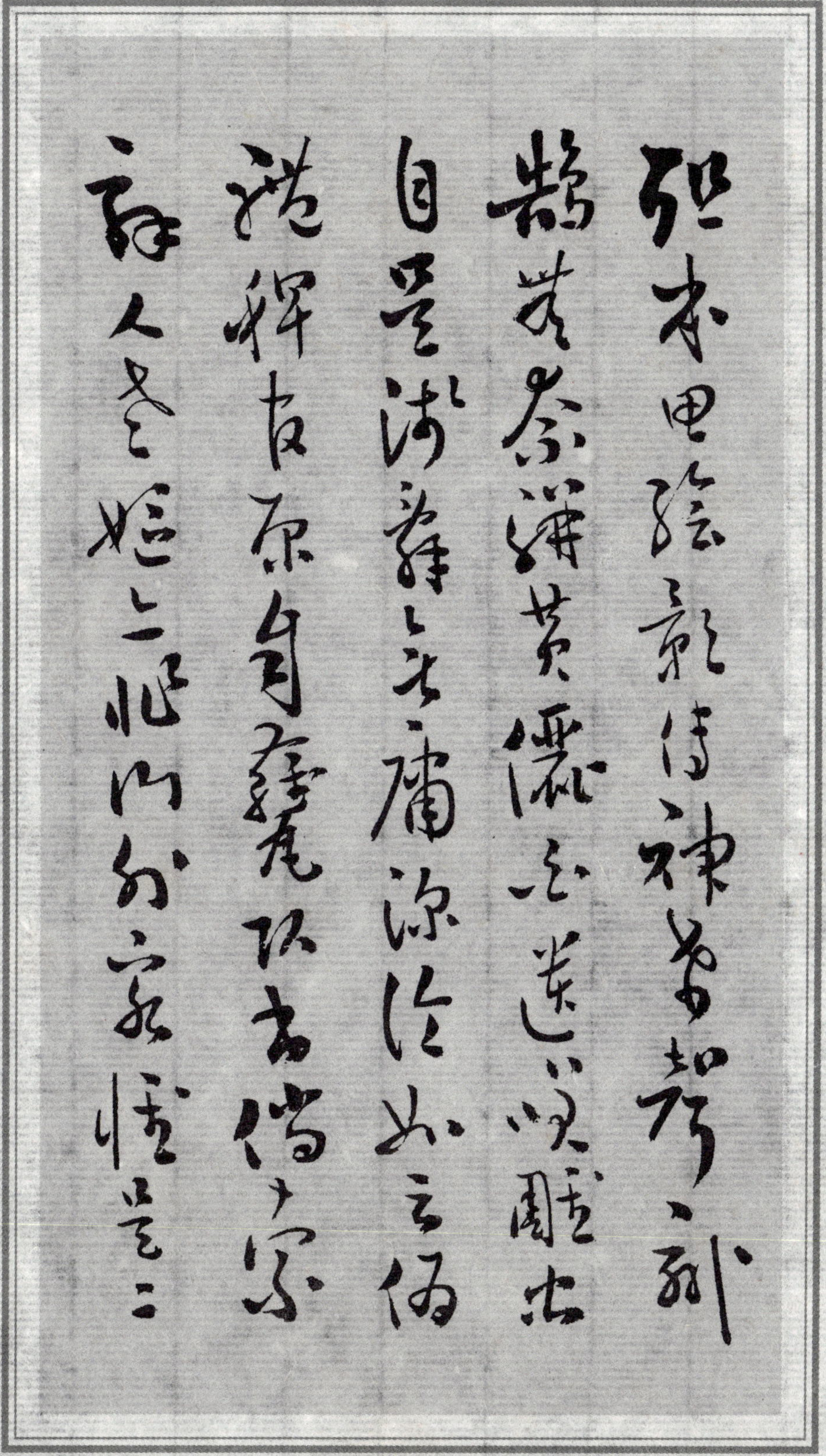

三客至，偶述遺聞；四百年來，重尋軼事。斯人往矣，夷考其行得乎；於傳有之，姑存其說可也。

薛季憲草

時唯

辛卯春既望

也

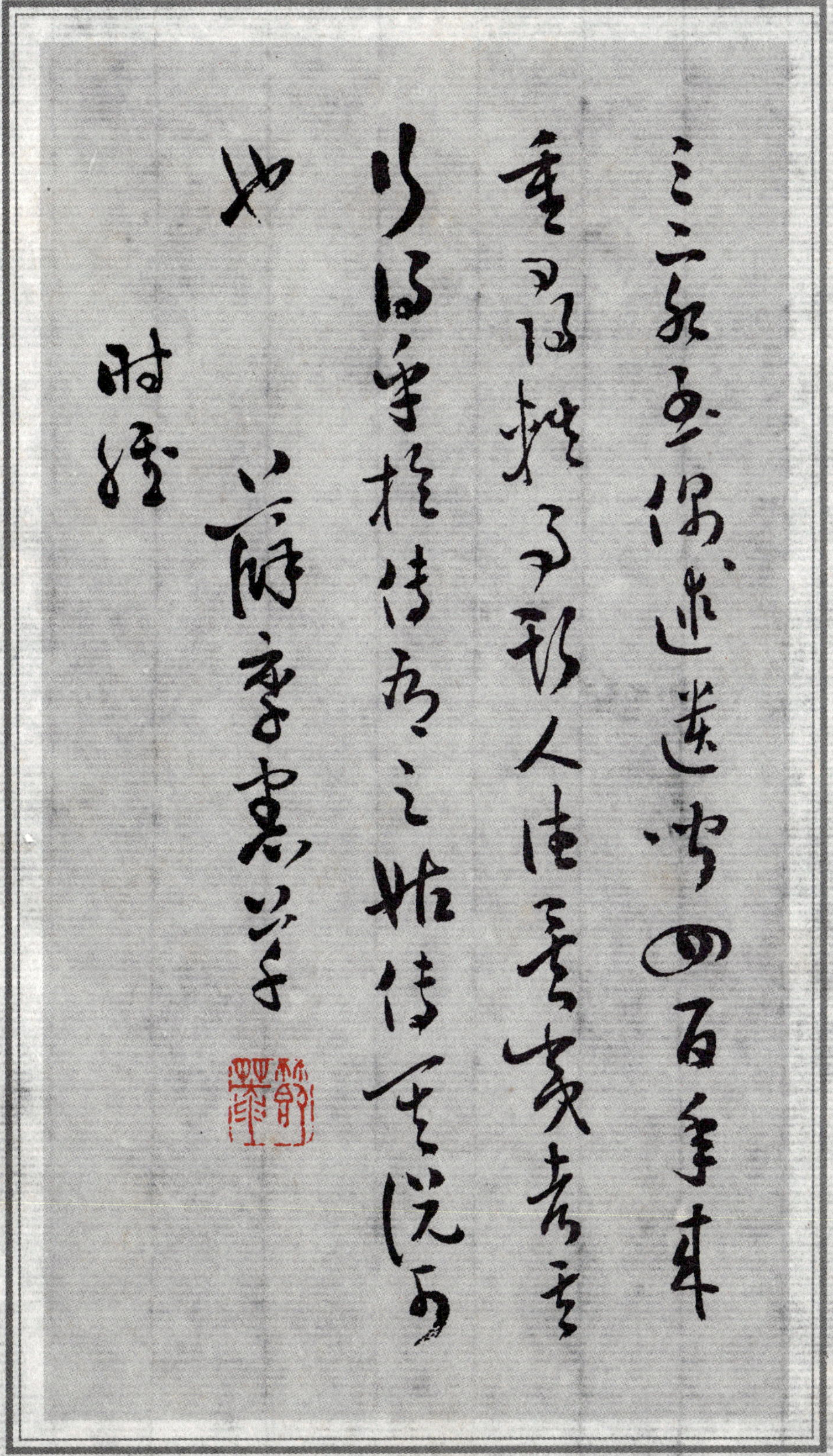